밀린다왕문경

불교경전 ⑰

밀린다왕문경①
(彌蘭陀王問經)

동서사상의 만남 ● 동 봉 譯

민족사

밀린다왕문경

차 례

제 1 편 대론(對論)

제 2 편 논란(論難)

제 1 장

제 1 편 대론(對論)

서(序)

밀린다왕은 수도 사가라에서
마치 강가(갠지스 강)가 바다로 흘러 들어가는 것처럼
나가세나에게로 나아갔다.
아주 친절하게 여러 가지 담론에 뛰어난 왕은
진리의 등불을 든 자, 미혹의 어둠을 제거한 자인
나가세나를 향해 참과 거짓에 관하여 많은
그리고 뛰어난 질문을 했다.
이 물음의 해답이야말로 심연한 의리를 바탕으로 하여
듣는 이의 귀를 즐겁게 하고 마음을 기쁘게 하여
이제까지 전혀 없었던 것으로 완전히 들뜨게 만들었다.
나가세나의 담론은 아비달마와 비나야의
심오한 뜻에 스며들어
숫타의 그물코를 풀어헤치고 비유와 방법으로
빛나게 수놓았다.
그대들이여, 깊은 지혜로 마음을 기쁘게 하고 의심의 근거를 타파하는 이들 훌륭한 물음에 귀를 기울이라!

전하는 바에 의하면 다음과 같다.

요나카인[1]들의 수많은 물자교역의 중심지인 사가라라는
도시가 있었다. 산하의 풍경이 빼어나고 아름다운 지역이
었다. 도시에는 공원과 정원, 숲과 샘, 그리고 연못이 갖추
어져 있었고 강과 산과 숲을 배경으로 한 이 도시는 뛰어
난 기술자가 설계한 것이었다. 적과 반역자는 멀리 추방되
어 그들로부터의 위해는 받지 않았다. 또한 여러 가지 모
양의 견고한 망탑과 성벽이 있고 보다 튼튼한 성문과 탑문
이 있었다. 그리고 깊은 참호와 흰 성벽이 이 성을 에워싸
고 있었다.

도로와 골목길, 광장, 네거리는 정연하게 구획되어져 있
었고 값비싼 상품들이 상점에 즐비하게 진열되어 있었다.
도시는 각종 형태의 수많은 보시당을 중심으로 아름답게
꾸며져 마치 히말라야 산의 정상처럼 우뚝 솟았고 십만의
호화롭고 장엄한 저택들이 자리잡고 있었다. 거리는 코끼
리와 말과 수레와 보행자들로 북적거렸고 젊고 아름다운
남녀들이 짝지어 다녔는데, 왕족·사제자·서민·노예들로
서 각기 계급에 맞춰 무리를 이루고 있었다. 사람들은 여
러 수행자나 바라문을 보면 인사를 하고 환성을 질렀다.
그리고 서로 다른 여러 학파의 지도자들이 자주 왕래하곤
하였다.

상점에는 카시라든가 코톰바라에서 생산된 갖가지 옷감

들이 즐비했고 또 예쁘게 진열된 여러 가지 아름다운 꽃과 향료를 파는 상점에서는 향내음이 그윽하게 풍겨왔다. 사람들의 마음을 송두리째 빼앗는 많은 보석들이 가득했고, 사방으로 인접한 진열장에는 사치스럽고 아름다운 상품들을 진열한 상인들의 단체가 늘어서 있었다. 도시에는 화폐, 금, 은, 동, 보석으로 가득하여 마치 눈부신 보석의 나라와 같았다. 곡물과 재산과 생활물자가 풍부하여 창고마다 가득했다.

먹을 것과 마실 것 또한 많았다. 갖가지 딱딱한 것, 부드러운 것, 끈기 있는 것, 바삭바삭 부서지는 것, 금방 먹고 마실 수 있는 것들이 마치 웃다라쿠루와 같이 풍부했고 곡물이 완비되어 있음은 하늘의 도시 아라카만다와 같았다.

여기서 사가라에 관한 서술은 접어두고 밀린다왕과 나가세나, 그들 전생의 행위와 여러 가지 난제를 말해보자. 우리는 이를 여섯 항목으로 나누어 논한다.

1. 전생과 현생의 결합관계
2. 밀린다왕의 물음
3. 특징에 관한 물음
4. 난문(難問)
5. 추리에 관한 물음
6. 비유에 관한 물음

이들 가운데 '밀린다왕의 물음'은 특징에 관한 물음과

의심을 끊는 물음의 두 가지로 나누고, '난문'도 또한 위대한 장과 수행자의 논에 관한 물음의 두 가지가 있다. '전생과 현생의 결합관계'란 그들의 전생이야기이다.

  그 옛날 위대한 스승 캇사파[2]의 가르침이 유행되고 있을 때 갠지스 강 부근 어느 장소에 비구대중이 살고 있었다. 그곳에서는 의무와 율법을 완전하게 지키는 비구들이 아침 일찍 일어나 긴 빗자루를 들고 한 마음으로 붓다의 공덕을 생각하면서 경내를 쓰는데 그 쓰레기가 모여 산을 이루었다. 어느 날 한 비구가 사미에게 말했다.

  "사미야, 와서 이 쓰레기를 좀 치워버려라."

  그 사미는 못들은 척 지나쳐 버렸다. 비구가 두 번 세 번 불렀으나 여전히 못 들은 척 지나가 버렸다. 그러자 비구는 '이 사미는 고집이 세다'고 화를 내며 빗자루로 사미를 때렸다. 그리하여 사미는 두려운 나머지 울면서 쓰레기를 치웠다. 그때 사미는 처음으로 원을 세웠다.

  '나는 이 쓰레기를 치우는 공덕행에 의해 열반(깨달음의 경지)에 이르기까지 이 세상 어디든지 다시 태어나는 곳마다 정오의 태양처럼 커다란 위력이 있고 찬란한 광채를 지닌 자이고 싶다.'

  쓰레기를 치우고 나서 목욕을 하기 위해 갠지스 강 목욕장으로 나아갔다. 강가의 물결이 성난 듯 드높게 철썩이는 모습을 보고 두 번째 원을 세웠다.

  '나는 열반에 이르기까지 이 세상 어디든지 다시 태어나

는 곳마다 이 갠지스 강의 거센 물결처럼 거침없이 튀어나
오는 말재주와 다함없는 말재주를 갖고 싶다.'

한편 비구도 빗자루를 헛간에 놓아두고 목욕을 하러 갠
지스 강의 목욕장으로 갔다. 거기서 그는 사미의 원을 듣
고 생각했다.

'내가 시키는 대로 움직이는 사미도 이제 저렇게 원을
세웠는데 어떻게 내게 이 원이 이루어지지 않을 수 있겠는
가.'

그리고 원을 세웠다.

'나는 열반에 이르기까지 이 세상 어디에서 다시 태어나
든지 이 갠지스 강의 거센 물결처럼 다함없는 말재주를 지
니고 싶다. 이 사미가 묻는 낱낱 질문과 어떠한 재빠르고
어려운 물음도 명쾌하게 풀어줄 수 있었으면 싶다.'

그들 두 사람은 여러 신들과 인간계에 윤회하면서 한 붓
다의 출현에서 다음 붓다의 출현까지의 기간을 함께 지냈
다. 마치 목갈리풋타와 티사 장로가 예언되었듯이 당시 위
대한 스승 캇사파에 의해 그들도 또한 예언되었다.

'내가 입멸한 뒤 오백 년이 지나 그들은 이 세상에 태어
날 것이다. 나에 의해 정묘하게 제시되고 설해진 아비달마
와 비나야가 그들 두 사람이 문답을 일으키고 비유를 잘
적용함에 의해 실마리가 풀리고 명쾌하게 해명될 것이다.'

그들은 나중에 각기 왕과 비구로 태어났다.

사미는 인도 사가라 도시의 밀린다라는 왕이 되었다. 그
는 현명하고 경험이 풍부하며 총명하고 매우 민첩했다. 그

리고 과거·현재·미래의 내용에 관한 여러 가지 기도라든가 의식의 때를 알아 경건하게 행했다. 그는 또 많은 학문을 터득하였다. 즉 천계서,[3] 교의서,[4] 상캬,[5] 요가,[6] 니야야[7] 바이세시카[8]의 모든 철학과 수학, 음악, 의학, 네 가지 베다 성전, 푸라나 성전, 역사·전설, 천문학, 환술, 논리학, 주술, 병법학, 시학, 지산 등 열아홉 가지다.

그는 논자로서 접근하기 어렵고 이기기 어려워 여러 조사들 가운데서 최상자라고 일컬어졌다. 인도 전역에서 체력과 민첩함과 용맹과 지혜에 관하여 밀린다왕과 대등한 사람은 아무도 없었다. 그는 부와 영예를 함께 지녔고 무수한 병력과 수레를 가지고 있었다.

어느 날 밀린다왕은 코끼리군, 기마군, 전차군, 보병군의 네 가지 부대로 조직된 무수한 병력과 수레의 열병식 및 배병식을 검열하기 위해 도시를 벗어나 야외에서 군단을 사열했다. 식이 끝난 뒤 담론을 좋아하여 쾌락론이라든가 궤변론을 설하는 사람들과 논의하고픈 마음으로 들뜬 왕은 태양을 우러러보고 시신(侍臣)들에게 말했다.

"날이 아직 이르다. 지금 도시로 돌아가더라도 할 일이 없다. 누구라도 좋다. 현자, 수행자 혹은 바라문으로 교단을 거느리는 자, 학파를 통솔하는 자, 대중의 스승인 자, 또는 존경할 만한 사람, 깨달은 사람이라고 자인하는 자로서 나와 대론하여 의문을 명쾌하게 풀어줄 자는 없는가?"

이렇게 말했을 때 오백 명의 요나카인들이 밀린다왕에게 이렇게 말했다.

"대왕이여, 여섯 명의 논사가 있습니다. 푸라나 캇사파, 막칼리 고살라, 니간타 나타풋타, 산쟈야 벨라티풋타, 아지타 케사캄발린, 파쿠다 캇챠야나입니다. 그들은 교단을 이끌고 학파를 통솔하는 자입니다. 대중의 스승으로 세간에 그 명성이 잘 알려졌으며 한 파의 조사로서 많은 사람들에게 존경을 받고 있습니다. 대왕이여! 당신은 가셔서 그들에게 물음을 던져 의심을 푸십시오."

그리하여 밀린다왕은 오백 명의 요나카인들을 거느리고 왕의 화려한 마차에 올라 푸라나 캇사파가 머물고 있는 곳으로 갔다. 가까이서 푸라나 캇사파와 인사를 하고 예의바르고 다정하게 몇 마디를 나눈 뒤 한녘에 앉았다. 한녘에 앉은 밀린다왕은 푸라나 캇사파에게 이렇게 말했다.

"존자 캇사파여, 무엇이 세계를 떠받치고 있습니까?"

"대왕이여, 대지가 세계를 떠받치고 있습니다."

"존자 캇사파여, 만일 대지가 세계를 떠받치고 있다면 무간지옥[9]에 떨어지는 모든 중생들은 도대체 어떻게 대지를 넘어갑니까?"

그가 이렇게 말했을 때 푸라나 캇사파는 난문에 대해 이러지도 저러지도 못하고 다만 고개를 숙인 채 멍청히 앉아 있었다. 거기서 밀린다왕은 막칼리 고살라에게 말했다.

"존자 고살라여, 선악의 행위가 있습니까? 선이 짓는 행위, 악이 짓는 행위의 응보로서의 결과가 있습니까?"

"대왕이여, 선악의 행위는 없습니다. 선이 짓는 행위, 악이 짓는 행위의 응보로서의 결과는 없습니다. 대왕이여, 이 세상에서 크샤트리야(왕족)인 자는 저 세상에 가서도 다시 크샤트리야가 될 것입니다. 이 세상에서 바라문(사제자), 바이샤(서민), 수드라(노예), 찬다라(천민), 푸크사(청소부로서의 천민)는 저 세상에 가서도 또다시 바라문, 바이샤, 수드라, 찬다라, 푸크사가 될 것입니다. 선악의 행위의 필요성을 인정할 수 없습니다."

"존자 고살라여, 만일 이 세상에서 크샤트리야, 바라문, 바이샤, 수드라, 찬다라, 푸크사인 자는 저 세상에 가서도 또다시 크샤트리야, 바라문, 바이샤, 수드라, 찬다라, 푸크사가 된다면 행해야 할 선악의 행위는 전혀 없습니다. 존자 고살라여, 그렇다면 이 세상에서 손을 잘린 사람은 저 세상에 가서도 또다시 손이 잘린 자가 될까요? 발을 잘린 자는 저 세상에서도 다시 발을 잘린 자가 되겠습니까? 귀나 코를 잘린 자는 저 세상에서도 다시 귀나 코를 잘린 자가 된다는 것입니까?"

이렇게 말했을 때 고살라는 침묵했다. 그래서 밀린다왕은 마음 속으로 생각했다.

'아아, 실로 전 인도가 텅 비었구나! 아아, 실로 전 인도는 왕겨처럼 껍데기뿐이구나! 나와 함께 대론하여 의심을 제거할 수 있는 수행자나 바라문은 단 한 사람도 없구나!'

그래서 밀린다왕은 시신들에게 말했다.

"경들이여, 실로 달은 밝고 아름다운 밤이다. 이제 나는 수행자 혹은 바라문으로서 나와 대론하여 의심을 제거해 줄 수 있는 자를 찾아가 묻고 싶은데 그런 사람은 도대체 누구이겠는가?"

이렇게 말했을 때 시신들은 침묵한 채 왕의 얼굴을 우러
러보며 서 있었다.

그 당시 수도 사가라에는 십이 년 동안 어진 수행자, 바
라문, 자산가들은 별로 살고 있지 않았다. 그러나 왕은 어
진 수행자, 바라문, 자산가가 머물고 있다고 하는 곳은 어
디든 가서 질문을 던졌다. 그들은 모두 왕의 물음에 답하
여 왕을 만족시킬 수 없었으며 이곳 저곳으로 꼬리를 내리
고 흩어져 갔다. 또 다른 지방으로 가지 않은 자는 모두
침묵한 채 앉아 있을 따름이었다. 비구들은 대부분 히말라
야 산으로 갔다.

그때 십억의 아라한들이 히말라야 산 락키타타라에 살고
있었다. 그리하여 존자 앗사구타는 천이통으로 밀린다왕의
말을 듣고 유간다라 산 정상에서 비구대중을 모아 놓고 그
들에게 물었다.

"벗들이여, 밀린다왕과 대론하여 의심을 풀어 줄 비구가
있습니까?"

이렇게 말했을 때 무수한 아라한들은 모두 잠잠했다. 두
번 세 번 같은 질문을 반복했으나 그들은 입을 열지 않았
다. 그래서 존자 앗사구타는 비구대중에게 말했다.

"벗들이여, 삼십삼천계[10]의 베쟈얀타 궁전 동쪽에 케투
마티라는 천궁이 있고 거기에는 마하세나라 불리는 천자가
머물고 있다. 그는 밀린다왕과 대론하여 의심을 제거할 능

력을 지니고 있다."

그리하여 이 말을 들은 무수한 아라한들은 유간다라 산에서 모습을 감추고 삼십삼천계에 나타났다. 천제 인드라는 저들 비구들이 멀리서 오는 것을 보았다. 인드라는 그들을 보고 존자 앗사구타가 있는 곳으로 가까이 다가갔다. 가까이서 존자 앗사구타에게 인사를 하고 한쪽에 섰다. 한쪽에 선 천제 인드라는 존자 앗사구타에게 이렇게 말했다.

"위대한 존자여, 비구대중이 도착했습니다. 나는 상가(불교교단)의 원정(園丁, 정원사)입니다. 바라는 바가 무엇인지요. 그리고 내가 무엇을 해드리면 좋겠습니까?"

존자 앗사구타가 천제 인드라에게 말했다.

"대왕이여, 인도 사가라에 밀린다라는 왕이 있습니다. 그는 논객으로서 가까이하기 어렵고 이기기 어려워 조사들 가운데 최상자라고 일컬어집니다. 그는 비구 상가에 접근, 형이상학적 논의로써 질문을 던져 비구 상가를 괴롭히고 있습니다."

그러자 천제 인드라가 존자 앗사구타에게 말했다.

"존자여, 그 밀린다왕이야말로 여기 천계를 떠나 인간계에 태어난 자입니다. 존자여, 케투마티 천궁에 마하세나라고 하는 천자가 살고 있습니다. 그는 밀린다왕과 대론하여 의심을 풀어줄 수가 있습니다. 나는 그 천자에게 인간계에 태어나기를 간청하겠습니다."

그리하여 천제 인드라는 비구대중을 선두로 케투마티 천궁에 들어가 마하세나 천자를 포옹하고 이렇게 말했다.

"벗이여, 비구대중은 당신이 인간계에 태어날 것을 간청하고 있습니다."

천자 마하세나가 답했다.

"존자여, 나는 업고(業苦)로 가득한 인간계를 희망하지 않습니다. 인간계는 고통스러운 곳입니다. 존자여, 나는 이곳 천계에서 점차 상계로 환생하여 거기서 죽음을 맞고 싶습니다."

두 번 세 번 천제 인드라가 간청했을 때 천자 마하세나는 같은 말을 되풀이했다.

"존자여, 나는 이 업고로 가득한 인간계를 희망하지 않습니다. 인간계는 고통스러운 곳입니다. 존자여, 나는 이곳 천계에서 점차 상계로 환생하여 거기서 죽음을 맞고 싶습니다."

그러자 존자 앗사구타가 천자 마하세나에게 이렇게 말했다.

"벗이여, 지금 이곳에서 우리들이 인간계와 천계를 둘러보았으나 그대 말고는 밀린다왕의 의론을 타파하고 붓다의 가르침을 왕에게 이해시킬 수 있는 이는 아무도 없습니다. 벗이여, 비구 상가는 그대에게 인간계에 태어날 것을 간청하면서 말하고 있습니다. '위대한 분이여, 부디 행복함이 없는 인간계에 태어나 십력[11]자의 가르침을 사람들에게 권하소서'라고 말입니다."

그러자 천자 마하세나는 생각했다. 자신은 분명 밀린다왕의 의론을 타파하고 붓다의 가르침을 왕에게 이해시킬

수 있을 것이라 확신했다. 구는 기뻤고 만족했으며 환희에
넘쳤다. 그래서 그는 그들의 간청을 수락했다.

"존자여, 좋습니다. 나는 인간계에 태어나겠습니다."

그래서 그들 비구들은 천계에서의 사명을 다하고 삼십삼
천에서 모습을 감추고 히말라야 산의 락키타타라에 나타났
다. 그때 존자 앗사구타는 비구대중에게 말했다.

"벗이여, 이 비구대중 가운데 누가 비구들 집회에 오지
않은 자가 있는가?"

그러자 그때 어느 한 비구가 존자 앗사구타에게 말했다.

"존자여, 히말라야 산에 들어온 지 칠 일째에 무심삼매
의 경지인 멸진정[12]에 든 존자 로하나라고 하는 분이 있습
니다. 그분에게 사자를 보내십시오."

존자 로하나도 또한 그 순간 멸진정에서 일어나 상가가
자기가 오기를 기다리고 있다는 것을 알았다. 그는 곧 히
말라야 산에서 모습을 감추고 락키타타라에 살고 있는 무
수한 아라한들 앞에 나타났다. 그때 존자 앗사구타는 존자
로하나에게 이렇게 말했다.

"벗 로하나여, 붓다의 가르침이 파척되려 하는 이때, 어
찌하여 그대는 상가의 해야 할 일을 보지 않으시오?"

"존자여, 저는 그것에 마음을 쓰지 않았습니다."

"그렇다면 벗 로하나여, 그대는 곤장의 처벌을 받으시
오."

"존자여, 저는 무엇을 해야 하겠습니까?"

"벗 로하나여, 히말라야 산허리에 카쟝가라라는 바라문

촌이 있고 거기에 소눗타라라는 바라문이 살고 있소. 그의
아들로 나가세나라는 사내아이가 태어날 것입니다. 벗 로
하나여, 그렇게 되었을 때 그대는 칠 년 십 개월 동안 그
의 집에 탁발하러 가십시오. 탁발을 하러 들어가 나가세나
동자를 출가시키십시오. 그가 출가했을 때 그대는 벌을 면
할 것이오."

그러자 존자 로하나는 승낙했다.

"지당하신 분부이십니다."

한편, 천자 마하세나는 천계를 떠나 소눗타라라는 바라
문 아내의 태내에 들었다. 잉태되는 순간 아직까지 없었던
세 가지 불가사의한 일이 생겼다. 무기라든가 도구들이 불
타 올랐고 아직 어린 곡식이 열매를 맺었으며 큰비가 내렸
다.

그리하여 존자 로하나는 천자 마하세나가 잉태된 이래
칠 년 십 개월 동안 그 집에 탁발을 들어갔으나 단 하루도
한 술의 밥도 한 그릇의 죽도 공양받지 못했고, 단 한 번
의 인사말이나 합장이나 공경의 뜻도 받지 못했다. 따라서
모욕 아니면 비난만을 받을 뿐 '존자여, 다른 집에나 가서
탁발해 보시구려'라는 말 한 마디도 전혀 듣지 못했다. 그
러구러 칠 년 십 개월이 지난 어느 날, '존자여, 다른 집에
나 가서 탁발해 보시구려'라는 말을 들었다. 그날 소눗타
라 바라문이 밖에서 일을 하고 돌아오던 중 길에서 장로를
보고 물었다.

"여보시오, 출가한 양반, 당신은 우리집에 갔었습니까?"

"그렇습니다. 바라문이여, 나는 갔었습니다."

"당신은 뭔가를 받으셨습니까?"

"그렇습니다. 바라문이여, 나는 받았습니다."

그는 그 말을 듣고 언짢은 마음으로 집에 돌아가 가족들에게 물었다.

"너희들은 어느 출가자에게 뭔가를 주었느냐?"

"아니오. 저희들은 아무것도 주지 않았습니다."

그 다음날 바라문은 '오늘은 출가승인 그가 거짓말을 했으니 따끔한 맛을 보여주리라' 생각하고 문간에 앉아 있었다. 장로가 그날 바라문의 집 문간에 이르렀을 때 바라문은 장로를 보자 이렇게 말했다.

"어제 당신은 우리집에서 아무것도 얻지 못했으면서 '나는 받았습니다'라고 말했습니다. 도대체 당신이 그렇게 거짓말을 할 수 있습니까?"

장로는 답했다.

"바라문이여, 나는 칠 년 십 개월 동안 당신의 집에서 '다른 집에나 가보시오'라는 말 한 마디도 듣지 못했습니다. 그런데 어제는 '다른 집에나 가보시오'라는 말을 들었습니다. 그 한 마디의 인사를 받았기에 '바라문이여, 나는 받았습니다'라고 말한 것입니다."

바라문은 마음 속으로 생각했다.

'이 출가자는 겨우 인사말 한 마디를 받고도 사람들에게 '나는 받았습니다'라고 말하고 있다. 만일 그 밖의 뭔가

먹을 것을 받는다면 어찌 '받았다'고 말하지 않겠는가.'

그 바라문은 감격하여 가족들에게 자신을 위해 요리해 둔 음식물에서 한 술씩 떠 주라고 분부한 뒤 말했다.

"당신은 이 음식물을 언제든 받아가십시오."

그는 그 다음날부터 찾아오는 장로의 침착한 태도를 보고 점점 더 환희심이 나 장로가 언제나 자기 집에서 점심을 했으면 하고 부탁했다. 장로는 묵묵히 만족한 뜻을 표하고 매일 식사를 마치고 일어설 때는 언제나 붓다의 짧은 말씀을 들려주고 돌아가곤 했다.

한편 그 바라문의 아내는 열 달이 지나 한 사내아이를 낳았다. 그 아이에게 나가세나라는 이름을 지어 주었다. 그는 점점 성장하여 일곱 살이 되었다. 그때 나가세나의 아버지는 아들에게 말했다.

"사랑하는 내 아들 나가세나야, 너는 우리 바라문가에 전해오는 학문을 배우고 싶지 않니?"

"아버지, 우리 바라문가에 전해오는 학문은 어떤 것입니까?"

"사랑하는 아들 나가세나야, 학문이란 세 가지 베다를 말한단다. 그 밖의 지식은 보통의 학문과 예술에 지나지 않는단다."

"그럼 아버지, 저는 베다를 배우겠어요."

그래서 소눗타라 바라문은 어느 바라문 선생에게 일천금의 사례를 주고 초청했다. 방을 하나 비우고 한녘에 침대를 준비하고는 바라문 선생에게 말했다.

"바라문이여, 부디 이 소년에게 베다 성전을 가르쳐 주십시오."

바라문 선생은 나가세나에게 말했다.

"자, 그럼 귀여운 꼬마야! 어디 성전을 좀 공부해 볼까?"

바라문 선생은 가르쳤다. 소년 나가세나는 겨우 한 번만 가르쳤는데도 세 가지 베다를 마음에 철저히 새겨 높은 소리로 암송하고 그 뜻을 잘 파악했으며, 그 사용되는 의식의 경우를 정확하게 확립하였고, 그 오묘하고도 깊은 뜻을 잘 이해하고 있었다. 한 번에 세 가지 베다와 베다 성전에 관한 어휘, 의궤, 음운론, 어원론, 넷째의 아타르바 베다와 다섯째의 역사 전설에 있어서 지혜의 눈을 뜨고 박식하게 문법을 알았으며 순세론이라든가 관상학에까지 통달해 있었다. 그때 소년 나가세나는 아버지에게 이렇게 말했다.

"아버지, 우리 바라문가에서는 더 이상 배울 게 있습니까? 아니면 다만 이것뿐인가요?"

"사랑하는 내 아들 나가세나야, 우리 바라문가에는 더 이상 배울 것은 없단다. 배울 것은 이것뿐이란다."

그래서 소년 나가세나는 선생 앞에서 최후의 학습을 받고 집을 나와 과거의 습성에 의한 마음의 움직임대로 고요한 장소를 찾아 홀로 명상에 잠겼다. 그리고 자신이 배운 것을 처음과 중간과 마지막에 걸쳐 되새겨 보았으나 처음과 중간 또는 마지막에 있어서 아무런 가치도 찾아볼 수 없었다. 그는 독백하고 후회하고 마음 밑바닥으로부터 괴로워했다.

'벗이여, 이들 베다는 실로 공허하다. 벗이여, 이들 베다
는 실로 왕겨와 같이 가치가 없고 진실이 없는 것이다.'

때마침 존자 로하나는 밧타니야의 주거에 앉아 소년 나
가세나가 마음 속으로 생각하는 것을 타심통으로 알았다.
속옷을 입고 가사를 걸치고 발우를 손에 들고 밧타니야의
주거에서 모습을 감추고 카쟝가라 바라문촌에 나타났다.
소년 나가세나는 자기 집 문간에 서서 존자 로하나가 아득
히 먼 저쪽에서 오는 것을 보았다. 소년은 그를 보고 반갑
고 기뻐 어쩔 줄 모르며 좋아했다. 소년 나가세나는 생각
했다.

'아마 이 출가자는 언젠가 진실을 가르쳐 줄 수 있을 거
야.'

그리고는 존자 로하나가 있는 곳으로 다가갔다. 가까이
서 존자 로하나에게 이렇게 말했다.

"존자여, 그와 같이 머리를 깎고 황색 옷을 입은 당신은
대관절 누구십니까?"

"소년이여, 나는 출가한 사람이란다."

"존자여, 어찌하여 당신은 '출가한 사람'이라 합니까?"

"소년이여, 갖가지 악의 더러움을 여의기 위해 집을 나
온 것이란다. 그래서 '나는 출가한 사람'이라고 한 것이란
다."

"존자여, 무슨 이유로 당신의 머리카락은 다른 사람들처
럼 자라지 않나요?"

"소년이여, 출가한 사람은 열여섯 가지 출가생활에서의

장애를 보고 머리카락이라든가 수염을 깎는단다. 열여섯
가지란 어떤 것인지 아느냐? 다음과 같단다.

(1) 여러 가지 장식품으로 꾸미는 장애

(2) 아름답게 화장하는 장애

(3) 기름을 바르는 장애

(4) 머리를 감는 장애

(5) 꽃장식을 붙이는 장애

(6) 향료를 쓰는 장애

(7) 향을 바르는 장애

(8) 카리륵[13]의 마른 열매처럼 되는 장애

(9) 아마륵[14]의 마른 열매처럼 되는 장애

(10) 염색하는 장애

(11) 머리를 묶는 장애

(12) 빗질을 해야 하는 장애

(13) 이발하러 가는 장애

(14) 머리를 푸는 장애

(15) 이가 생기는 장애

(16) 모발이 빠질 때 탄식, 걱정, 슬픔으로 가슴 치며 우는
곤혹스런 장애

소년이여, 이들 열여섯 가지 장애에 가려진 사람들은 일
체 오묘한 학문과 예술을 그르쳐버리고 만단다."

"존자여, 무슨 이유로 당신의 옷 역시 다른 사람과 같지

않습니까?"

"소년이여, 속인들의 옷은 오욕에 바탕을 두고 있으며 아름다운 것이 특징이란다. 의복에서 생기는 어떠한 두려움도 황색 옷에는 존재하지 않는단다. 그러므로 우리들의 옷 또한 다른 사람과 같지 않단다."

"존자여, 당신은 모든 학문과 예술을 알고 계십니까?"

"그렇구말구. 소년이여, 나는 모든 학문과 예술을 알고 있단다. 이 세상에서 최상의 성전도 알고 있지."

"존자여, 그것을 제게도 가르쳐 주실 수 있겠습니까?"

"그럼, 가르쳐 줄 수 있구말구."

"그러면 제게 가르쳐 주세요."

"소년이여, 지금은 적당한 때가 아니구나. 나는 탁발을 하기 위해 마을에 온 것이란다."

그리하여 소년 나가세나는 존자 로하나의 손에서 발우를 받아들고 그를 집 안으로 맞아들여 수북하게 담겨져 있는 단단하고 부드러운 음식물을 손수 가져다 만족하게 드리리라 생각하고 마음껏 드시게 했다. 존자 로하나가 식사를 마치고 발우를 내려놓았을 때 나가세나는 그에게 이렇게 말했다.

"존자여, 이제 제게 가르쳐 주세요."

존자 로하나가 말했다.

"소년이여, 네가 장애를 떠나 부모님에게 너의 출가에 대한 동의를 얻어내고 내가 입은 출가자의 옷을 입는다면 그때 가서 나는 그 성전을 가르쳐 줄 것이다."

그러자 소년 나가세나는 부모님에게 다가가 말했다.

"어머니, 그리고 아버지! 이 출가자는 이 세상에서 최상의 성전을 알고 있다고 합니다. 그러나 자기 밑에서 출가하지 않는 자에게는 그것을 가르쳐 주지 않습니다. 저는 저 분 밑에 출가하여 그 성전을 배우려고 합니다."

그때 그의 어머니 아버지는 '출가를 해서라도 이 아이가 성전을 터득했으면 좋겠다. 완전히 터득한 뒤에 다시 데리고 오면 되지' 하고 생각하고는 이에 동의했다.

"그래 아들아, 허락하겠다. 그것을 공부해 보렴."

그래서 존자 로하나는 소년 나가세나를 데리고 밧타니야 주거의 비잠바 암자가 있는 곳에 도착했다. 비잠바 암자의 휴게소에서 하룻밤을 지내고 락키타타라로 가서 무수한 아라한들 가운데서 소년 나가세나를 출가시켰다. 그때 출가한 존자 나가세나는 존자 로하나에게 이렇게 말했다.

"존자여, 나는 당신의 옷을 입고 있습니다. 제게 성전을 가르쳐 주십시오."

그때 존자 로하나는 생각에 잠겼다.

'나는 나가세나에게 최초로 무엇을 가르칠 것인가. 숫단타인가 아니면 아비달마인가. 이 나가세나는 실로 영리하니까 쉽게 아비달마를 체득할 수 있을 것이다.'

그리고는 최초로 아비달마를 가르쳤다. 그러자 존자 나가세나는 다음과 같은 아비달마 피타카(논장) 모두를 스승의 단 한 번의 독송으로 완전히 통달하였다.

(1) 선의 성질, 불선(不善)의 성질 그리고 무기(無記 : 선도 아니고 불선·악도 아닌 것)의 성질로 나누고 다시 삼대와 이대의 법으로 조직된 《담마상가니》(법집론).

(2) 다섯 가지 구성요소를 분별하는 등 열여덟 가지 분류로써 조직된 《비방가파카라나》(분별론).

(3) 포섭과 비포섭 등 열네 가지로 분류된 《닷투카타파카라나》(계론).

(4) 구성요소의 식별, 영역(감각기관과 대상과의 대응관계)의 식별 등 여섯 가지로 분류된 《풋가라팡냐티》(인시설론).

(5) 자설 오백론, 타설 오백론, 도합 천론을 집성하여 분류한 《카타밧투파카라나》(논사).

(6) 이대의 기관, 이대의 구성요소 등 열 가지로 분류된 《야마카》(쌍론).

(7) 원인의 연(緣), 대상의 연 등 스물네 가지로 분류된 《팟타나파카라나》(발취론).

그리고 나가세나는 말했다.

"존자여, 그만 두십시오. 그 이상 더 말씀하지 마십시오. 저는 그것만을 독송하겠습니다."

그리고 존자 나가세나는 무수한 아라한들이 있는 곳으로 다가갔다. 가까이 다가가 무수히 많은 아라한들에게 이렇게 말했다.

"존자여, 저는 선의 성질, 불선의 성질, 무기의 성질인

이들 세 가지 언어를 배열하여 이 모든 논장을 상세히 설명하겠습니다."

"좋으실 대로. 나가세나여, 말해 보시게."

그리하여 존자 나가세나는 일곱 달 동안 일곱 가지 논을 두루 설명하였다. 대지는 진동하고 모든 하늘은 칭찬하고 범천은 손뼉을 치고 하늘에서 전단향 가루와 하늘의 만다라화가 쏟아졌다. 그리고 무수한 아라한들은 존자 나가세나가 만 스무 살이 되었을 때 락키타타라에서 구족계[15]를 주었다. 바야흐로 완비된 계를 받은 존자 나가세나는 그 밤을 지나 이른 아침 내의를 입고 가사를 걸친 뒤 발우를 손에 들고 마을로 탁발을 하러 들어갔을 때 이런 생각이 들었다.

'나의 스승님은 머리가 텅 빈 양반이다. 실로 나의 스승님은 어리석은 분이다. 나머지 붓다의 말씀인 경장과 율장을 그대로 두고 최초로 나에게 논장을 가르치셨으니.'

그때 존자 로하나는 존자 나가세나가 마음 속으로 생각하는 것을 타심통으로 알고 존자 나가세나에게 말했다.

"나가세나여, 자네는 어울리지 않는 생각을 하고 있구나. 나가세나여, 그런 걸 생각하는 것은 자네에게는 어울리지 않는다."

그러자 존자 나가세나는 이렇게 생각했다.

'아아, 실로 불가사의한 일이다. 아아, 실로 신기한 일이다. 우리 스승님이 나의 마음 속 생각을 타심통으로 알고 계시다니! 나의 스승님은 완전한 현자이시다. 나는 스승님

께 사과하지 않으면 안 된다.'

그래서 존자 나가세나는 존자 로하나에게 이렇게 말했다.

"존자여, 저를 용서해 주십시오. 다시는 그런 생각을 일으키지 않겠습니다."

그때 존자 로하나는 존자 나가세나에게 말했다.

"나가세나여, 나는 그 정도로는 자네를 용서할 수가 없다. 그런데 나가세나여, 사가라라는 도시가 있다. 그곳은 밀린다왕이 통치하고 있다. 그는 형이상학적 논의에 의해 질문을 하여 비구 상가를 괴롭히고 있다. 만일 자네가 그곳에 가서 그 왕을 논파하고 상가에 대하여 깨끗한 신심을 일으키게 한다면 나는 자네를 용서할 것이다."

"존자여, 밀린다왕 한 사람이라면 문제없습니다. 존자여, 가령 전 인도의 모든 왕들이 와서 질문을 하더라도 저는 그 어려운 질문 모두에 답하여 해결해 보겠습니다. 존자여, 저를 용서해 주십시오."

그러나 존자 로하나는 완강했다.

"나는 자네를 용서할 수 없다."

그때 존자 나가세나가 말했다.

"존자여, 그러면 이 우기 석 달 동안 저는 누구 밑에서 지내야 하겠습니까?"

"나가세나여, 현재 존자 앗사구타가 밧타니야 주거에 머물고 계시다. 나가세나여, 자네는 존자 앗사구타가 계시는 곳을 찾으라. 찾아뵙고 내 이름으로 존자 앗사구타의 발

아래에 머리 숙여 공손히 절하고 그분에게 이렇게 말씀드리려라. '존자여, 저희 스승님은 존자의 발 아래에 머리 숙여 공손히 절하고 존자께서 병은 없으시며 경쾌하신지, 그리고 건강하시며 안온하신지 여쭙게 하셨습니다. 저희 스승님은 우기 석 달 동안 존자 밑에서 지내라시며 저를 보내셨습니다'라 하고, 또 '너의 스승이 뉘시더냐?' 하고 물으셨을 때 '존자여, 로하나 장로라 합니다'라고 말함이 옳다. '내 이름이 뭔지 알고 있느냐?'라고 존자 앗사구타께서 말씀하시면 이렇게 말하는 게 좋다. '존자여, 저희 스승님은 존자의 존함을 알고 있습니다'라고 하라."

존자 나가세나가 대답하였다.

"존자여, 분부대로 하겠습니다."

존자 나가세나는 존자 로하나에게 인사한 뒤 스승의 오른쪽으로 돌아 물러나와 발우와 가사를 손에 들고 차례차례 여러 곳을 순력하면서 밧타니야의 주거로 존자 앗사구타를 찾아갔다. 도착하여 존자 앗사구타에게 인사를 하고 한녘에 앉았다. 한녘에 앉은 존자 나가세나는 존자 앗사구타에게 이렇게 말했다.

"존자여, 저희 스승님은 존자의 발 아래 머리 숙여 공손히 절하고 이렇게 하라고 말씀하셨습니다. '존자께서 병은 없으시고 경쾌하신지, 그리고 건강하시며 안온하신지를 여쭙습니다'라고요. 존자여, 저희 스승님은 우기 석 달 동안 존자 밑에서 지내라시며 저를 보내셨습니다."

그러자 존자 앗사구타는 나가세나에게 이렇게 물었다.

"자네 이름이 뭐지?"

"존자여, 저는 나가세나라고 합니다."

"자네 스승은 뉘시던가?"

"존자여, 저희 스승님은 존자의 존함을 알고 계십니다."

"그래 그래. 나가세나여, 발우와 가사를 내려놓아라."

"존자여, 분부대로 하겠습니다."

존자 나가세나는 이렇게 말하고 가사와 발우를 내려놓았다. 그 다음날 그는 앗사구타 장로의 승방을 청소하고 세숫물과 양칫물을 준비했다. 그런데 장로는 손수 다시 그 승방을 청소하고 준비했던 물을 쏟아버린 뒤 다른 물을 가져왔다. 그리고 준비한 이쑤시개를 던져버리고 다른 이쑤시개를 들었다. 장로는 한 마디도 입 밖에 내지 않았다. 그렇게 칠 일이 지나갔다. 칠 일째 되던 날 그를 향해 다시 똑같은 질문을 했다. 나가세나가 다시 전과 마찬가지로 대답했을 때, 장로는 그에게 우기 동안의 거주(안거)를 허락했다.

그때 한 훌륭한 부인 신자가 존자 앗사구타에게 삼십 년간 시중을 들고 있었다. 석 달이 지난 어느 날 그 부인 신자는 존자 앗사구타가 있는 곳으로 가서 존자 앗사구타에게 이렇게 말했다.

"존자여, 존자 밑에 다른 비구가 있습니까?"

"부인 신자여, 내 밑에 나가세나라는 비구가 있습니다."

"그러면 존자 앗사구타여, 나가세나와 함께 내일 공양을 받아주셨으면 합니다."

존자 앗사구타는 침묵으로 승낙의 뜻을 나타내었다. 그리하여 존자 앗사구타는 그 밤이 지나고 이른 아침 내의를 입고 발우와 가사를 손에 들고 어린 출가자 나가세나와 함께 훌륭한 부인 신자의 거처로 나아갔다. 가서 준비된 자리에 앉았다. 그때 그 부인 신자는 존자 앗사구타와 존자 나가세나에게 단단하고 부드러운 많은 음식을 손수 시중을 들어가며 만족하게, 그리고 마음대로 드시게 했다. 그때에 존자 앗사구타는 식사를 끝내고 발우를 내려놓은 뒤 존자 나가세나에게 이렇게 말했다.

"나가세나여, 자네는 이 훌륭한 부인 신자에게 감사의 뜻을 표하라."

이렇게 말하고 자리를 떴다. 그때 그 훌륭한 부인 신자는 존자 나가세나에게 이렇게 말했다.

"존자 나가세나여, 저는 노인입니다. 매우 심오한 진리의 가르침으로 저에게 축복을 내려 주십시오."

그래서 존자 나가세나는 이 훌륭한 부인 신자에게 출세간의 공성에 관한 매우 심오한 아비달마설로써 축복해 주었다. 이때 바로 그 자리에서 이 훌륭한 부인 신자에게 '모든 생겨난 존재는 어느 것이든 소멸하는 존재'라고 하는 깨끗하고 더러움이 없는 진리의 눈이 생겼다. 존자 나가세나도 또한 이 훌륭한 부인 신자에게 축복하기를 마치고 스스로 설한 진리의 가르침을 통찰하여 관찰력을 일으키자 그 자리에 앉은 채로 '성자의 흐름에 들어간 경지'를 획득하고 그 경지에 머물렀다.

때마침 존자 앗사구타는 정자에 앉아 있다가 그들 두 사람이 함께 진리의 눈을 획득한 것을 알고 '참 잘 되었구나'를 연발했다.

"잘 되었구나. 참으로 잘 되었어. 나가세나여, 하나의 화살을 쏘아 두 개의 위대한 신체를 맞혔구나!"

수천의 모든 하늘들도 또한 '참으로 좋습니다'를 연발했다. 존자 나가세나는 자리에서 일어나 존자 앗사구타가 있는 곳으로 갔다. 가서 존자 앗사구타에게 인사하고 한쪽에 앉았다. 한쪽에 앉은 존자 나가세나에게 존자 앗사구타는 말했다.

"나가세나여, 그대는 파타리풋타로 가라. 파타리풋타 도시의 아쇼카 동산에 존자 담마라키타가 살고 있다. 그대는 그분 밑에서 붓다의 말씀을 완전히 습득하라."

"존자여, 파타리풋타 도시는 여기서 어느 정도 거리에 있습니까?"

"나가세나여, 백 요자나[16]이다."

"존자여, 거리가 상당히 멉니다. 도중에서 탁발하여 먹을 것을 얻기가 어렵습니다. 저는 어떻게 가야 하겠습니까?"

"나가세나여, 그대는 갈 수 있다. 도중에서 쌀죽이라든가 뉘를 골라낸 쌀밥, 여러 가지 스프, 조미료 등 먹을 것을 탁발할 수 있을 것이다."

"존자여, 분부대로 하겠습니다."

그렇게 대답하고 존자 나가세나는 존자 앗사구타에게 인사한 뒤 오른쪽으로 돌아 물러나와 발우와 가사를 손에 들고 파타리풋타를 목적지로 순력의 길에 올랐다.

그때 파타리풋타 사람으로 어떤 부유한 상인이 오백 대의 수레를 이끌고 파타리풋타로 통하는 길을 가고 있었다. 파타리풋타의 부유한 상인은 존자 나가세나가 멀리서 오는 것을 보았다. 그를 보자 오백 대의 수레를 멈추고 존자 나가세나가 있는 곳으로 다가갔다. 가까이 다가가 존자 나가세나에게 인사를 하고 나서 말했다.

"존자여, 당신은 어디로 가십니까?"

"자산가여, 나는 파타리풋타로 가는 중입니다."

"존자여, 그거 참 좋습니다. 저희도 파타리풋타로 갑니다. 당신은 저희들과 함께라면 즐거운 여행이 되실 것입니다."

파타리풋타의 부유한 상인은 존자 나가세나의 위의에 매우 기뻐하며 존자 나가세나에게 단단하고 부드러운 많은 음식물을 손수 가져다 마음대로 만족스럽게 들게 했다. 그리고 존자 나가세나가 식사를 끝내고 발우에서 손을 뗐을 때 허름한 좌구를 펴고 한쪽에 앉았다. 한쪽에 앉은 파타리풋타의 부유한 상인은 존자 나가세나에게 이렇게 말했다.

"존자여, 당신의 존함은 무엇입니까?"

"자산가여, 나는 나가세나라 합니다."

"존자여, 당신은 붓다의 말씀을 알고 있습니까?"

"자산가여, 나는 아비달마의 모든 가르침을 알고 있습니다."

"존자여, 그것은 제게 있어서는 아주 다행한 일입니다. 존자여, 제게 있어서는 참으로 다행한 일입니다. 존자여, 저 역시 아비달마 학도입니다. 당신도 또한 아비달마 학도시구요. 존자여, 아비달마의 가르침을 말씀해 주십시오."

그리하여 존자 나가세나는 파타리풋타의 부유한 상인에게 아비달마를 설했다. 이를 점차로 설해갈 무렵 파타리풋타의 부유한 상인에게 '모든 생겨난 존재는 어느 것이든 소멸하는 존재'라고 하는 깨끗하고 더러움이 없는 진리의 눈이 생겼다. 그리고 나서 파타리풋타의 부유한 상인은 오백 대의 수레를 자신의 수레보다 앞세우고 자신은 그들의 뒤에서 갔다. 그는 파타리풋타에서 그리 멀지 않은 갈림길에 이르렀을 때 멈춰서서 존자 나가세나에게 이렇게 말했다.

"존자 나가세나여, 여기가 아쇼카 동산으로 가는 길입니다. 존자여, 이것은 제가 가지고 있는 길이 16핫타에 폭이 8핫타인 값나가는 모직물입니다. 존자여, 자비를 드리워 이 값비싼 모직물을 받아 주십시오."

존자 나가세나는 자비를 드리워 그 값비싼 모직물을 받았다. 그러자 파타리풋타의 부유한 상인은 소녀처럼 기뻐하며 환희에 차 뛸듯이 좋아했다. 참으로 만족한 마음으로 존자 나가세나에게 인사하고 존자의 오른쪽으로 돌아 물러갔다.

그리고 존자 나가세나는 아쇼카 동산의 존자 담마락키타가 있는 곳으로 갔다. 가까이 다가가 존자 담마락키타에게 인사하고 자신이 온 이유를 말했다. 그 뒤 존자 담마락키 타 밑에서 단지 한 번의 설명으로 석 달 동안에 삼장(경·율·논)의 붓다의 말씀을 문자상으로 습득했다. 다시 이어서 석 달 동안에 그것을 뜻으로 터득하였다. 그때 존자 담마락키타는 존자 나가세나에게 말했다.

"나가세나여, 예를 들면 소치는 자가 소를 사육하지만 소의 산출물은 다른 사람들이 사용한다. 그와 마찬가지로 나가세나여, 자네는 붓다의 말씀인 삼장을 습득하고는 있으면서 스스로 출가 수행의 과위[17]를 누리지는 못하는 자다."

존자 나가세나가 말했다.

"가르침은 그것만으로 충분합니다."

그렇게 말하고 그는 그날 만 하루에 걸쳐 네 가지 무애자재의 이해력과 함께 아라한의 경지를 획득했다. 네 가지 진리에 통달하자 모든 신들은 찬미의 노래를 부르고 대지는 진동했다. 범천은 손뼉을 치고 하늘에서는 전단향 가루와 만다라화가 내렸다.

때마침 무수한 아라한들은 히말라야 산 락키타타라에 모여 있었다. 그리고 그들은 존자 나가세나에게 사자를 보내어 알렸다.

"나가세나여, 오라. 우리는 나가세나를 만나고 싶어 한다."

그리하여 존자 나가세나는 사자의 말을 듣고 아쇼카 동산에서 모습을 감추고 히말라야 산 락키타타라에 있는 무수한 아라한들 앞에 나타났다. 그때 무수한 아라한들은 존자 나가세나에게 이렇게 말했다.

"나가세나여, 저 밀린다왕은 의론과 그 반대론으로써 질문을 하여 비구대중을 괴롭히고 있다네. 나가세나여, 부탁하네. 자네가 가서 저 밀린다왕을 굴복시키게."

"존자들이여, 밀린다왕 한 사람뿐만이 아니라 가령 전 인도의 왕들이 와서 제게 질문을 하더라도 그 난문 모두를 답해 해결해 보겠습니다. 그러니 존자들이여, 여러분들은 염려치 마시고 사가라 도시로 가십시오."

그때 장로와 비구들은 사가라로 가서 도시 전체를 황금빛 가사의 광명으로 빛내며 선인의 훈풍을 풍겼다. 마침 그때 존자 아유파라라는 장로가 상캬 승방에 머물고 있었다. 그때 밀린다왕은 시신들에게 이렇게 말했다.

"경들이여, 참으로 달은 밝고 아름다운 밤이로다. 이제 수행자 또는 바라문으로서 나와 함께 대론하여 의심을 풀어줄 수 있는 자를 찾아 대론의 질문을 하고 싶은데 그럴 만한 사람은 대관절 누구이겠는가?"

그때 오백 명의 요나카인들은 밀린다왕에게 이렇게 말했다.

"대왕이여, 아유파라라는 장로가 있습니다. 그는 삼장을 외우는 자요, 많이 들은 자며, 전승의 가르침에 통달한 자입니다. 그는 지금 상캬 승방에 머물고 있습니다. 대왕이여, 전하께서는 가셔서 존자 아유파라에게 질문해 보십시오."

"좋다. 그렇다면 존자 아유파라에게 나의 방문을 고하

라."

그리하여 궁정의 점성사가 존자 아유파라에게 사자로 보내졌다.

"존자여, 밀린다왕은 존자 아유파라를 만나뵙고 싶어 하십니다."

존자 아유파라는 기쁘게 대답했다.

"그러면 오시라 하십시오."

그래서 밀린다왕은 오백 명의 요나카인들에게 둘러싸여 훌륭한 수레를 타고 존자 아유파라가 머물고 있는 상카 승방으로 왔다. 가까이서 존자 아유파라에게 인사하고 다정하고 정중하게 예의를 갖추어 안부를 나눈 뒤 한녘에 앉았다. 한녘에 앉은 밀린다왕은 존자 아유파라에게 이렇게 말했다.

"존자 아유파라여, 당신이 출가하신 것은 무엇을 목적으로 하고 있습니까? 또 당신들에게 있어서 최고의 목적은 무엇입니까?"

장로는 답했다.

"대왕이여, 실로 우리가 출가한 것은 진리를 실천하고 마음의 평안을 실천하기 위해서입니다."

"존자여, 그렇다면 또한 재가자들도 누군가 진리를 실천하고 마음의 평안을 실천한 자가 있습니까?"

"그렇습니다. 대왕이여, 재가자들도 진리를 실천하고 마음의 평안을 실천한 자가 있습니다. 대왕이여, 예를 들면 위대한 스승 붓다가 베나레스 이시파타나(선인들이 살던 곳), 즉 미가다야(사슴의 동산)에서 진리의 가르침인 법륜을 굴리셨을 때 일억 팔천의 범천이 법현관, 즉 진리의 파악에 통달하였고, 또 셀 수 없는 무수한 모든 하늘들도 진리의 파악에 통달하였습니다. 그들은 모두 재가자였고 출가자는 없었습니다. 그리고 또 대왕이여, 위대한 스승께서 마하사마야 숫단타(대회경), 마하만가라 숫단타(대길상경), 마하치타파리야야 숫단타(등심경), 라후로바다 숫단타(교계라후라경), 파라바바 숫단타(파멸법경)를 설하셨을 때 셀 수 없는 무수한 모든 하늘들이 진리의 파악에 통달하였습니다. 그들은 모두 재가자이고 출가자는 없었습니다."

밀린다왕이 말했다.

"존자 아유파라여, 그렇다면 당신이 출가했다고 하는 것은 무의미합니다. 전생에 지은 악한 행위의 결과에 따라 석가의 제자인 수행자들은 출가하여 여러 가지 두타의 지분[18]을 엄격히 지켜야 하는 것입니다. 존자 아유파라여, 그들 '한 자리에서 식사하는 자'인 비구들은 모두 아마 전생에서 남의 음식물을 빼앗은 도둑이었고 그들이 전생에서 남의 음식물을 취한 행위의 결과에 의해 지금 '한자리에서 식사하는 자'가 되어 있을 것입니다. 그들은 적당한 때에 따라 먹을 수가 없습니다. 그들에게는 계행이 없고 고행이 없고 청정한 수행이 없습니다. 게다가 또한 존자 아유파라여, 그들 '집 밖에서 사는 자'인 비구들은 모두들 아마 전생에서 촌락을 빼앗은 도적이었고 그들이 전생에서 남의 집을 파괴한 행위의 결과에 의해 '집 밖에서 사는 자'가

되었을 것입니다. 그들은 잠자고 앉을 곳을 사용할 수 없습니다. 그들은 계행이 없고 고행이 없고 청정한 수행이 없습니다. 그리고 또한 존자 아유파라여, 그들 '앉은 채로 옆으로 눕지 않는 자'인 비구들은 모두 아마 전생에 노상강도거나 도적이었고 그들이 전생에 길 가는 사람들을 붙잡아 묶어 앉힌 행위의 결과에 따라 지금 '앉은 채로 옆으로 눕지 않는 자'가 되었을 것입니다. 그들은 침대에 누울수가 없습니다. 그들에게는 계행이 없고 고행이 없고 청정한 수행이 없습니다."

이렇게 말했을 때 존자 아유파라는 침묵할 뿐 한 마디도 대답하지 못했다. 그러자 오백 명의 요나카인들은 밀린다왕에게 이렇게 말했다.

"대왕이여, 장로는 현자입니다. 그러나 그는 자신이 없어서 한 마디도 답하지 않은 것입니다."

그러자 밀린다왕은 존자 아유파라가 침묵하는 것을 보고 손뼉을 쳐 부르고 나서 요나카인에게 이렇게 말했다.

"아아! 실로 인도는 텅 비었도다. 아아! 참으로 인도는 왕겨와 같다. 나와 함께 대론하여 의심을 제거해 줄 수 있는 수행자 또는 바라문은 단 한 사람도 없구나!"

그리고 밀린다왕은 자신의 주위를 돌아보고 요나카인들이 두려워하는 일 없이 진정되어 있는 것을 보고 이렇게 말했다.

"틀림없이 다른 누군가 나와 함께 대론할 수 있는 현인비구가 분명히 있다. 왜냐하면 이들 요나카인들이 당혹해

하지 않기 때문이다."

그래서 밀린다왕은 요나카인들에게 말했다.

"경들이여, 다른 누군가 나와 대론하여 의심을 제거해 줄 수 있는 현인 비구가 있는가?"

한편, 그때 존자 나가세나는 한 무리의 출가자들에게 둘러싸여 촌락과 읍과 왕도에서 탁발하면서 점차 사가라 도시에 이르렀다. 그는 상가의 장이었고 가나(제자들의 집단)의 장이었으며 가나의 교사였다. 그의 이름은 세상에 알려져 명성이 있었으며 많은 사람들의 존경을 받고 있었다. 또 그는 현자요 학자며 슬기로운 자로서 총명하고 박식하고 뛰어난 설명가로 교양이 있었으며 자신이 있었다. 많은 지식을 지닌 사람이요, 삼장에 통달한 스승이요, 베다에 정통한 사람이었다. 광대한 지혜를 지니고 전승의 가르침에 통달해 있었으며, 광대한 무애자재의 이해력의 소유자였다.

또 그는 아홉 가지 부문의 스승이신 붓다의 가르침을 터득하여 간직한 사람이요, 최고 완전한 것에 도달한 사람이며, 승자이신 붓다의 말씀에 있어서 가르침의 정신과 문자의 설명을 훌륭하게 변별하였다. 그는 갖가지로 답하는 웅변에 자신을 갖고 있었고, 담론에 뛰어나 변설에 있어서 시원시원하게 얘기했다. 그러므로 사람들에게 그는 가까이 하기 어렵고, 이기기 어렵고, 넘어서기 어렵고, 방해하기 어렵고, 물리치기 어려운 사람이었다. 그는 침착하기가 대해와 같았고, 움직이지 않기로는 산왕과 같았으며, 사악을 물리치고, 어둠을 몰아내고, 광명을 가져다 주는 위대한 웅

변가로서 다른 가나의 장으로 뽑힌 사람들을 부들부들 떨게 만들었고 다른 이교도를 논파했다.

그는 비구·비구니, 남자 신도·부인 신도와 왕과 왕의 대신들 사이에서 외경되고 존중되고 숭앙되어 의복, 음식물, 침구와 좌구, 병중에 필요한 약의 네 가지 필수품은 물론, 최대의 이익과 최상의 명예를 얻고 있었다. 붓다의 지혜를 귀로 직접 듣고 싶어 찾아온 사람들에게 대하여 그는 승자 붓다의 가르침인 아홉 가지 보배를 설명하여 진리의 길을 일러 보여주고, 진리의 횃불을 들고, 진리의 성스러운 기둥을 세우고, 진리의 희생을 찬양하고, 진리의 깃발을 휘날리고, 진리의 깃대를 세우고, 진리의 법고동을 불고, 진리의 북을 울렸다.

그는 사자의 포효처럼 울부짖었고, 인드라 천의 우레처럼 그 소리를 울렸고, 감미로운 음성을 울렸고, 뛰어난 지혜의 번갯불과 같은 반짝임으로 덮었고, 자비의 물이 충만한 감로(불사의 약수)의 위대한 진리의 비로써 온 세계를 만족시켰다. 그때 존자 나가세나는 팔만의 비구들과 함께 이곳 상캬 승방에 거주하고 있었다. 그러므로 옛 사람들은 나가세나를 찬미하는 시구로 노래하였다.

그 나가세나는 많이 듣고 담론에 뛰어나고
총명하고 자신있어
뛰어난 지혜로써 변설이 시기에 일치했으며
그 삼장의 스승이고 오부의 스승이며

나아가 사부의 스승인

비구들은 나가세나 아래로 모여들었다.

매우 심오한 지혜를 갖추고 현명하여 도(道)와 비도(非
道)를

바르게 설명하는 자신에 찬 나가세나는

최상의 결과(깨달음의 경지)에 도달하였다.

그 총명하게 진리를 말하는 자

비구들에게 둘러싸인 그는

마을과 읍을 순력하면서 사가라에 가까이 갔다.

그때 상캬의 승방에 나가세나는 머물렀으니

사람들은 말하기를

'그는 사람들 가운데서 완전히

산중의 사자처럼 추앙받았다.'

한편, 그때 데바만티야는 밀린다왕에게 이렇게 말했다.

"대왕이여, 전하께서는 기다리십시오. 대왕이여, 전하께
서는 조금만 기다리십시오. 대왕이여, 나가세나라 이름하는
장로가 있습니다. 그는 현자·학자·지혜자이고 교양이 있
고, 자신이 있고, 많이 들은 사람으로서 담론에 뛰어나고,
변설에 있어서 시원시원하고, 의미와 그 표현과 언어와 변
설에 네 가지 무애자재의 이해력이 최고에 이르러 있습니
다. 그는 지금 상캬 승방에 머물고 있습니다. 대왕이여, 전
하께서는 그곳에 가셔서 존자 나가세나에게 질문을 던지십
시오. 그는 전하와 함께 대론하여 전하의 의심을 제거할

수 있을 것입니다."

그때 밀린다왕은 뜻밖에 '나가세나'라는 말을 듣고 두렵고 오싹하여 머리끝이 쭈뼛했다. 그래서 밀린다왕은 데바만티야에게 이렇게 말했다.

"나가세나 비구가 나와 함께 대론할 수 있을까?"

"대왕이여, 그는 인드라·마야·바루나·크베라·프라쟈파티·스야마·싼투시타 등 세계의 수호신이과도, 혹은 모든 사람들의 아버지이며, 할아버지들(선조)인 위대한 브라흐만과도 함께 대론할 수 있습니다. 하물며 인간에게 있어서는 더 없이 좋습니다."

그리하여 밀린다왕은 데바만티야에게 이렇게 말했다.

"그러면 데바만티야여, 경은 존자에게 사자를 보내라."

"대왕이여, 분부대로 거행하겠습니다."

이렇게 말하고 데바만티야는 존자 나가세나에게 사자를 보냈다.

"존자여, 밀린다왕은 존자를 만나뵙고 싶어하십니다."

존자 나가세나도 또한 이렇게 말했다.

"그렇다면 왕께서 직접 오십시오."

그래서 밀린다왕은 오백 명의 요나카인들의 수행을 받으며 훌륭한 수레에 올라 대군의 세력으로 상캬 숭방의 존자 나가세나가 있는 곳으로 가까이 갔다.

그때 존자 나가세나는 팔만 명의 비구들과 함께 정자 안에 앉아 있었다. 밀린다왕은 멀리서 존자 나가세나의 회중을 보며 데바만티야에게 이렇게 말했다.

"데바만티야여, 저 큰 회중은 누구의 것인가?"

"대왕이여, 존자 나가세나의 회중입니다."

그때 밀린다왕은 존자 나가세나의 회중을 멀리서 보고 두렵고 오싹하여 머리끝이 쭈뼛했다. 그때 밀린다왕은 코뿔소에게 포위된 코끼리같이, 금시조에게 포위된 용같이, 큰 뱀에게 포위된 여우같이, 물소에게 포위된 곰같이, 뱀에게 쫓기는 개구리같이, 표범에게 쫓기는 사슴같이, 땅꾼을 만난 뱀같이, 고양이에게 쫓기는 쥐같이, 악마를 쫓아내는 무당을 만난 악귀같이, 라후의 입에 들어간 달같이, 채롱 속에 들어간 뱀같이, 채롱 속에 들어간 새같이, 그물 속에 들어간 물고기같이, 뱀이 우글거리는 숲속에 들어간 사람 같이, 벳사바나에게 반역하여 죄를 지은 야차같이, 임종할 때의 천자같이 두렵고·떨리고·놀라고·자지러지고·몸의 털이 치솟고·근심하고·걱정하고·마음이 곤혹스럽고·마음이 뒤바뀌어, '이런 나를 사람들이 업신여겨서는 안 된다' 생각하고 다시 용기를 내어 데바만티야에게 이렇게 말했다.

"데바만티야여, 경은 나에게 존자 나가세나가 어떤 사람인가를 보고할 필요는 없다. 나는 보고를 받지 않아도 나가세나를 알 수 있을 것이다."

"그렇습니다. 대왕이여, 전하께서는 잘 아실 수 있으십니다."

때마침 존자 나가세나는 그 비구대중 가운데 앞의 사만 명 비구보다는 젊고 뒤의 사만 명 비구보다는 나이가 들었다. 그리하여 밀린다왕은 앞과 뒤와 중앙의 모든 비구대중을 바라보고 멀리서 존자 나가세나가 바로 그 비구대중의 중앙에 앉아 있음을 보았다. 마치 사자가 두려움도 놀람도 없이, 몸의 털이 솟는 일 없이 두려워 떠는 일을 완전히 떠난 것과 같음을 보면서 그 모습에 따라 '저 사람이야말로 바로 나가세나다'라고 알았다. 그리고 밀린다왕은 데바만티야에게 이렇게 말했다.

"데바만티야, 저 사람이야말로 존자 나가세나다."

"대왕이여, 그렇습니다. 저분이야말로 나가세나입니다. 대왕이여, 전하께서는 옳게 나가세나를 알아보셨습니다."

여기서 왕은 '나는 사람들로부터 보고를 받지 않았는데도 나가세나를 알았다'며 기뻐했다. 그러나 밀린다왕은 존자 나가세나를 보자마자 두려워 망연자실하였고 몸의 털이 곤두섰다. 그래서 시구로 노래했다.

올바른 행위를 완성하고
최상의 자기 제어를 잘 닦은 나가세나를 보고
이 왕은 이런 많은 말을 하였다.
'많은 논사를 나는 보았고 많은 대론을 나는 교환했다.
하지만 오늘 내 마음 속에 생기는
전율처럼 다가오는 공포는 일찍이 없었다.
틀림없이 오늘 패배는 예정되었고
승리는 나가세나에게 있을 것이다.
그는 나의 마음을 안정시키고 기만 죽이지 않으면 된다.'

제1장

1. 이름의 물음 : 실체로서의 인격적 개체의 부인

그때 밀린다왕은 존자 나가세나가 있는 곳으로 가까이 갔다. 가까이 가서 존자 나가세나에게 가볍게 인사하고 다정하고 예의바르게 말을 교환하고 한녘에 앉았다. 존자 나가세나도 또한 답례로써 밀린다왕의 마음을 기쁘게 했다. 그리고 밀린다왕은 존자 나가세나에게 이렇게 말했다.

"어떻게 하여 당신은 존사로서 세상에 알려졌습니까? 존자여, 당신은 무엇이라 이름합니까?"

"대왕이여, 저는 나가세나로 알려져 있습니다. 대왕이여, 동료인 수행자들은 저를 나가세나라고 부르고 있습니다. 또 부모님은 나가세나라든가 수라세나라든가 비라세나라든가 혹은 시하세나라는 이름을 붙이고 있습니다. 그러나 대왕이여, 이 '나가세나' 라고 하는 것은 실은 명칭이고 호칭이고 가명이고 통칭이고 이름일 따름입니다. 거기에 인격적 개체는 인정될 수 없습니다."

거기서 밀린다왕은 이렇게 말했다.

"오백 명의 요나카인들과 팔만 명의 비구들은 내 말을 들어보라. 이 나가세나는 이렇게 말하고 있다. '여기에 인격적 개체는 인정할 수 없다'라고. 그 말을 믿을 수 있겠는가?"

밀린다왕은 그리고 나서 존자 나가세나에게 이렇게 질문하였다.

"존자 나가세나여, 만일 인격적 개체가 인정될 수 없다면 그때 당신에게 의복, 음식물, 침구와 좌구, 병에 도움이 되는 약의 네 가지 필수품을 주는 자는 누구입니까? 그것을 받아 사용하는 자는 누구입니까? 성스러운 계를 보호하는 자는 누구입니까? 수행에 힘쓰는 자는 누구입니까? 수행도의 결실인 열반을 깨달은 자는 누구입니까? 살생을 하는 자는 누구입니까? 주지 않는 것을 훔치는 자는 누구입니까? 온갖 욕망에 있어서 삿된 행을 하는 자는 누구입니까? 거짓말을 하는 자는 누구입니까? 술을 마시는 자는 누구입니까? 아비지옥에 떨어질 다섯 가지 중죄를 범한 자는 누구입니까? 누구에게나 인격적 개체를 인정할 수 없다면 어떻습니까? 그에 따라 선이 없고 불선(악)이 없고, 선과 불선의 행위를 하는 자가 없고 또한 그렇게 하도록 하는 자가 없고, 선해지고 악해진 행위의 결과인 과보도 없을 것입니다. 존자 나가세나여, 만일 당신을 죽이는 자가 있더라도 그 자에게는 살생의 죄는 없을 것입니다. 존자 나가세나여, 당신에게는 계를 주는 이로서의 화상도 없고 교수도 없고 완비된 계도 없습니다. '대왕이여, 동료인 수행자들은 저를 나가세나라 부르고 있습니다' 라고 당신은 말했습니다. 그럴 경우 '나가세나' 라 불리는 것은 대관절 무엇입니까? 존자 나가세나여, 머리카락이 나가세나입니까?"

"대왕이여, 그렇지 않습니다."

"몸의 솜털이 나가세나입니까?"

"대왕이여, 그렇지 않습니다."

"손톱이 나가세나입니까?"

"대왕이여, 그렇지 않습니다."

이하 신체의 각 부분에 대해서 똑같은 질문과 대답이 반복되었다. 즉,

"이 피부, 살, 근육, 뼈, 골수, 신장, 심장, 간장, 늑막, 비장, 폐장, 장, 장간막, 위, 똥, 담즙, 가래, 고름, 피, 땀, 지방, 눈물, 기름, 침, 콧물, 관절활액, 오줌, 두뇌 등 이들의 어느 하나가 나가세나입니까?"

"대왕이여, 그렇지 않습니다."

"존자여, 물질적인 용모가 나가세나입니까?"

"대왕이여, 그렇지 않습니다."

"감수작용이 나가세나입니까?"

"대왕이여, 그렇지 않습니다."

"표상작용이 나가세나입니까?"

"대왕이여, 그렇지 않습니다."

"형성작용이 나가세나입니까?"

"대왕이여, 그렇지 않습니다."

"식별작용이 나가세나입니까?"

"대왕이여, 그렇지 않습니다."

"존자여, 그렇다면 용모, 감수작용, 표상작용, 형성작용, 식별작용을 합한 것이 나가세나입니까?"

"대왕이여, 그렇지 않습니다."

"존자여, 그렇다면 용모, 감수작용, 표상작용, 형성작용, 식별작용 밖에 나가세나가 있는 것입니까?"

"대왕이여, 그렇지 않습니다."

"존자여, 나는 당신에게 몇 번이나 물어보았습니다만 나가세나를 발견할 수 없습니다. 존자여, 나가세나는 실은 말에 지나지 않는 것입니까? 그렇다면 거기에 존재하는 나가세나는 어떤 존재입니까? 존자여, 당신은 '나가세나는 존재하지 않는다'고 하여 진실이 아닌 거짓말을 한 것입니다."

그리하여 존자 나가세나는 밀린다왕에게 이렇게 반문하여 말했다.

"대왕이여, 당신은 크샤트리야로 호화롭게 태어났고 매우 사치스럽게 길러졌습니다. 대왕이여, 당신이 한낮의 뜨거운 지면이나 달구어진 모랫벌 위를, 그리고 울퉁불퉁한 자갈을 밟고 걸어오셨다고 한다면 발이 아프실 것입니다. 또 몸은 피로하고 마음은 어지러워 온몸에서 고통의 느낌이 생겼을 것입니다. 대관절 당신은 걸어서 오신 겁니까, 아니면 탈것으로 오셨습니까?"

"존자여, 나는 걸어서 온 게 아닙니다. 나는 수레로 왔습니다."

"대왕이여, 만일 당신이 수레로 오셨다면 무엇이 수레인가를 제게 말씀해 주십시오. 수레나룻이 수레입니까?"

"존자여, 그렇지 않습니다."

"굴대가 수레입니까?"

"존자여, 그렇지 않습니다."

"바퀴가 수레입니까?"

"존자여, 그렇지 않습니다."

"차체가 수레입니까?"

"존자여, 그렇지 않습니다."

"수레틀이 수레입니까?"

"존자여, 그렇지 않습니다."

"멍에가 수레입니까?"

"존자여, 그렇지 않습니다."

"바퀴살이 수레입니까?"

"존자여, 그렇지 않습니다."

"채찍이 수레입니까?"

"존자여, 그렇지 않습니다."

"그렇다면 대왕이여, 수레나룻, 굴대, 바퀴, 차체, 수레틀, 멍에, 바퀴살, 채찍을 합한 것이 수레입니까?"

"존자여, 그렇지 않습니다."

"그렇다면 대왕이여, 수레나룻, 굴대, 바퀴, 차체, 수레틀, 멍에, 바퀴살, 채찍 밖에 수레가 있습니까?"

제1장
61

"존자여, 그렇지 않습니다."

"대왕이여, 나는 당신에게 몇 번이나 물어보았습니다만 수레를 발견할 수는 없습니다. 대왕이여, 수레란 말에 지나지 않는 것일까요. 그렇다면 거기에 존재하는 수레는 어떤 것입니까? 대왕이여, 당신은 '수레는 존재하지 않는다'고 하여 진실이 아닌 거짓말을 하신 것입니다. 대왕이여! 당신은 전 인도에 있어서 첫째가는 왕입니다. 그런데 당신은 무엇이 두려워 거짓말을 하십니까? 오백 명의 요나카인 여러분들과 팔만의 비구들은 제 말을 들으십시오. 이 밀린다왕은 이렇게 말씀하셨습니다. '나는 수레를 타고 왔습니다'라고. 또 '대왕이여, 만일 당신이 수레로 오신 것이라면 저에게 무엇이 수레인지 일러 주십시오'라고 저에게 질문을 받았을 때 왕은 답하길 '동일한 수레는 인정될 수 없다'라고. 여러분 어떻게 그것을 믿을 수 있겠습니까?"

이와 같이 말해졌을 때 오백 명의 요나카인들은 존자 나가세나에게 동의하여 밀린다왕에게 이렇게 말했다.

"대왕이여, 가능하시다면 말씀하십시오."

그래서 밀린다왕은 존자 나가세나에게 이렇게 말했다.

"존자 나가세나여, 나는 거짓말을 하고 있는 것이 아닙니다. 수레나룻에 의해, 굴대에 의해, 바퀴에 의해, 차체에 의해, 수레틀(멍에, 바퀴살, 채찍 등)에 의해 '수레'라고 하는 명칭, 호칭, 가명, 통칭, 이름이 생긴 것입니다."

"대왕이여, 당신은 수레를 올바르게 이해하셨습니다. 대왕이여, 그와 마찬가지로 제게 있어서도 머리카락에 의해,

몸의 솜털에 의해—내지—두뇌에 의해, 용모에 의해, 감수
작용에 의해, 표상작용에 의해, 형성작용에 의해, 식별작용
따위에 의해 '나가세나'라는 명칭, 호칭, 가명, 통칭, 단순
한 이름이 생긴 것입니다. 그러나 본질적인 의미에 있어서
는 여기에 인격적 개체는 존재하지 않는 것입니다. 대왕이
여, 바지라 비구가 위대한 스승이신 붓다 앞에서 이런 시
구를 읊었습니다.

이를테면 여러 부분의 집합에 의해
'수레'라는 말이 생기듯
그와 같이 다섯 가지 구성요소가 존재할 때
'살아 있는 것'이라는 호칭이 있다.

"멋집니다. 존자 나가세나여, 훌륭합니다. 존자 나가세나
여, 나의 질문은 아주 멋지게 해답되었습니다. 만일 붓다가
여기에 계셨더라면 칭찬의 말씀을 주셨을 것입니다. 좋습
니다. 정말 좋습니다. 나가세나여, 나의 질문은 아주 멋지게
해답되었습니다."

2. 나이의 물음

"존자 나가세나여, 당신은 법랍으로 몇이십니까?"
"대왕이여, 저는 법랍으로 일곱 살입니다."

"존자여, 당신의 '일곱'이란 무엇입니까? 당신이 '일곱'입니까? 아니면 숫자가 '일곱'입니까?"

마침 그때 전신을 장식품으로 꾸민 아름다운 옷으로 치장한 밀린다왕의 그림자가 땅 위에 비치고 또 물항아리 속에 비쳤다. 그래서 존자 나가세나는 밀린다왕에게 이렇게 말했다.

"대왕이여, 당신의 이 그림자가 땅 위에, 또 물항아리 속에 비쳤습니다. 대왕이여, 그렇다면 당신이 왕입니까? 아니면 그림자가 왕입니까?"

"존자 나가세나여, 내가 왕입니다. 이 그림자는 왕이 아닙니다. 하지만 나에 의해 그림자가 생긴 것입니다."

"대왕이여, 실로 그와 마찬가지로 법랍의 햇수가 '일곱'이지 제가 '일곱'은 아닙니다. 그러나 대왕이여, 그림자의 비유처럼 저에 의해 '일곱'이 생긴 것입니다."

"멋집니다. 존자 나가세나여, 훌륭합니다. 존자 나가세나여, 나의 질문은 아주 멋지게 해답되었습니다."

3. 대화를 성립시키는 기반

왕이 말했다.

"존자 나가세나여, 나와 함께 다시 대론합시다."

"대왕이여, 만일 당신이 현자의 논으로서 대론하시는 것이라면 저는 당신과 대론하겠습니다. 그러나 대왕이여, 만약에 당신이 왕자의 논으로서 대론하시는 것이라면 저는 당신과 대론하지 않겠습니다."

"존자 나가세나여, 현자는 어떻게 대론합니까?"

"대왕이여, 현자의 대론에 있어서는 해명이 이루어지고, 해설이 이루어지고, 비판이 이루어지고, 수정이 이루어지고, 구별이 이루어지고, 세세한 구별이 이루어지지만 현자는 그것 때문에 노여워하는 일이 없습니다. 대왕이여, 현자는 실로 이와 같이 대론합니다."

"존자여, 또한 왕자는 어떻게 대론합니까?"

"대왕이여, 그런데 실로 모든 왕자는 대론에 있어서 한 가지 일만을 주장합니다. 만일 그 일에 따르지 않는 자가 있다면 '이 사람에게 벌을 주어라' 하여 그 사람에 대하여 처벌을 명령합니다. 대왕이여, 실로 모든 왕자는 이와 같이 대론합니다."

"존자여, 나는 현자의 논으로서 대론하겠습니다. 왕자의 논으로서 대론하지 않겠습니다. 존자는 안심하시고 격의없이 대론하십시오. 이를테면 존자가 비구나 사미 혹은 재가 신자나 원정과 대론하듯이 안심하시고 허물없이 대론하십시오. 두려워하지 마십시오."

장로는 동의했다.

"대왕이여, 좋습니다."

왕이 말했다.

"존자 나가세나여, 나는 질문하겠습니다."

"대왕이여, 질문하십시오."

"존자여, 당신은 이미 나에 의해 질문을 받고 있습니다."

"대왕이여, 당신은 이미 답을 받으셨습니다."

"존자여, 그렇다면 당신에 의해 무슨 답이 내려졌습니까?"

"대왕이여, 그렇다면 당신에 의해 어떤 물음이 주어졌습니까?"

4. 아난타카야의 그리스적 영혼관

그때 밀린다왕은 이렇게 생각했다.

'이 비구는 실로 현자다. 나와 대론할 재능이 있다. 그리고 내게는 그에게 물어야 할 많은 점들이 있을 것이다. 그러한 점들을 내가 다 묻기도 전에 태양은 서녘으로 질 것이다. 나는 내일 궁정에서 대론하는 편이 좋을 것이다.'

그래서 왕은 데바만티야에게 이렇게 말했다.

"데바만티야여, 경은 존자에게 '내일 궁정에서 왕과의 대론이 행해질 것입니다' 라고 알리라."

이렇게 이른 뒤 밀린다왕은 자리에서 일어나 나가세나 장로에게 작별을 하고 말을 타고 '나가세나, 나가세나' 를 되뇌이면서 헤어졌다. 그리고 데바만티야는 존자 나가세나에게 이렇게 말했다.

"존자여, 밀린다왕은 이렇게 말씀하셨습니다. '내일 궁정에서 왕과의 대론이 행해질 것입니다' 라고."

"좋습니다."

장로는 동의했다. 그리고 그 밤이 지난 후 데바만티야와 아난타카야와 만쿠라와 삿바딘나는 밀린다왕이 있는 곳으로 갔다. 가서 밀린다왕에게 이렇게 말했다.

"대왕이여, 존자 나가세나는 옵니까?

"그렇다. 그는 올 것이다."

"그는 어느 정도의 비구들과 함께 옵니까?"

"어느 정도이건 그가 원하는 만큼의 비구들과 함께 올 것이다."

그래서 삿바딘나는 말했다.

"대왕이여, 그는 열 명의 비구들과 함께 와야 합니다."

왕은 거듭 말했다.

"어느 정도이건 그가 원하는 만큼의 비구들과 함께 올 것이다."

다시 삿바딘나는 말했다.

"대왕이여, 그는 열 명의 비구들과 함께 와야 합니다."

세 번째로 왕은 말했다.

"어느 정도이건 그가 원하는 만큼의 비구들과 함께 올 것이다."

세 번째로 삿바딘나는 말했다.

"대왕이여, 그는 열 명의 비구들과 함께 와야 합니다."

"만반의 준비는 되어 있다. 나는 경에게 말한다. '어느 정도이건 그가 원하는 만큼의 비구들과 함께 올 것이다' 라고. 분명히 삿바딘나는 나의 뜻과 달리 사람의 수를 제한하려 한다. 그렇다면 나는 비구들에게 음식물을 공양할 수 없지 않겠는가?"

이렇게 말했을 때 삿바딘나는 매우 부끄러워하였다.

그리하여 데바만티야와 아난타카야와 만쿠라는 존자 나가세나가 있는 곳으로 갔다. 가서 존자 나가세나에게 이렇게 말했다.

"존자여, 밀린다왕은 이렇게 말씀하셨습니다. '어느 정도이건 원하는 만큼의 비구들과 함께 오십시오'라고."

그래서 존자 나가세나는 아침 나절 내의를 입고 발우와 가사를 들고 팔만의 비구들과 함께 사가라의 수도로 들어갔다. 그리고 아난타카야는 존자 나가세나 옆에 다가가 이렇게 말했다.

"존자 나가세나여, 제가 '나가세나'라고 했을 때 그 '나가세나'는 무엇입니까?"

장로는 답했다.

"그러면 그 '나가세나'란 어떤 것이라고 당신은 생각합니까?"

"존자여, 몸의 내부에 있는 바람(호흡)으로써 출입하는 생명(영혼)을 저는 나가세나라고 생각합니다."

"그렇다면 만약 이 바람이 밖으로 나온 채 들어가지 않는다든가 또 안으로 들어간 채 밖으로 나오지 않는다면 대관절 그 사람은 살아 있을 수 있겠습니까?"

"존자여, 살아 있을 수 없습니다."

"그렇다면 나팔을 부는 사람이 나팔을 불 경우 바람이

그에게로 다시 들어올 수 있을까요?”

“존자여, 들어오지 않습니다.”

“또 대금 부는 사람이 대금을 불 경우 바람이 그에게로 다시 들어옵니까?”

“존자여, 들어오지 않습니다.”

“또 뿔피리 부는 사람이 뿔피리를 불 경우 바람이 그에게로 다시 들어옵니까?”

“존자여, 들어오지 않습니다.”

“그렇다면 어째서 그는 죽지 않을까요?”

“저는 당신과 같은 논자와 대론할 수가 없습니다. 자, 존자여! 이 의의를 말씀해 주십시오.”

그래서 장로는 ‘아비달마의 설명’을 얘기하고 나서 말했다.

“이 바람(호흡)은 생명(영혼)이 아닙니다. 이들 내쉬는 숨과 들이쉬는 숨은 몸의 신진대사입니다.”

그리하여 아난타카야는 불교신자(우파사카)가 될 것을 서원하였다.

5. 출가의 목적

그때 존자 나가세나는 밀린다왕의 왕궁으로 가서 준비된 자리에 앉았다. 그리고 밀린다왕은 존자 나가세나와 그의 회중에게 맛있고 단단하며 부드러운 음식물을 손수 가져다 충분히 대접하고 마음대로 들게 했다. 그리고 나서 낱낱의 비구들에게 각기 한 벌의 옷을 선물했으며 또 존자 나가세나에게 가사 세 벌을 선사한 뒤 존자 나가세나에게 이렇게 말했다.

"존자 나가세나여, 열 명의 비구와 함께 여기에 앉으십시오. 그 밖의 스님들은 돌아가십시오."

그리고 밀린다왕은 존자 나가세나가 식사를 마치고 발우를 내려놓는 것을 보고 하나의 허름한 좌구를 깔고 한녘에 앉았다. 한녘에 앉은 밀린다왕은 존자 나가세나에게 이렇게 말했다.

"존자 나가세나여, 어떤 것에 관하여 대론할까요?"

"대왕이여, 우리는 목적을 탐구하는 자입니다. 그러니 목적에 관하여 대론합시다."

왕은 물었다.

"존자 나가세나여, 당신이 출가한 것은 무엇을 위해서입니까? 또 당신의 최상의 목적은 무엇입니까?"

장로는 답했다.

"대왕이여, '바라건대 이 고통은 소멸되고 다른 고통은 생겨나지 않기를'이라고 하는 이 목적을 위해 우리는 출가한 것입니다. 실로 우리의 최상의 목적은 생존에 집착하는 일 없는 완전한 열반입니다."

"존자 나가세나여, 그러면 그들 모두가 이 목적을 위해 출가했습니까?"

"대왕이여, 실제는 그렇지 않습니다. 어떤 사람들은 이 목적 때문에 출가했습니다만 어떤 사람들은 왕에게 위협을 받아 출가하고, 어떤 사람들은 도적에게 위협을 받아 출가하고, 어떤 사람들은 부채에 시달려 출가하고, 어떤 사람들은 생활을 위해 출가했습니다. 그러나 올바르게 출가한 사람들은 바로 이 목적을 위해 출가한 것입니다."

"존자여, 그렇다면 당신은 이 목적을 위해 출가한 것입니까?"

"대왕이여, 실은 저는 어려서 출가했습니다. 그러므로 진실로 이 목적 때문에 저 자신이 출가했는가는 모릅니다. 그러나 저는 이렇게 생각했습니다. '이들 사문들은 현자다. 그들은 나를 공부하게 해주실 것이다.' 그리고 저는 그들에게서 수학하여 마침내 '출가하는 것은 실로 이 목적을 위해서다'라 알고, 그렇게 본 것입니다."

"지당하십니다. 존자 나가세나여."

6. 다음 세상에서 생을 맺는 이유

왕이 물었다.

"존자 나가세나여, 죽은 뒤 다음 세상에서 생을 맺지 않는 자가 있습니까?"

장로는 답했다.

"어떤 사람은 다음 생에서 생을 맺습니다만 그러나 어떤 사람은 다음 세상에서 생을 맺지 않습니다.

"누가 다음 세상에서 생을 맺고 또 누가 다음 세상에서 생을 맺지 않습니까?"

"대왕이여, 번뇌가 있는 자는 다음 세상에서 생을 맺지만 번뇌가 없는 자는 다음 세상에서 생을 맺지 않습니다."

"그렇다면 존자여, 당신은 다음 세상에서 생을 맺겠습니까?"

"대왕이여, 만일 제가 생존에 대한 집착을 갖고 있다면 저는 다음 세상에서 생을 맺을 것입니다. 또 만약 집착을 갖고 있지 않다면 저는 다음 세상에 생을 맺는 일은 없을 것입니다."

"지당하십니다. 존자 나가세나여."

7. 다음 세상에서 생을 맺지 않는 이유

왕이 물었다.

"존자 나가세나여, 다음 세상에서 생을 맺지 않는 자는 올바른 주의(진리대로 마음을 먹음)에 의해 생을 맺지 않는 것은 아닙니까?"

"대왕이여, 올바른 주의와 지혜와 다른 착한 법에 의해 생을 맺지 않는 것입니다."

"존자여, 올바른 주의란 곧 지혜가 아닙니까?"

"대왕이여, 그렇지 않습니다. 올바른 주의와 지혜는 다른 것입니다. 대왕이여, 주의작용은 양, 산양, 소, 물소, 낙타,

노새, 말에게도 있습니다만 그러나 지혜는 그들에게는 존재하지 않는 것입니다."

"지당하십니다. 존자 나가세나여."

8. 지혜는 번뇌를 멸한다

왕이 물었다.

"존자여, 주의작용은 무엇을 특질로 합니까? 지혜는 무엇을 특질로 합니까?"

"대왕이여, 주의작용은 파지(움켜잡음)를 특질로 하고 지혜는 절단(끊고 자름)을 특질로 합니다."

"어째서 주의작용은 파지를 특질로 합니까? 어째서 지혜는 절단을 특질로 합니까? 비유로 말씀해 주십시오."

"대왕이여, 당신은 보리를 베는 농부들을 알고 계십니까?"

"존자여, 그렇습니다. 알고 있습니다."

"대왕이여, 농부들은 어떻게 보리를 벱니까?"

"존자여, 왼손으로 보리 묶음을 잡고 오른손으로 낫을 들어 낫으로 자릅니다."

"대왕이여! 가령 보리를 베는 자가 왼손에 보리 묶음을 잡고 오른손으로 낫을 들어 낫으로 베는 것처럼 대왕이여, 그와 마찬가지로 실로 수행자는 주의작용에 의해 마음을 파지하고 지혜에 의해 번뇌를 절단합니다. 대왕이여, 이와 같이 주의작용은 파지를 특질로 하고 지혜는 절단을 특질로 하는 것입니다."

"잘 알겠습니다. 존자 나가세나여."

9. 지혜를 돕는 것(계행)

왕이 물었다.

"존자 나가세나여, '다른 모든 착한 법에 의해'라고 당신이 말했습니다. 그 착한 법이란 무엇입니까?"

"대왕이여, 계행과 신앙과 정진과 전념과 마음의 통일, 이들이 착한 법(착한 정신작용)입니다."

"존자여, 계행은 무엇을 특질로 하고 있습니까?"

"대왕이여, 계행은 일체 착한 모든 법이 이것에 의해 확립하는 것을 특질로 하고 있습니다. 즉 다섯 가지의 뛰어난 작용, 다섯 가지의 뛰어난 힘, 일곱 가지 깨달음에 도움이 되는 것, 여덟 가지 성스러운 길, 네 가지 전념의 확립, 네 가지 올바른 노력, 네 가지 자재력을 얻는 근거, 네 가지의 선, 여덟 가지의 해탈, 네 가지의 마음의 통일, 여덟 가지 뛰어난 마음의 통일이 계행에 의해 확립됩니다. 대왕이여, 계행을 확립한 자에게 있어서는 실로 일체 착한 모든 법은 감소하는 일이 없습니다."

"비유로 말씀해 주십시오."

"대왕이여, 예를 들면 어떠한 종류의 식물이라도 생육하고 성장하고 번성하고 무성하는 것은 모두 대지에 의존하고 대지에 의해 확립하고 그들이 생육하고 성장하고 번성하고 무성하는 것처럼 대왕이여, 그와 마찬가지로 수행자는 계행에 의존하고 계행에 의해 확립하여 다섯 가지 수승한 작용, 즉 신앙·정진·전념·마음의 통일·지혜의 여러 정신작용을 닦고 익히는 것입니다."

"다시 다른 예를 들어 주십시오."

"대왕이여, 이를테면 힘써 해야 할 어떠한 행위라 하더라도 그들은 모두 대지에 의존하고 대지에 의해 확립합니다. 그리고 힘써 해야 할 그들 행위가 이루어지는 것처럼 대왕이여, 그와 마찬가지로 수행자는 계행에 의존하고 계행에 의해 확립하여 다섯 가지 수승한 작용, 즉 신앙·정진·전념·마음의 통일·지혜의 여러 정신작용을 닦고 익히는 것입니다."

"다시 다른 예를 들어 주십시오."

"대왕이여, 예를 들면 도시의 건축사가 도성을 구축하고자 한다면, 최초로 도성의 장소를 청소하고 나무 그루터기와 가시를 제거하고 평평하게 한 뒤 거리와 광장, 십자로와 상가 등을 구획함에 의해 구분하고 도성을 구축하는 것처럼 대왕이여, 그와 마찬가지로 수행자는 계행에 의존하고 계행에 의해 확립하여 다섯 가지 수승한 작용, 즉 신앙·정진·전념·마음의 통일·지혜의 여러 정신작용을 닦고 익히는 것입니다."

"다시 다른 예를 들어 주십시오."

"대왕이여, 이를테면 곡예사가 기술을 보여주고자 한다면, 땅을 파 사금파리와 기왓조각을 제거하고 지면을 평평하게 한 뒤 부드러운 지면에서 기술을 보이는 것처럼 대왕이여, 그와 마찬가지로 수행자는 계행에 의존하고 계행에 의해 확립하여 다섯 가지 수승한 작용, 즉 신앙·정진·전념·마음의 통일·지혜의 여러 정신작용을 닦고 익히는 것입니다. 대왕이여, 위대한 스승이신 붓다에 의해 이렇게 설해졌습니다."

지혜 있는 사람은
계행을 확립하고 마음과 지혜를 연마하며
그러한 열성으로써 숙달된 비구는
이 모든 욕망의 끈을 풀 것이다.
마치 이 대지가 살아 있는 것들에 확립하는 바가 되듯이
계행을 모은 가장 수승한 파티목카[19]는
이 선의 중대에 있어서 근본이며
또 이 승자이신 붓다의 가르침에 들어가는 문이 된다.

"잘 알겠습니다. 존자 나가세나여!"

10. 지혜를 돕는 것(신앙)

왕이 물었다.

"존자 나가세나여, 신앙은 무엇을 특질로 합니까?"

"대왕이여, 신앙은 깨끗함을 특질로 하고 또 뛰어들어감을 특질로 합니다."

"대왕이여, 신앙이 생겨날 때 그것은 다섯 가지 덮개를 멸하고 덮개를 벗어난 마음은 명징하고 청정하고 혼탁이 없습니다. 대왕이여, 그와 같이 신앙은 깨끗함을 특질로 합니다."

"비유를 들어 설명해 주십시오."

"대왕이여, 예를 들어 전륜성왕[20]이 네 부류의 군대를 거느리고 행군하는 도중 조그마한 강을 건넌다고 합시다. 그 강은 여러 코끼리군에 의해, 여러 기마군에 의해, 여러 전차군에 의해, 여러 보병군에 의해 출렁이고 뒤섞이고 휘저어 어지럽혀지고 혼탁하게 될 것입니다. 다 건넜을 때 전륜성왕은 부하들에게 '제군들이여 마실 물을 가져오라. 나는 물을 마시고 싶다'고 명령할 것입니다. 왕에게는 물을 깨끗하게 하는 마니주[21]가 있다고 합시다. '분부대로 거행하겠습니다. 대왕이시여!' 하고 부하들이 전륜왕의 동의를 얻어 그 물을 맑히는 작용이 있는 마니주를 강물에 던져 넣을 것입니다. 그것이 강물 속에 들어가자마자 상캬라든가 세바라와 같은 물풀은 사라지고 진흙은 가라앉고 물은 명징하고 청정하여 혼탁함이 없어질 것입니다. 그래서 그들은 전륜성왕에게 마실 물을 가져다 바치고 '왕이여, 물을 드십시오'라고 할 것입니다. 대왕이여, 마음은 마치 물과 같다고 보아야 할 것입니다. 수행자는 마치 그들

부하와 같다고 보아야 할 것입니다. 번뇌는 마치 물풀인 상캬라든가 세바라나 진흙과 같다고 보아야 할 것입니다. 신앙은 마치 물을 맑히는 작용이 있는 마니주와 같다고 보아야 할 것입니다. 마치 물을 맑히는 작용이 있는 마니주가 물 속에 던져지자마자 상캬라든가 세바라와 같은 물풀은 사라지고 또 진흙은 가라앉고 물은 명징하고 청정하여 혼탁함이 없는 것처럼 대왕이여, 그와 마찬가지로 신앙이 생겨날 때 그것은 다섯 가지 덮개를 멸하고 덮개를 벗어난 마음은 명징하고 청정하고 혼탁이 없습니다. 대왕이여, 그와 같이 신앙은 깨끗함을 특질로 합니다."

"존자여, 어째서 신앙은 뛰어들어감을 특질로 하는 것입니까?"

"대왕이여, 예를 들면 수행자가 다른 사람이 해탈한 것을 보고 혹은 '성자의 흐름에 들어간 위(경지)' 혹은 '한번만 이 세상에 돌아오는 위' 혹은 '다시 이 세상에 돌아오지 않는 위' 혹은 '성자(아라한)의 깨달은 위'에 뛰어들고, 또한 아직 도달하지 못한 위에 도달하고, 아직 획득하지 못한 위를 획득하고, 아직 깨닫지 못한 것을 깨닫기 위해 수행하는 것처럼 대왕이여, 그와 같이 신앙은 뛰어들어감을 특질로 합니다."

"비유를 들어 설명해 주십시오."

"대왕이여, 예를 들면 산의 정상에 큰비가 내린다고 합시다. 그 빗물은 낮은 곳을 따라 흘러 산간의 좁은 골짜기, 바위의 갈라진 곳, 벌어진 틈새를 채우고 강을 채우고 강물은 양쪽 언덕에 범람할 것입니다. 그때 많은 사람들이 그 강의 넓이와 깊이를 모르고 두려워 망설이며 언덕에 서 있다고 합시다. 그때 어떤 사람이 와서 자신의 체력과 역량을 바로 알고 허리띠를 매고 나서 뛰어들어 맞은편 언덕으로 건너갔다고 합시다. 그가 완전히 건너간 것을 보고 많은 사람들도 따라서 건너갈 것입니다. 대왕이여, 그와 마찬가지로 수행자는 다른 사람이 해탈한 것을 보고 혹은 '성자의 흐름에 들어간 위' 혹은 '한 번만 이 세상에 돌아오는 위' 혹은 '다시 이 세상에 돌아오지 않는 위' 혹은 '성자(아라한)의 깨달은 위'에 뛰어들고 또한 아직 도달하지 못한 위에 도달하고, 아직 획득하지 못한 위를 획득하고, 아직 깨닫지 못한 것을 깨닫기 위해 수행해야 합니다. 대왕이여, 그와 마찬가지로 신앙은 뛰어들어감을 특질로 합니다. 대왕이여, 위대한 스승에 의해 이런 시구가 가장 수승한 《상윳타니카야》에 설해져 있습니다."

사람은 신앙에 의해 격류를 건너고
근면에 의해 바다를 건넌다.
정려(정진)에 의해 괴로움을 뛰어넘고
지혜에 의해 완전히 깨끗하게 된다.

"잘 알았습니다. 존자 나가세나여!"

11. 지혜를 돕는 것(정려)

왕이 물었다.

"존자 나가세나여, 정려(정진)는 무엇을 특질로 합니까?"

"대왕이여, 정려는 선을 돕는 것을 특질로 합니다. 정려에 의해 떠받쳐진(지탱되는) 일체 선법은 없어지지 않습니다."

"비유를 들어 설명해 주십시오."

"대왕이여, 예를 들면 집이 쓰러지려고 할 때, 다른 목재로 그 집을 지탱한다고 합시다. 이와 같이 지탱된 그 집은 쓰러지지 않을 것입니다. 대왕이여, 그와 마찬가지로 정려는 돕는 것을 특질로 합니다. 정려에 의해 떠받쳐진 일체 선법은 없어지지 않습니다."

"다시 비유를 들어 설명해 주십시오."

"대왕이여, 예를 들면 큰 군대가 작은 군대를 공격한다고 합시다. 그때 작은 군대의 왕은 병사들을 규합하고 파견하여 그 원군과 협력하고 그리하여 작은 군대는 큰 군대를 격파할 수 있을 것입니다. 대왕이여, 그와 마찬가지로 정려는 돕는 것을 특질로 합니다. 정려에 의해 떠받쳐진 일체 선법은 없어지지 않습니다. 대왕이여, 위대한 스승이신 붓다에 의해 이렇게 설해졌습니다.

'비구들이여! 정려로 힘쓰는 성스러운 제자(가르침을 듣는 사람)는 불선을 버리고 선을 닦으라. 삿된 것을 버리고

올바른 것을 닦으라. 그리하여 자기를 청정하게 유지하라'
고."

"잘 알았습니다. 존자 나가세나여!"

12. 지혜를 돕는 것(전념)

왕이 물었다.

"존자 나가세나여, 전념은 무엇을 특질로 합니까?"

"대왕이여, 전념은 열거를 특질로 하고, 또 주시를 특질
로 합니다."

"존자여, 어찌하여 전념은 열거를 특질로 하는 것입니
까?"

"대왕이여, 수행자에게 전념이 생겨나고 있을 때 그는
선(善)과 불선(不善), 정(正)과 사(邪), 존(尊)과 비(卑), 흑
(黑)과 백(白)의 대조적 성질을 지닌 것을 열거합니다. 즉
이들은 '네 가지 전념의 확립'이고, 이들은 '네 가지 올바
른 노력'이고, 이들은 '네 가지 자재력을 얻는 근거'이고,
이들은 '다섯 가지 뛰어난 활동작용'이고, 이들은 '다섯
가지 뛰어난 힘'이고, 이들은 '일곱 가지 깨달음에 도움이
되는 것'이고, 이들은 '여덟 가지 성스러운 길'이고, 이들
은 '집중'이고, 이들은 '관찰'이고, 이들은 '밝게 앎'이고,
이들은 '해탈'이라고 열거합니다. 그리하여 수행자는 배워
야 할 법(항목)을 배우고 배우지 않아야 할 법은 배우지

않습니다. 가까이해야 할 법을 가까이하고 가까이하지 않아야 할 법은 가까이하지 않습니다. 대왕이여, 그와 같이 전념은 열거를 특질로 합니다."

"비유를 들어 설명해 주십시오."

"대왕이여, 예를 들면 전륜왕의 이재관(재산관리인)이 전륜왕으로 하여금 아침과 저녁에 그의 재력을 기억하게 합니다. 즉 '왕이시여, 폐하에게 코끼리부대는 이 정도 있습니다. 기마부대는 이 정도 있습니다. 전차부대는 이 정도 있습니다. 보병부대는 이 정도 있습니다. 황금은 이 정도 있습니다. 금화는 이 정도 있습니다. 재보는 이 정도 있습니다. 왕이시여, 이를 폐하께서는 기억하십시오' 라고 하여 왕의 재산을 열거하는 것과 같습니다.

대왕이여, 그와 마찬가지로 수행자에게 전념이 생겨나고 있을 때 그는 선과 불선, 정과 사, 존과 비, 흑과 백의 대조적 성질을 지닌 것을 열거합니다. 즉 이들은 '네 가지 전념의 확립'이고, 이들은 '네 가지 올바른 노력'이고, 이들은 '네 가지 자재력을 얻는 근거'이고, 이들은 '다섯 가지 뛰어난 활동작용'이고, 이들은 '다섯 가지 뛰어난 힘'이고, 이들은 '일곱 가지 깨달음에 도움이 되는 것'이고, 이들은 '여덟 가지 성스러운 길'이고, 이들은 '집중'이고, 이들은 '관찰'이고, 이들은 '밝게 앎'이고, 이들은 '해탈'이라고 열거합니다. 그리하여 수행자는 배워야 할 법을 배우고 배우지 않아야 할 법은 배우지 않습니다. 가까이해야 할 법을 가까이하고 가까이하지 않아야 할 법은 가까이하지 않습니다. 대왕이여, 그와 같이 전념은 열거를 특질로 합니다."

"존자여, 어찌하여 전념은 주시를 특질로 합니까?"

"대왕이여, 수행자에게 전념이 생기기 시작할 때 이익이 될 것과 불이익이 될 것의 도리를 추구합니다. 즉 '이것은 이익이 될 것이다. 이것은 불이익이 될 것이다. 이것은 유익하다. 이것은 유익하지 않다' 라고 추구합니다. 그래서 수행자는 불이익이 될 것을 누르고 이익이 될 것을 주시하며, 유익하지 않은 것을 누르고 유익한 것을 주시합니다. 대왕이여, 그와 같이 전념은 주시를 특질로 합니다."

"비유를 들어 설명해 주십시오."

"대왕이여, 예를 들면 믿음직스러운 신하가 왕에게 이익이 될 것과 불이익이 될 것을 알고 '이들은 왕에게 이익되고 이들은 왕에게 이익되지 않다. 이들은 유익하고 이들은 유익하지 않다' 고 알고 그리하여 이익되지 않는 것을 누르고 이익될 것을 주시하고, 유익하지 않은 것을 누르고 유익한 것을 주시하는 것처럼 대왕이여, 그와 마찬가지로 수행자에게 전념이 생기기 시작할 때 이익이 될 것과 불이익이 될 것의 도리를 추구합니다. 즉 '이것은 이익이 될 것이다. 이것은 불이익이 될 것이다. 이것은 유익하다. 이것은 유익하지 않다' 라고 추구합니다. 그래서 수행자는 불이익이 될 것을 누르고 이익이 될 것을 주시하며, 유익하지 않은 것을 누르고 유익한 것을 주시합니다. 대왕이여, 그와 같이 전념은 주시를 특질로 합니다. 대왕이여, 위대한 스승이신 붓다에 의해 이렇게 설해졌습니다. '비구들이여! 나는 전념이야말로 언제 어떠한 경우에도 유익한 것이라고 말한다' 라고."

"잘 알았습니다. 존자 나가세나여."

13. 지혜를 돕는 것(마음의 통일)

왕이 물었다.

"존자 나가세나여! 마음의 통일〔禪定〕은 무엇을 특질로 합니까?"

"대왕이여! 마음의 통일은 주요자(통솔자)를 특질로 합니다. 일체 착한 법은 각기 마음의 통일을 주요자로 하고 마음의 통일로 향하고 마음의 통일로 나아가고 마음의 통일로 기우는 것입니다."

"비유로 설명해 주십시오."

"대왕이여, 예를 들면 큰 누각의 모든 들보와 서까래는 제각기 용마루로 향하고 용마루로 나아가고 용마루로 모이고 있습니다. 용마루는 그들 들보와 서까래의 최고 정상이라 일컬어지듯 대왕이여, 그와 마찬가지로 일체 착한 법은 각기 마음의 통일을 주요자로 하고 마음의 통일로 향하고 마음의 통일로 나아가고 마음의 통일로 기우는 것입니다."

"다시 비유를 들어 설명해 주십시오."

"대왕이여, 예를 들면 어떤 왕이 네 부류의 부대를 인솔

하여 싸움터에 나간다고 합시다. 전군, 즉 코끼리부대, 기마부대, 전차부대 그리고 보병부대는 왕을 주요자로 하고, 그에게 향하고, 그에게 나아가고, 그에게 기울고, 그의 주위로 모여드는 것처럼 대왕이여, 그와 마찬가지로 일체 착한 법은 어느 것이나 모두 마음의 통일로 기우는 것입니다. 대왕이여, 그와 같이 마음의 통일은 주요자를 특질로 합니다. 대왕이여, 위대한 스승이신 붓다에 의해 이렇게 설해졌습니다. '비구들이여! 마음의 통일을 닦고 익히라. 마음의 통일을 확립한 자는 모든 사물, 모든 법을 있는 그대로 안다'라고."

"멋진 말씀이십니다. 존자 나가세나여."

14. 지혜는 명지(明知)의 빛을 낸다

왕이 물었다.

"존자 나가세나여, 지혜는 무엇을 특질로 합니까?"

"대왕이여, 저는 이미 '지혜는 끊고 자름을 특질로 합니다'라고 말했습니다. 그러나 또한 지혜는 '빛을 비추는 것'으로 특질을 삼습니다."

"존자여, 어찌하여 지혜는 빛을 비추는 것으로써 특질을 삼습니까?"

"대왕이여, 수행자에게 지혜가 생겨나고 있을 때 지혜는 무명의 어둠을 파하고 밝게 앎[明知]의 빛을 냅니다. 지식의 광명을 나타내고 성스러운 진리를 나타냅니다. 그리고 수행자는 혹은 '덧없다' 혹은 '고(苦)다' 혹은 '비아(非我) 다'라고 하는 올바른 지혜에 의해 '모든 존재'를 보는 것입니다."

"비유를 들어 설명해 주십시오."

"대왕이여, 예를 들면 어떤 사람이 그가 어두운 집 안으로 등불을 들고 들어간다고 합시다. 들고 온 등불은 어둠을 깨뜨리고 빛을 내고 광명을 나타내어 색깔과 형태 있는 모든 것들을 나타내는 것처럼 대왕이여, 그와 마찬가지로 수행자에게 지혜가 생겨나고 있을 때 지혜는 무명의 어둠을 파하고 밝게 앎의 빛을 냅니다. 지식의 광명을 나타내고 성스러운 진리를 나타냅니다. 그리고 수행자는 혹은 '덧없다' 혹은 '고다' 혹은 '비아다'라고 하는 올바른 지혜에 의해 '모든 존재'를 보는 것입니다. 대왕이여, 그와 같이 지혜는 빛을 비추는 것으로 특질을 삼습니다."

"정말 멋진 말씀이십니다, 존자 나가세나여."

15. 번뇌를 끊는다는 동일한 목적

왕이 물었다.

"존자 나가세나여, 이들 모든 법(앞서 설명한 지혜, 계행, 신앙, 정려, 전념, 선정 등)은 여러 가지입니다만 동일한 목적을 완수합니까?"

"대왕이여, 그렇습니다. 이들 모든 법은 여러 가지입니다만 동일한 목적을 완수합니다. 즉 번뇌를 끊는 것입니다."

"존자여, 이들 모든 법은 여러 가지인데 어떻게 '번뇌를 끊는다'고 하는 동일한 목적을 완수합니까?"

"대왕이여, 예를 들면 군대는 여러 가지로 코끼리부대, 기마부대, 전차부대, 보병부대가 있습니다만, 전쟁에 있어서 적군을 격파한다고 하는 동일한 목적을 완수하는 것처럼 대왕이여, 그와 마찬가지로 이들 모든 법은 여러 가지입니다만 '번뇌를 끊는다'고 하는 동일한 목적을 완수하는 것입니다."

"잘 알겠습니다. 존자 나가세나여."

제2장

1. 무아설은 윤회의 관념과 모순되지 않는가

왕이 물었다.

"존자 나가세나여, 다시 태어난 자는 사멸한 자와 동일합니까, 혹은 다릅니까?"

장로는 답했다.

"그것은 동일한 것도 아니고 또 다른 것도 아닙니다."

"예를 들어 설명해 주십시오."

"대왕이여, 당신은 어떻게 생각하십니까? 일찍이 갓난아기로 귀엽게 누워 있었을 때의 당신과 지금 성인이 된 당신은 동일한 사람입니까?"

"존자여, 그렇지 않습니다. 일찍이 갓난아기로 귀엽게 누워 있었을 때의 나와 지금 성인이 된 나는 다른 것입니다."

"대왕이여, 만일 말씀하신 대로라고 한다면 성인인 당신

에게는 어머니라는 분도 없는 게 되겠지요. 아버지라는 분
도 없는 게 되겠지요. 스승이라는 분도 없는 게 되겠지요.
기술자라는 분도 없는 게 되겠지요. 대왕이여, 카라라(탁태
한 뒤 첫째 칠 일 간의 태아) 때의 어머니와 압부다(둘째 칠
일 간의 태아) 때의 어머니와 페시(셋째 칠 일 간의 태아)
때의 어머니와 어릴 때의 어머니와 성인이 되었을 때의 어
머니는 각기 다른 분입니까? 기술을 배울 때의 그 사람과
이미 다 배우고 난 뒤의 그는 다른 사람입니까? 또 악한
행위를 한 사람과 그 악한 행위에 대한 처벌로써 형을 받
아 수족을 잘린 사람은 다른 사람입니까?"

"존자여, 그렇지 않습니다. 그런데 당신은 이와 같은 이
야기를 통해 대관절 무엇을 말하려 하십니까?"

장로는 답했다.

"대왕이여, 저 자신은 일찍이 갓난아기로 귀엽게 누워
있었을 때의 제가 지금은 성인이 되어 있습니다. 실로 이
몸에 의존하여 이들 모든 상태가 하나에 포섭되고 있는 것
입니다."

"비유로 설명해 주십시오."

"대왕이여, 가령 어떤 사람이 등불을 점화했을 경우 그
것은 밤새 탈 것입니다."

"존자여, 그렇습니다. 밤새도록 탈 것입니다."

"대왕이여, 초저녁의 불꽃과 한밤중의 불꽃은 동일한 것
입니까?"

"존자여, 그렇지 않습니다."

"한밤중의 불꽃과 새벽녘의 불꽃은 동일한 것입니까?"

"존자여, 그렇지 않습니다."

"대왕이여, 그러면 초저녁의 불꽃과 한밤중의 불꽃과 새벽녘의 불꽃은 제각기 다른 것입니까?"

"존자여, 그렇지 않습니다. 동일한 등불에 의존하여 불꽃은 밤새도록 계속해서 타고 있는 것입니다."

"대왕이여, 사물의 연속(개체)은 그와 같이 계속하는 것입니다. 생겨나는 것과 소멸하는 것은 다른 것이지만 한쪽이 다른 쪽보다도 앞의 것이 아닌 것처럼 또 뒤의 것도 아닌 것처럼 말하자면 동시적인 것으로 계속되고 있습니다. 이런 이유로 그것은 같지도 않고 다르지도 않은 것으로서 최후의 의식에 포섭되기에 이릅니다."

"다시 예를 들어 설명해 주십시오."

"대왕이여, 짜낸 우유가 잠시 뒤엔 타락으로 바뀌고 타락에서 연유로 바뀌고 연유에서 제호로 바뀔 것입니다. 대왕이여, 만일 '우유란 타락과 동일하다, 연유와 동일하다, 제호와 동일하다'고 말하는 사람이 있다면 대왕이여, 그 사람은 과연 바른말을 하고 있는 것일까요?"

"존자여, 그렇지 않습니다. 그것(우유)에 의존하여 다른 것이 생긴 것입니다."

"대왕이여, 사물의 연속(개체)은 그와 같이 계속하는 것입니다. 생겨나는 것과 소멸하는 것은 다른 것이지만 한쪽이 다른 쪽보다도 앞의 것이 아니고, 또 뒤의 것도 아닌 것처럼 말하자면 동시적인 것으로서 계속되고 있습니다.

이런 이유로 그것은 같지도 않고 다르지도 않은 것으로서 최후의 의식에 포섭되기에 이릅니다."

"잘 알겠습니다. 존자 나가세나여."

2. 윤회하지 않는 사람

왕이 물었다.

"존자 나가세나여, 다음 세상에서 생을 맺는 일이 없는 사람은 '나는 다음 세상에서 생을 맺는 일이 없다'고 하는 것을 알고 있습니까?"

"대왕이여, 그렇습니다. 다음 세상에서 생을 맺는 일이 없는 사람은 '나는 다음 세상에서 생을 맺는 일이 없다'라고 하는 것을 알고 있습니다."

"존자 나가세나여, 어떻게 그것을 알고 있습니까?"

"다음 세상에서 생을 맺기 위한 인과 연이 정지되어 있기 때문에 그는 '나는 다음 세상에서 생을 맺는 일이 없다'라고 하는 것을 알고 있습니다."

"비유를 들어 설명해 주십시오."

"대왕이여, 예를 들면 농부인 집주인이 경작하고 파종하여 곡물을 창고에 가득 채웠으나, 나중에는 경작도 하지 않고 파종도 하지 않고 저장된 곡물을 먹기도 하고 혹은 다른 물품과 교환하기도 하고 혹은 필요에 따라 쓰기도 한다고 칩시다. 대왕이여, 그 경우 농부인 집주인은 '나의 곡물 창고는 비어 있을 것이다'라는 것을 알고 있습니까?"

"존자여, 그는 알고 있을 것입니다."

"어떻게 그는 알고 있겠습니까?"

"곡물 창고가 가득 찰 인과 연이 정지되어 있기 때문에 '나의 곡물 창고는 비어 있을 것이다'라는 것을 알고 있습니다."

"대왕이여, 그와 마찬가지로 다음 세상에서 생을 맺기 위한 인과 연이 정지되어 있기 때문에 그는 '나는 다음 세상에서 생을 맺는 일이 없다'라고 하는 것을 알고 있습니다."

"잘 알겠습니다. 존자 나가세나여."

3. 지식과 지혜 : 해탈을 얻은 사람에게 지식은 존재하는가

왕이 물었다.

"존자 나가세나여, 지식이 생긴 자에게는 또한 지혜도 생깁니까?"

"대왕이여, 그렇습니다. 지식이 생긴 자에게는 지혜도 또한 생깁니다."

"존자여, 지식과 지혜는 동일한 것입니까?"

"대왕이여, 그렇습니다. 지식과 지혜는 동일한 것입니다."

"존자여, 그렇다면 지식 혹은 그와 동일한 지혜가 생긴 사람은 미혹됩니까? 아니면 미혹되지 않습니까?"

"대왕이여, 어떤 경우에 있어서는 미혹되고 혹 어떤 경우에 있어서는 미혹되지 않습니다."

"존자여, 어떤 경우에 있어서는 미혹되고 어떤 경우에 있어서는 미혹되지 않습니까?"

"대왕이여, 아직 알고 있지 않은 기술의 영역, 혹은 일찍이 가본 적이 없는 지방, 혹은 일찍이 들어본 적이 없는 이름이나 가설에 대해서는 미혹될 것입니다."

"어떤 경우에 있어서는 미혹되지 않습니까?"

"대왕이여, 그 지혜에 의해 '덧없다'라든가 '괴로움'이라든가 '비아'라든가 등 익숙된 경우 그에 대해서는 미혹되지 않습니다."

"존자여, 그렇다면 그(진리를 깨달은 사람)의 미망은 어디로 갔습니까?"

"대왕이여, 지식이 생기자마자 미망은 실로 없어져 버리고 맙니다."

"예를 들어 설명해 주십시오."

"대왕이여, 어떤 사람이 어두운 집 안에 등불을 들고 들어왔을 경우 그에 의해 어둠은 소멸되고 광명이 나타날 것입니다. 대왕이여, 그와 마찬가지로 지식이 생기자마자 미망은 실로 없어져 버리고 맙니다."

"존자여, 그렇다면 지혜는 어디로 간 것입니까?"

"대왕이여, 지혜도 또한 실로 스스로의 해야 할 작용을

제2장
93

다하면 사라져 버리고 맙니다. 그러나 그 지혜에 의해 얻어진 것, 즉 '덧없다'라든가 '괴로움'이라든가 '비아'라든가 하는 깨달음은 소멸하지 않습니다."

"존자 나가세나여, 그러면 당신이 '지혜도 또한 실로 스스로의 해야 할 작용을 다하면 사라져 버리고 맙니다. 그러나 그 지혜에 의해 얻어진 것, 즉 덧없다라든가 괴로움이라든가 비아라든가 하는 깨달음은 소멸하지 않습니다'라고 말한 것에 관하여 비유를 들어 설명해 주십시오."

"대왕이여, 예를 들면 어떤 사람이 밤에 편지를 보내고자 하여 서기를 불러 등불을 켜놓고 편지를 쓰게 하고 그 편지를 다 썼을 때 등불을 꺼버린다고 합시다. 그 경우 등불은 사라지더라도 편지마저 소멸하지는 않습니다. 대왕이여, 그와 마찬가지로 지혜는 스스로의 해야 할 작용을 다하면 사라져 버리고 맙니다. 그러나 그 지혜에 의해 얻어진 것, 즉 '덧없다'라든가 '괴로움'이라든가 '비아'라든가 하는 깨달음은 소멸하지 않습니다."

"다시 비유를 들어 설명해 주십시오."

"대왕이여! 예를 들면 동방의 어느 지방에서는 집집마다 각각 다섯 개의 물병을 비치해 두었다가 화재를 막는 풍습이 있습니다. 불이 일어났을 때는 그 다섯 개의 물병을 불이 막 붙기 시작한 곳에 내던져 마침내 불을 끄는 것입니다. 대왕이여, 그 사람들이 '이 깨어진 병조각들을 잘 모아두었다가 다시 물병으로 사용해야지' 하고 생각하겠습니까?"

"존자여, 그렇지 않습니다. '이들 병은 쓸모가 없다. 이들 병을 어디에 쓸 것인가'라고 할 것입니다."

"대왕이여, 그 다섯 개의 물병과 같이 다섯 가지 뛰어난 작용(오근), 즉 신앙(신근), 정려(정진근), 전념(염근), 마음의 통일(정근), 지혜(혜근)도 같은 꼴로 간주하지 않으면 안 됩니다. 수행자는 그 사람들과 마찬가지라고 간주하지 않으면 안 됩니다. 온갖 번뇌는 불과 마찬가지라고 간주하지 않으면 안 됩니다. 마치 다섯 개의 물병으로써 불을 끄는 것과 마찬가지로 다섯 가지 뛰어난 작용에 의해 온갖 번뇌는 소멸합니다. 그렇게 해서 소멸된 온갖 번뇌는 다시 거듭하여 일어나는 일이 없습니다. 대왕이여, 그와 마찬가지로 지혜는 스스로의 해야 할 작용을 다하면 사라져 버리고 맙니다. 그러나 그 지혜에 의해 얻어진 것 즉, '덧없다'라든가 '괴로움'이라든가 '비아'라든가 하는 깨달음은 소멸하지 않습니다."

"다시 비유를 들어 설명해 주십시오."

"대왕이여, 예를 들면 의사가 나무 뿌리에서 채취한 다섯 가지 약으로 병을 다스릴 때, 나무 뿌리에서 얻은 다섯 가지 약을 가루를 내어 병자에게 마시게 하면 그에 의해 병은 사라질 것입니다. 대왕이여, 그 뒤 의사는 '나는 나무 뿌리에서 채취한 이 약으로써 다시 이 병자에게 약으로서의 기능을 하게끔 해야지' 하고 생각하겠습니까?"

"존자여, 그렇지 않습니다. 나무 뿌리에서 얻은 그 약은 쓰임새가 끝났습니다. 다시 무슨 쓰임새가 있겠습니까?"

"대왕이여, 다섯 가지 뛰어난 작용, 즉 신앙, 정려, 전념, 마음의 통일, 지혜는 나무 뿌리에서 얻어진 다섯 가지 약과 같은 꼴로 간주하지 않으면 안 됩니다. 수행자는 의사와 마찬가지라고 간주하지 않으면 안 됩니다. 온갖 번뇌는 질병과 마찬가지라고 간주하지 않으면 안 됩니다. 범부는 병자와 마찬가지라고 간주하지 않으면 안 됩니다. 마치 나무 뿌리에서 얻어진 다섯 가지 약에 의해 병자의 병이 제거되었을 때 병자는 건강해지는 것처럼 다섯 가지 뛰어난 작용에 의해 온갖 번뇌는 제거되어도 제거된 번뇌는 다시 일어나는 일이 없습니다. 대왕이여, 그와 마찬가지로 지혜는 스스로의 해야 할 작용을 다하면 사라져 버리고 맙니다. 그러나 그 지혜에 의해 얻어진 것, 즉 '덧없다'라든가 '괴로움'이라든가 '비아'라든가 하는 깨달음은 소멸하지 않습니다."

"다시 비유를 들어 설명해 주십시오."

"대왕이여, 예를 들면 싸움에 전념하는 용사가 다섯 개의 화살을 갖고 전장에 임하여 적군을 격파하려고 할 때, 그는 전장에서 그 다섯 개의 화살을 쏘아 적군을 격파했다고 합시다. 대왕이여, 싸움에 전념하는 그 용사는 '나는 이들 화살을 사용하고 다시 화살의 쓰임새가 필요하다'고 생각하겠습니까?"

"존자여, 그렇지 않습니다. 이미 그 화살의 쓰임새는 없어졌습니다. 그 화살에게 무슨 쓰임새가 있겠습니까?"

"대왕이여, 다섯 가지 뛰어난 작용, 즉 신앙, 정려, 전념,

마음의 통일, 지혜는 그 다섯 개의 화살과 같은 꼴로 간주하지 않으면 안 됩니다. 수행자는 전쟁에 전념하는 용사와 마찬가지라고 간주하지 않으면 안 됩니다. 온갖 번뇌는 적군과 마찬가지라고 간주하지 않으면 안 됩니다. 마치 다섯 개의 화살에 의해 적군이 격파되는 것처럼 다섯 가지 뛰어난 작용에 의해 온갖 번뇌는 격파되고 그리하여 격파된 번뇌는 다시 일어나는 일이 없습니다. 대왕이여, 그와 마찬가지로 지혜는 스스로의 해야 할 작용을 다하면 사라져 버리고 맙니다. 그러나 그 지혜에 의해 얻어진 것 즉, '덧없다'라든가 '괴로움'이라든가 '비아'라든가 하는 깨달음은 소멸하지 않습니다."

"잘 알겠습니다. 존자 나가세나여."

4. 해탈을 얻은 사람은 육체적 고통의 느낌을 감수하는가

왕이 물었다.

"존자 나가세나여! 다음 세상에서 생을 맺을 일이 없는 사람은 무엇인가 고통의 느낌을 감수합니까?"

장로가 답했다.

"어떤 종류의 고통의 느낌은 감수하지만 또 어떤 종류의 고통의 느낌은 감수하지 않습니다."

"무엇을 감수하고 무엇을 감수하지 않습니까?"

"대왕이여, 육체적인 고통의 느낌은 감수하지만 심적인 고통의 느낌은 감수하지 않습니다."

"존자여, 어찌하여 육체적인 고통의 느낌은 감수하는데 어찌하여 심적인 고통의 느낌은 감수하지 않는 것입니까?"

"대왕이여, 육체적인 고통의 느낌이 생겨나기 위한 인과 연이 정지되지 않았기 때문에 육체적인 고통의 느낌을 감수하고, 심적인 고통의 느낌이 생겨나기 위한 인과 연이 정지되었기 때문에 심적인 고통의 느낌을 감수하지 않는 것입니다. 대왕이여, 세존께서는 이런 말씀을 하셨습니다. '그는 다만 한 가지 종류의 고통만을 느낀다. 즉 육체적 고통의 느낌만을 감수하고 심적인 고통의 느낌은 감수하지 않는다' 라고."

"존자 나가세나여, 고통의 느낌을 감수하는 그 사람이 왜 완전한 열반에 들지 않는 것일까요?"

"대왕이여, 아라한은 좋은 것을 사랑하지도 않고 나쁜 것을 싫어하지도 않습니다. 아라한은 익지 않은 열매, 즉 신체를 떨어뜨리는 일이 없습니다. 현자는 그것이 성숙하여 저절로 떨어지기를 기다립니다. 대왕이여, 법의 장수인 사리풋타 장로에 의해 이렇게 설해졌습니다."

나는 죽음을 반가워하지 않는다.
나는 삶을 반가워하지 않는다.
마치 고용인이 임금을 기다리는 것처럼
나는 때가 오길 기다린다.

나는 죽음을 반가워하지 않는다.
나는 삶을 반가워하지 않는다.
올바로 의식하고 마음에 기억하여
나는 때가 오기를 기다린다.

"잘 알았습니다. 존자 나가세나여."

5. 감각이 성립하는 근거

왕이 물었다.

"존자 나가세나여, 상쾌한 느낌은 선입니까? 악입니까? 혹은 무기(無記)입니까?"

"대왕이여, 그것은 선일 수도 있습니다. 또 악일 수도 있고, 무기일 수도 있습니다."

"존자여, 만일 선이 고통의 느낌이 아니고 또한 고통의 느낌이 선이 아니라면 선을 행할 때 고통이라고 하는 것은 일어나지 않습니다."

"대왕이여, 당신은 어떻게 생각하십니까? 여기 어떤 사람이 한쪽 손에는 뜨거운 철환을 놓고 다른 한쪽 손에는 차가운 얼음덩이를 놓았다고 한다면 대왕이여, 양쪽 손 모두 아플까요?"

"존자여, 그렇습니다. 양쪽 손 모두 아플 것입니다."

"대왕이여, 그러면 양쪽 손 모두 뜨거울까요?"

"존자여, 그렇지 않습니다."

"대왕이여, 그러면 양쪽 손 모두 차가울까요?"

"존자여, 그렇지 않습니다."

그래서 나가세나는 말했다.

"당신은 의론에 지신 것입니다. 만일 뜨거움이 아프게 하는 것이라면 실제로는 양손 모두 뜨거운 것은 아니기 때문에 양손이 함께 아프다고 하는 것은 일어날 수 없습니다. 또 만일 차가움이 아프게 하는 것이라면 실제로는 양손 모두 차가운 것은 아니기 때문에 양손이 함께 아프다고 하는 것은 일어날 수 없습니다. 대왕이여, 그렇다면 어째서 양손 모두 아픕니까? 양손 모두 뜨거운 것도 아니고 양손 모두 차가운 것도 아니고, 한쪽은 뜨겁고 한쪽은 차지만 양손 모두 아픕니다. 그러므로 만일 뜨거움 또는 차가움이 통증의 원인이라고 한다면 양손이 함께 아프다고 하는 것은 일어날 수 없는 이치입니다."

"나는 당신과 같은 논사와 대론할 수가 없습니다. 그 의의를 얘기해 주신다면 다행이겠습니다."

그래서 나가세나는 '아비달마에 요약되어 있는 논의'에 의해 왕을 납득시켰다.

"대왕이여, 재가에 의존해 있는 여섯 가지 기쁨이 있고, 출리(출가)에 의존해 있는 여섯 가지 기쁨이 있고, 재가에 의존해 있는 여섯 가지 근심이 있고, 출가에 의존해 있는 여섯 가지 근심이 있고, 재가에 의존해 있는 여섯 가지 평정이 있고, 출가에 의존해 있는 여섯 가지 평정이 있어 이

와 같이 여섯 부류의 여섯 가지 느낌이 있습니다. 다시 과
거의 서른여섯 가지 느낌이 있고, 미래의 서른여섯 가지
느낌이 있고, 현재의 서른여섯 가지 느낌이 있어 그를 하
나로 모아 통계하면 백팔 가지의 느낌이 존재합니다."

"잘 알았습니다. 존자 나가세나여."

6. 윤회의 주체

왕이 물었다.
"존자 나가세나여, 다음 세상에 환생하는 것은 무엇입니
까?"
"대왕이여, 이름과 형태가 다음 세상에 환생합니다."
"현재의 이름과 형태가 다음 세상에 환생합니까?"
"대왕이여, 현재의 이름과 형태가 다음 세상에 환생하는
것은 아닙니다. 대왕이여, 현재의 이름과 형태에 의해 선
혹은 악한 행위(업)를 짓고 그 행위에 의해 다른 새로운
이름과 형태가 다음 세상에 환생합니다."
"존자여, 만일 현재의 이름과 형태가 다음 세상에 환생
하는 것이 아니라면 사람은 악업으로부터 벗어날 수는 없
습니까?"
장로가 답했다.
"만일 다음 세상에 또 태어날 일이 없다면 사람은 악업
으로부터 벗어날 수 있을 것입니다. 대왕이여, 그러나 실제

로는 다음 세상에 또 태어나기 때문에 악업으로부터 벗어날 수가 없습니다."

"비유를 들어 설명해 주십시오."

"대왕이여, 어떤 사람이 다른 사람의 망고나무 열매를 훔쳤다고 합시다. 망고나무 주인이 그를 붙잡아 왕 앞에 끌고 나와 '왕이시여, 이 남자가 저의 망고 열매를 훔쳤습니다'라고 했을 경우 그 남자가 '왕이시여, 저는 이 사람의 망고 열매를 훔치지 않았습니다. 이 사람이 심은 망고의 열매와 제가 훔친 망고의 열매는 다른 것입니다. 저는 처벌을 받을 수 없습니다'라고 말한다면 대왕이여, 그 남자는 처벌을 받아야 하겠습니까?"

"존자여, 말씀하신 대로입니다. 그는 처벌을 받아야 합니다."

"어떤 이유에 의해서입니까?"

"존자여, 그가 가령 그와 같이 말하여 최초의 망고 열매를 현재 볼 수는 없다 하더라도 최후의 망고 열매에 관하여 그 남자는 처벌을 받아야 합니다."

"대왕이여, 그와 마찬가지로 사람은 현재의 이름과 형태에 의해 선 혹은 악한 행위를 짓고 그 행위에 의해 다른 새로운 이름과 형태가 다음 세상에 또 태어나는 것입니다. 그런 까닭에 그는 악업으로부터 벗어날 수가 없는 것입니다."

"비유를 들어 설명해 주십시오."

"대왕이여, 어떤 사람이 다른 사람의 쌀을 훔쳤다고 합시다. 쌀 주인이 그를 붙잡아 왕 앞에 끌고 나와 '왕이시여, 이 남자가 저의 쌀을 훔쳤습니다' 라고 했을 경우 그 남자가 '왕이시여, 저는 이 사람의 쌀을 훔치지 않았습니다. 이 사람이 심은 쌀과 제가 훔친 쌀은 다른 것입니다. 저는 처벌을 받을 수 없습니다' 라고 말한다면 대왕이여, 그 남자는 처벌을 받아야 하겠습니까?"

"존자여, 말씀하신 대로입니다. 그는 처벌을 받아야 합니다."

"어떤 이유에 의해서입니까?"

"존자여, 그가 가령 그와 같이 말하여 최초의 쌀을 현재 볼 수는 없다 하더라도 최후의 쌀에 관하여 그 남자는 처벌을 받아야 합니다."

"대왕이여, 그와 마찬가지로 사람은 현재의 이름과 형태에 의해 선 혹은 악한 행위를 짓고 그 행위에 의해 다른 새로운 이름과 형태가 다음 세상에 또 태어나는 것입니다. 그런 까닭에 그는 악업으로부터 벗어날 수가 없는 것입니다."

"또 대왕이여, 어떤 사람이 다른 사람의 고구마를 훔쳤다고 합시다. 고구마 주인이 그를 붙잡아 왕 앞에 끌고 나와 '왕이시여, 이 남자가 저의 고구마를 훔쳤습니다' 라고 했을 경우 그 남자가 '왕이시여, 저는 이 사람의 고구마를 훔치지 않았습니다. 이 사람이 심은 고구마와 제가 훔친 고구마는 다른 것입니다. 저는 처벌을 받을 수 없습니다' 라고 말한다면 대왕이여, 그 남자는 처벌을 받아야 하겠습니까?"

"존자여, 말씀하신 대로입니다. 그는 처벌을 받아야 합니다."

"어떤 이유에 의해서입니까?"

"존자여, 그가 가령 그와 같이 말하여 최초의 고구마를 현재 볼 수는 없다 하더라도 최후의 고구마에 관하여 그 남자는 처벌을 받아야 합니다."

"대왕이여, 그와 마찬가지로 사람은 현재의 이름과 형태에 의해 선 혹은 악한 행위를 짓고 그 행위에 의해 다른 새로운 이름과 형태가 다음 세상에 또 태어나는 것입니다. 그런 까닭에 그는 악업으로부터 벗어날 수가 없는 것입니다."

"다시 비유를 들어 설명해 주십시오."

"대왕이여, 이를테면 어떤 사람이 추울 때 불을 피워 따뜻하게 몸을 녹이고 나서 불을 끄지 않고 일어나 가버렸기 때문에 그 불이 다른 사람의 밭을 태웠다고 합시다. 밭 주인이 그를 붙잡아 왕 앞에 끌고 나와 '왕이시여, 이 남자가 저의 밭을 태웠습니다'라고 했을 경우 그 남자가 '왕이시여, 저는 이 사람의 밭을 태우지 않았습니다. 제가 끄지 않은 불과 이 사람의 밭을 태운 불은 다른 것입니다. 저는 처벌을 받을 수 없습니다'라고 말한다면 대왕이여, 그 남자는 처벌을 받아야 하겠습니까?"

"존자여, 말씀하신 대로입니다. 그는 처벌을 받아야 합니다."

"어떤 이유에 의해서입니까?"

"존자여, 그가 가령 그와 같이 말하여 화재의 원인이 된 맨 처음의 불을 현재 볼 수는 없다 하더라도 밭을 태운 최후의 불에 관하여 그 남자는 처벌을 받아야 합니다."

"대왕이여, 그와 마찬가지로 사람은 현재의 이름과 형태에 의해 선 혹은 악한 행위를 짓고 그 행위에 의해 다른 새로운 이름과 형태가 다음 세상에 또 태어나는 것입니다. 그런 까닭에 그는 악업으로부터 벗어날 수가 없는 것입니다."

"다시 비유를 들어 설명해 주십시오."

"대왕이여, 예를 들면 어떤 사람이 등불을 들고 둥근 지붕에 올라가 식사를 했는데 등불이 옮겨붙어 지붕의 풀을 태우고 풀이 타면서 집을 태우고 마침내 마을을 태웠다고 합시다. 그래서 마을 사람들이 그를 붙잡아 '이보게, 자네는 어째서 마을을 태웠는가'라고 물을 경우 그 남자가 '그대여, 나는 마을을 태우지 않았다. 내가 식사를 하기 위해 그 빛을 사용한 등불과 마을을 태운 불은 다른 것이다'라고 언쟁을 벌이면서 당신에게 온다면 대왕이여, 당신은 어느 쪽 말이 옳다고 보십니까?"

"존자여, 마을 사람들의 말이 옳습니다."

"어떤 이유에 의해서입니까?"

"가령 그가 그렇게 주장하였다 하더라도 마을을 태운 그 불은 그가 식사를 하기 위해 사용한 그 불에서 생겨났기 때문입니다."

"대왕이여, 그와 마찬가지로 죽음과 함께 끝나는 현재의 이름과 형태는 다음 세상에 있어서 또 태어날 이름과 형태와는 다른 것이면서도 후자는 전자에서 생긴 것입니다. 그런 까닭에 그는 여러 가지 악업으로부터 벗어날 수 없는 것입니다."

"다시 비유를 들어 설명해 주십시오."

"대왕이여, 어떤 남자가 어린 소녀에게 구혼하면서 결혼납입금을 치르고 일어나 갔다고 합시다. 그 소녀는 나중에 성숙하여 묘령에 이르렀습니다. 그때 다른 남자가 와서 결혼납입금을 치르고 결혼했을 경우 전의 남자가 와서 '어이! 자네, 자네는 어찌하여 내 아내를 데려갔는가?' 하고 묻자 뒤의 남자가 '나는 당신의 아내는 데려가지 않았다. 당신이 구혼하면서 결혼납입금을 지불할 때의 어린 소녀와 내가 구혼하여 결혼납입금을 지불할 때의 묘령에 이른 부인과는 다른 사람이다' 라고 답했다고 합시다. 그들이 언쟁을 하면서 당신에게 온다면 대왕이여, 당신은 어느 쪽이 옳다고 보십니까?"

"존자여, 전의 남자 쪽이 옳습니다."

"어떤 이유에 의해서입니까?"

"가령 그가 그렇게 말했다 하더라도 성숙한 부인은 어렸을 때의 그 소녀가 성장한 것이기 때문입니다."

"대왕이여, 그와 마찬가지로 죽음과 함께 끝나는 현재의 이름과 형태는 다음 세상에 있어서 또 태어날 이름과 형태와는 다른 것이면서도 후자는 전자에서 생긴 것입니다. 그런 까닭에 그는 여러 가지 악업으로부터 완전히 벗어날 수 없는 것입니다."

"다시 비유를 들어 설명해 주십시오."

"대왕이여, 예를 들면 어떤 사람이 소치는 사람에게 한 병의 우유를 사고 그 소치는 사람의 손에 맡기면서 '내일 가지고 가겠소'라고 말하고 일어나 갔다고 합시다. 그 우유는 다음날 타락으로 변할 것입니다. 그런데 그가 와서 '어제 그 한 병의 우유를 나에게 건네주시오'라고 했기 때문에 그 소치는 사람은 타락을 보여주었습니다. 그러자 그 사람은 '나는 당신에게서 타락을 산 것이 아니오. 그 한 병의 우유를 건네주시오'라고 말했을 경우 그 소치는 사람은 '당신은 모르겠소? 우유가 타락이 된 것이오'라고 대답했다고 합시다. 그들이 언쟁을 하면서 당신에게 온다면 대왕이여, 당신은 어느 쪽이 옳다고 보십니까?"

"존자여, 소치는 사람 쪽이 옳습니다."

"어떤 이유에 의해서입니까?"

"가령 그(구매자)가 그렇게 말했다 하더라도 그 타락은 우유에서 생겨난 것이기 때문입니다."

"대왕이여, 그와 마찬가지로 죽음과 함께 끝나는 현재의 이름과 형태는 다음 세상에 있어서 또 태어날 이름과 형태와는 다른 것이면서도 후자는 전자에서 생긴 것입니다. 그런 까닭에 그는 여러 가지 악업으로부터 완전히 벗어날 수 없습니다."

"잘 알았습니다, 존자 나가세나여."

7. 거듭 윤회를 물음

왕이 물었다.

"그렇다면 존자 나가세나여, 당신은 다음 세상에 생을 맺습니까?"

"대왕이여, 그만 두십시오. 당신은 무엇 때문에 그런 질문을 하십니까? 나는 이미 앞에서 '대왕이여, 만일 내가 생존에 대한 집착을 갖고 있다면 다음 세상에 생을 맺을 것입니다. 또 만일 집착을 갖고 있지 않다면 다음 세상에 생을 맺지 않을 것입니다' 라고 말씀드리지 않았습니까?"

"비유를 들어 설명해 주십시오."

"대왕이여, 예를 들면 어떤 사람이 왕의 정무를 처리한다고 합시다. 왕은 그에게 만족하고 정무를 일임할 것입니다. 그는 왕의 정무에 종사하는 일에 의해 다섯 가지 욕망의 대상을 부여받아 그에 만족을 느낄 것입니다. 그런데 그가 만일 사람들에게 '우리 왕은 어떤 정무도 처리하지 않으신다' 라고 했을 경우 대왕이여, 실로 그 사람은 올바르게 행하는 자라고 하시겠습니까?"

"존자여, 그렇지 않습니다."

"대왕이여, 그와 마찬가지로 당신이 이 질문을 다시 하는 것이 무슨 소용이 있겠습니까? 나는 이미 앞에서 '대왕이여, 만일 내가 생존에 대한 집착을 갖고 있다면 다음 세상에 생을 맺을 것입니다. 또 만일 집착을 갖고 있지 않다

면 다음 세상에 생을 맺지 않을 것입니다'라고 말씀드리지
않았습니까?”

“잘 알았습니다. 존자 나가세나여.”

8. 이름과 형태(정신과 육체)

왕이 물었다.

“그렇다면 존자 나가세나여, 당신은 이름과 형태라고 말
씀하셨습니다만 그 가운데 이름이란 무엇이며 또 형태란
어떤 것입니까?”

“대왕이여, 그 가운데 거칠고 큰 것(현재 감각할 수 있는
것)이 형태이고 미세한 마음과 마음작용으로서의 사상(이
미지)이 이름입니다.”

“존자 나가세나여, 어떠한 이유에 의해 이름만이 다음
세상에 다시 태어난다고 하는 일이 없고 또 형태만이 다음
세상에 다시 태어난다고 하는 일도 없습니까?”

“대왕이여, 이들 모든 사상(모든 법 : 이름과 형태)은 상호
의존해 있어 실로·하나의 것으로서 함께 생하기 때문입니
다.”

“비유를 들어 설명해 주십시오.”

“대왕이여, 예를 들면 암탉에게 노른자가 없다면 알도
또한 생겨나지 않을 것입니다. 그래서 노른자와 알은 양자
가 함께 상호 의존하고 있어 그들은 실로 하나의 것으로서

함께 생겨나는 것입니다. 그와 마찬가지로 대왕이여, 만일 거기에 이름이 존재하지 않는다면 형태도 또한 존재할 수 없을 것입니다. 거기에 있는 이름과 형태는 실로 하나의 것으로 함께 생하는 것입니다. 이 일은 오랜 시간 그와 같이 존재해 온 것입니다."

"잘 알겠습니다. 존자 나가세나여."

9. 시간

왕이 물었다.

"당신은 지금 '오랜 시간'이라고 말씀하셨는데 이 시간이란 무엇입니까?"

"대왕이여, 그것은 과거의 시간과 미래의 시간과 현재의 시간입니다."

"존자여, 대저 시간이란 존재합니까?"

"대왕이여, 어떤 시간은 존재하고 어떤 시간은 존재하지 않습니다."

"존자여, 그렇다면 어떤 시간이 존재하고 어떤 시간이 존재하지 않습니까?"

"대왕이여, 지나가고 없어지고 괴멸한 과거 모든 형성력에 대해서는 시간은 존재하지 않습니다. 그러나 시간은 결과를 낳거나 결과를 낳는 선천적인 가능성을 갖거나 딴 곳에 다시 태어나게 될 사상에 대해서 존재합니다. 죽어 다른 장소에 다시 태어날 존재에 대해서는 시간이 존재합니다. 죽어 다른 장소에 다시 태어나지 않는 존재에 대해서는 시간은 존재하지 않습니다. 완전한 열반에 들어간 존재에 대해서는 시간은 존재하지 않습니다. 왜냐하면 그는 완전한 열반을 얻었기 때문입니다."

"잘 알겠습니다. 존자 나가세나여."

제3장

1. 영원한 시간은 어떻게 하여 성립하는가

왕이 물었다.

"존자 나가세나여, 과거의 시간의 근본은 무엇입니까? 미래의 시간의 근본은 무엇입니까? 현재의 시간의 근본은 무엇입니까?"

"대왕이여, 과거의 시간과 미래의 시간과 현재의 시간의 근본은 무명입니다. 무명을 반연하여 형성력이 생기고, 형성력을 반연하여 식별작용이 생기고, 식별작용을 반연하여 명칭과 형태가 생기고, 명칭과 형태를 반연하여 여섯 가지 영역이 생기고, 여섯 가지 영역을 반연하여 감관과 대상과 식별작용의 접촉이 생기고, 접촉을 반연하여 감수가 생기고, 감수를 반연하여 애집이 생기고, 애집을 반연하여 집착이 생기고, 집착을 반연하여 생존 일반이 생기고, 생존 일반을 반연하여 태어남이 생기고, 태어남을 반연하여 늙음·죽음·근심·슬픔·괴로움·절망·우울증이 생깁니다. 그와 같이 하여 이 전체 시간의 최초의 시원은 인식되지 않는 것입니다."

"잘 알겠습니다. 존자 나가세나여."

2. 시간의 시원은 인식되지 않는다

왕이 물었다.

"존자 나가세나여, 지금 당신은 '전체 시간의 최초의 시원은 인식되지 않는다'고 말씀하셨습니다. 그에 관하여 비유를 들어 설명해 주십시오."

"대왕이여, 예를 들면 사람이 작은 종자를 땅에 심으면 그로부터 싹이 생기고 점차 증대하고 성장하고 광대하게 되어서 열매를 맺을 것입니다. 그 열매에서 또 종자를 취하여 다시 땅에 심으면 그 열매에서 싹이 생기고 점차 증대하고 성장하고 광대하게 되어서 열매를 맺듯이 그와 마찬가지로 이 개체의 연속에는 끝이 있겠습니까?"

"존자여, 끝이 없습니다."

"대왕이여, 그와 마찬가지로 시간의 최초의 시원도 또한 인식될 수 없습니다."

"다시 비유를 들어 설명해 주십시오."

"대왕이여, 예를 들면 닭이 알을 낳고 알에서 닭이 생기며 또한 닭에서 알이 생긴다고 하는 것처럼 이 연속에는 끝이 있습니까?"

"존자여, 끝이 없습니다."

"대왕이여, 그와 마찬가지로 시간의 최초의 시원도 또한 인식될 수 없습니다."

"다시 비유를 들어 설명해 주십시오."

나가세나 장로는 땅 위에 동그라미를 그려놓고 밀린다왕에게 말했다.

"대왕이여, 이 동그라미가 끝이 있습니까?"

"존자여, 끝이 없습니다."

"대왕이여, 그와 마찬가지로 위대한 스승이신 붓다께서는 다음의 순환을 말씀하셨습니다. 즉 '눈과 여러 가지 사물에 의해 눈의 식별작용이 생긴다. 이 세 가지의 합일이 접촉이다. 접촉을 반연하여 감수가 생기고, 감수를 반연하여 애집이 생기고, 애집을 반연하여 행동(업)이 생기고, 행동에서 또 눈이 생긴다'라고. 이와 같이 하여 이 연속에는 끝이 있습니까?"

"존자여, 끝이 없습니다."

"대왕이여, 다시 또 '귀와 여러 가지 음성에 의해 귀의 식별작용이 생긴다. 이 세 가지의 합일이 접촉이다. 접촉을 반연하여 감수가 생기고, 감수를 반연하여 애집이 생기고, 애집을 반연하여 행동이 생기고, 행동에서 또 귀가 생긴다'라고 말씀하셨으니 이 연속에는 끝이 있습니까?"

"존자여, 끝이 없습니다."

"대왕이여, 다시 또 '코와 여러 가지 냄새에 의해 코의

식별작용이 생긴다. 이 세 가지의 합일이 접촉이다. 접촉을
반연하여 감수가 생기고, 감수를 반연하여 애집이 생기고,
애집을 반연하여 행동이 생기고, 행동에서 또 코가 생긴
다'라고 말씀하셨으니 이 연속에는 끝이 있습니까?"

"존자여, 끝이 없습니다."

"대왕이여, 다시 또 '혀와 여러 가지 맛에 의해 혀의 식
별작용이 생긴다. 이 세 가지의 합일이 접촉이다. 접촉을
반연하여 감수가 생기고, 감수를 반연하여 애집이 생기고,
애집을 반연하여 행동이 생기고, 행동에서 또 혀가 생긴
다'라고 말씀하셨으니 이 연속에는 끝이 있습니까?"

"존자여, 끝이 없습니다."

"대왕이여, 다시 또 '몸과 여러 가지 접촉에 의해 몸의
식별작용이 생긴다. 이 세 가지의 합일이 접촉이다. 접촉을
반연하여 감수가 생기고, 감수를 반연하여 애집이 생기고,
애집을 반연하여 행동이 생기고, 행동에서 또 몸이 생긴
다'라고 말씀하셨으니 이 연속에는 끝이 있습니까?"

"존자여, 끝이 없습니다."

"대왕이여, 다시 또 '뜻과 여러 가지 사상(법)에 의해 뜻
의 식별작용이 생긴다. 이 세 가지의 합일이 접촉이다. 접
촉을 반연하여 감수가 생기고, 감수를 반연하여 애집이 생
기고, 애집을 반연하여 행동이 생기고, 행동에서 또 몸이
생긴다'라고 말씀하셨으니 이 연속에는 끝이 있습니까?"

"존자여, 끝이 없습니다."

"대왕이여, 그와 마찬가지로 시간의 최초의 시원도 또한

인식될 수 없습니다."

"정말 멋진 대답이십니다. 존자 나가세나여."

3. 윤회의 생존은 시작이 없는 것

왕이 물었다.

"존자 나가세나여, 당신은 '최초의 시원은 인식될 수 없다'고 하셨는데 그 최초의 시원이란 무엇입니까?"

"대왕이여, 과거의 시간, 이것이 최초의 시원입니다."

"존자 나가세나여, 당신은 '최초의 시원은 인식될 수 없다'고 하셨습니다만 존자여, 최초의 시원은 모두 인식될 수 없는 것입니까?"

"대왕이여, 어떤 것은 인식되지만 어떤 것은 인식되지 않습니다."

"존자여, 그렇다면 어떤 것이 인식되고 어떤 것이 인식되지 않는 것입니까?"

"대왕이여, 이전에는 무명이 어떤 형태로도 존재하지 않았다고 하는 이 최초의 시원은 인식되지 않습니다. 그러나 이전에는 존재하지 않다가 지금 생겨나고 존재해서는 다시 소멸한다고 하는 것의 이 최초의 시원은 인식되는 것입니다."

"존자 나가세나여, 이전에는 존재하지 않다가 지금 생겨나고 존재해서는 다시 소멸한다고 하는 것은 전후 양쪽을 단절시켜 소멸한 것은 아닐까요?"

"대왕이여, 만일 그것이 양쪽을 단절시켜 소멸한 것이라고 한다면 양쪽이 단절된 것은 중대될 수 있겠습니까?"

"그렇습니다. 그들도 또한 중대될 수 있습니다. 그러나 존자여, 나는 이를 묻고 있는 것은 아닙니다. 단절된 끝을 초월하여 그것은 중대할 수가 있습니까?"

"그렇습니다. 중대할 수 있습니다."

"비유를 들어 설명해 주십시오."

그래서 나가세나는 나무와 종자의 비유를 설했다. '다섯 가지 구성요소의 집합은 모든 고통의 집합을 생하기 위한 종자'라고.

"멋진 대답이십니다. 존자 나가세나여."

4. 윤회의 생존이 성립하는 근거

왕이 물었다.

"존자 나가세나여, 생겨나는 바의 형성력을 이루는 것이 있습니까?"

"대왕이여, 그렇습니다. 생겨나는 바의 형성력을 이루는 것이 있습니다."

"존자여, 그것은 어떤 것입니까?"

"대왕이여, 실로 눈과 여러 가지 사물의 형태가 있을 때 눈의 식별작용이 있습니다. 눈의 식별작용이 있을 때 눈의 접촉이 있습니다. 눈의 접촉이 있을 때 감수가 있습니다. 감수가 있을 때 애집이 있습니다. 애집이 있을 때 집착이 있습니다. 집착이 있을 때 생존 일반이 있습니다. 생존 일반이 있을 때 태어남이 있습니다. 태어남이 있을 때 늙음·죽음·근심·슬픔·고통·절망·우울증이 있습니다. 그와 같이 하여 이 모든 고통의 집합인 생기가 있습니다. 그러므로 실로 대왕이여, 눈이 없고 여러 가지 사물의 형태가 없을 때 눈의 식별작용이 없습니다. 눈의 식별작용이 없을 때 눈의 접촉이 없습니다. 눈의 접촉이 없을 때 감수가 없습니다. 감수가 없을 때 애집이 없습니다. 애집이 없을 때 집착이 없습니다. 집착이 없을 때 생존 일반이 없습니다. 생존 일반이 없을 때 태어남이 없습니다. 태어남이 없을 때 늙음·죽음·근심·슬픔·고통·절망·우울증이 없습니다. 그와 같이 하여 이 모든 고통의 집합의 지멸이 있습니다."

"잘 알았습니다. 존자 나가세나여."

5. 개인 존재의 형성력

왕이 물었다.

"존자 나가세나여, 현재 존재하는 일 없이 새롭게 생기하는 형성력이 있습니까?"

"대왕이여, 지금까지 존재한 적 없이 새롭게 생기하는

형성력은 없습니다. 대왕이여, 형성력은 지금까지 존재하면서 생기하는 것입니다."

"예를 들어 설명해 주십시오."

"대왕이여, 어떻게 생각하십니까? 당신이 앉아 계시는 이 집은 지금까지 존재한 적 없이 어느 날 갑자기 생긴 것입니까?"

"존자여, 지금까지 존재한 적 없이 어느 날 갑자기 생긴 것은 이 세상에 아무것도 없습니다. 지금까지 존재하던 어떤 것만이 생기하는 것입니다. 존자여, 이들 목재는 실로 숲 속에 있던 것입니다. 이 점토는 땅에 있었던 것입니다. 여자와 남자들, 그들의 상응한 노동력에 의해 이 집은 이와 같이 생긴 것입니다."

"대왕이여, 그와 마찬가지로 지금까지 존재한 적 없이 새롭게 생기하는 형성력은 없습니다. 대왕이여, 형성력은 지금까지 존재하면서 생기하는 것입니다."

"다시 예를 들어 설명해 주십시오."

"대왕이여, 예를 들면 수많은 종자의 생명이 땅에 뿌려지고 점차로 중대하고 장성하고 광대하게 되어 꽃을 피우고 열매를 맺습니다. 그들 수목은 지금까지 존재한 적 없이 어느 날 갑자기 생긴 것은 아닙니다. 그들 수목은 지금까지 존재하면서 생긴 것입니다. 대왕이여, 그와 마찬가지로 지금까지 존재한 적 없이 새롭게 생기하는 형성력은 없습니다. 대왕이여, 형성력은 지금까지 존재하면서 생기하는 것입니다."

제3장
119

"다시 예를 들어 설명해 주십시오."

"예를 들면 도공은 땅 속에서 점토를 파내어 여러 가지 용기를 만듭니다.. 그들 용기는 지금까지 존재한 적 없이 어느 날 갑자기 생긴 것은 아닙니다. 그들 용기는 지금까지 존재하면서 생긴 것입니다. 대왕이여, 그와 마찬가지로 지금까지 존재한 적 없이 새롭게 생기는 형성력은 없습니다. 형성력은 지금까지 존재하면서 생기하는 것입니다."

"다시 예를 들어 설명해 주십시오."

"대왕이여, 이를테면 공후(비파)에 받침이 없고 가죽이 없고 빈 공간이 없고 몸체가 없고 목이 없고 줄이 없고 활이 없고 그에 상응한 사람의 노력이 없다면 음이 생겨날 수 있겠습니까?"

"존자여, 그렇지 않습니다."

"그러면 대왕이여, 실로 공후에 받침이 있고 가죽이 있고 빈 공간이 있고 몸체가 있고 목이 있고 줄이 있고 활이 있고 그에 상응한 사람의 노력이 있다면 음이 생겨날 수 있겠습니까?"

"존자여, 그렇습니다. 음이 생길 것입니다."

"대왕이여, 그와 마찬가지로 지금까지 존재한 적 없이 새롭게 생기는 형성력은 없습니다. 형성력은 지금까지 존재하면서 생기하는 것입니다."

"다시 예를 들어 설명해 주십시오."

"예를 들면 받침으로서의 찬목이 없고 위에서 빙글빙글 돌리는 작은 찬목이 없고 찬목의 줄이 없고 부딪치는 찬목

이 없고 마른 쑥이 없고 그에 상응한 사람들의 노력이 없
다면 불은 생겨날 수 있겠습니까?"

"존자여, 그렇지 않습니다."

"그러면 대왕이여, 실로 찬목이 있고 위에서 빙글빙글
돌리는 작은 찬목이 있고 찬목의 줄이 있고 부딪치는 찬목
이 있고 마른 쑥이 있고 그에 상응한 사람들의 노력이 있
다면 불이 생겨날 수 있겠습니까?"

"존자여, 그렇습니다. 생길 것입니다."

"대왕이여, 그와 마찬가지로 지금까지 존재한 적 없이
새롭게 생기하는 형성력은 없습니다. 형성력은 지금까지
존재하면서 생기하는 것입니다."

"다시 예를 들어 설명해 주십시오."

"대왕이여, 예를 들면 불을 내는 구슬(볼록렌즈)이 없고
태양의 빛이 없고 마른 쇠똥이 없다면 그 불은 생겨날 수
있겠습니까?"

"존자여, 그렇지 않습니다."

"그러면 대왕이여, 불을 내는 구슬이 있고 태양의 빛이
있고 마른 쇠똥이 있다면 그 불은 생겨날 수 있겠습니까?"

"존자여, 그렇습니다. 생길 것입니다."

"대왕이여, 그와 마찬가지로 지금까지 존재한 적 없이
새롭게 생기하는 형성력은 없습니다. 형성력은 지금까지
존재하면서 생기하는 것입니다."

"다시 예를 들어 설명해 주십시오."

"대왕이여, 예를 들면 거울이 없고 빛이 없고 얼굴이 없

다면 자신의 상은 나타날 수 있겠습니까?"

"존자여, 그렇지 않습니다."

"그러면 대왕이여, 거울이 있고 빛이 있고 얼굴이 있다면 자신의 상은 나타날 수 있겠습니까?"

"존자여, 그렇습니다. 자신의 상은 나타날 것입니다."

"대왕이여, 그와 마찬가지로 지금까지 존재한 적 없이 새롭게 생기하는 형성력은 없습니다. 형성력은 지금까지 존재하면서 생기하는 것입니다."

"잘 알았습니다. 존자 나가세나여."

6. 무영혼설

왕이 물었다.

"존자 나가세나여, 영혼의 존재를 인정하십니까?"

나가세나는 반문했다.

"대왕이여, 대관절 영혼이란 어떤 것입니까?"

"존자여, 내면에 존재하는 '개체적 자아'라고 하는 것은 눈에 의해 빛과 형태를 보고, 귀에 의해 음성을 듣고, 코에 의해 향기를 맡고, 혀에 의해 맛을 보고, 몸에 의해 접촉해야 할 것에 접촉하고, 뜻에 의해 사상(모든 법)을 식별합니다. 예를 들어 이 궁전에 앉아 있는 나는 어느 창으로든 바라보고자 하는 대로 창을 통해 바라볼 수가 있습니다. 즉 동쪽의 창을 통해서 바라볼 수도 있고, 서쪽의 창을 통해서 바라볼 수도 있고, 북쪽의 창을 통해서 바라볼 수도 있고, 남쪽의 창을 통해서 바라볼 수도 있습니다. 존자여, 그와 마찬가지로 이 내면에 존재하는 개체적 자아는 보려고 생각하는 바의 어느 문(감각기관)에 의해서도 볼 수 있습니다.”

장로는 답했다.

“대왕이여, 다섯 가지의 문을 말씀드릴테니 들어 주십시오. 주의를 기울여 주십시오. 만일 내면에 존재하는 개체적 자아가 눈에 의해 빛과 형태를 보는 것이라면, 마치 이 궁전에 앉아 있는 우리가 어느 것이나 보고자 하는 대로 창을 통해 빛과 형태를 볼 수 있습니다. 즉 동쪽의 창문을 통해서도, 서쪽의 창문을 통해서도, 북쪽의 창문을 통해서도, 남쪽의 창문을 통해서도 빛과 형태를 볼 수 있을 것입니다. 그와 마찬가지로 내면에 존재하는 이 개체적 자아는 눈에 의해서 빛과 형태를 보고, 귀에 의해서도 빛과 형태를 보고, 코에 의해서도 빛과 형태를 보고, 혀에 의해서도 빛과 형태를 보고, 몸에 의해서도 빛과 형태를 보고, 뜻에 의해서도 빛과 형태를 틀림없이 보아야 합니다. 눈에 의해서도 음성을 듣고, 코에 의해서도 음성을 듣고, 혀에 의해서도 음성을 듣고, 몸에 의해서도 음성을 듣고, 뜻에 의해서도 음성을 틀림없이 들어야 합니다. 눈에 의해서도 냄새를 맡고, 귀에 의해서도 냄새를 맡고, 혀에 의해서도 냄새를 맡고, 몸에 의해서도 냄새를 맡고, 뜻에 의해서도 냄새를 틀림없이 맡아야 합니다. 눈에 의해서도 맛을 보고, 귀에 의해서도 맛을 보고, 코에 의해서도 맛을 보고, 몸에 의해서도 맛을 보고, 뜻에 의해서도 틀림없이 맛을 보아야 합니다. 눈에 의해서도 접촉해야 할 것에 접촉하고, 귀에 의해서도 접촉해야 할 것에 접촉하고, 코에 의해서도 접촉해야 할 것에 접촉하고, 혀에 의해서도 접촉해야 할 것에 접촉하고, 뜻에 의해서도 접촉해야 할 것에 틀림없이 접촉해야 합니다. 눈에 의해서도 사상을 식별하고, 귀에 의해서도 사상을 식별하고, 코에 의해서도 사상을 식별하고, 혀에 의해서도 사상을 식별하고, 몸에 의해서도 사상을 식별함에 틀림이 없습니다."

"존자여, 그런 일은 없습니다."

"대왕이여, 당신의 말씀은 앞뒤가 서로 맞지 않습니다. 대왕이여, 또 예를 들면 여기 궁전에 앉아 있는 우리들은 망창을 열고 얼굴을 밖으로 내놓고 대허공을 통해 빛과 형태를 한층 더 잘 볼 수가 있을 것입니다. 그와 마찬가지로 눈의 문이 제거되면 내면에 존재하는 이 개체적 자아는 대허공을 통해 빛과 형태를 한층 더 잘 볼 수 있음에 틀림이 없습니다. 또 귀가 제거되고, 코가 제거되고, 혀가 제거되고, 몸(피부)이 제거되었을 때 한층 더 잘 음성을 듣고, 냄새를 맡고, 맛을 보고, 접촉해야 할 것에 접촉할 수 있지 않겠습니까?"

"존자여, 그렇지는 않습니다."

"대왕이여, 당신의 말씀은 앞뒤가 서로 맞지 않습니다. 대왕이여, 또 예를 들면 이 딘나(한 예로 든 사람의 이름)가

밖에 나가 문간에 서 있다고 합시다. 대왕이여, 당신은 '이 딘나는 밖에 나가 문간에 서 있다'고 하는 것을 알고 계시겠지요?"

"존자여, 그렇습니다. 나는 알고 있습니다."

"대왕이여, 또 가령 이를테면 이 딘나가 안에 들어와 당신 앞에 서 있다고 합시다. 대왕이여, 당신은 '이 딘나는 안에 들어와 내 앞에 서 있다'고 하는 것을 알고 계시겠지요?"

"존자여, 그렇습니다. 나는 알고 있습니다."

"대왕이여, 그와 마찬가지로 혀에 맛이 놓여졌을 때 내면에 존재하는 이 개체적 자아는 곧 '시다' 혹은 '짜다' 혹은 '쓰다' 혹은 '맵다' 혹은 '떫다' 혹은 '달다'라고 하는 것을 알겠습니까?"

"존자여, 그렇습니다. 알 것입니다."

"그러면 맛이 몸의 내부에 들어갔을 때 '시다' 혹은 '짜다' 혹은 '쓰다' 혹은 '맵다' 혹은 '떫다' 혹은 '달다'라고 하는 것을 그 개체적 자아는 알겠습니까?"

"존자여, 그렇지 않습니다."

"대왕이여, 당신의 말씀은 앞뒤가 서로 맞지 않습니다. 대왕이여, 또 예를 들면 어떤 사람이 백 개의 꿀병을 갖고 와 커다란 꿀단지에 가득 채운 뒤 한 사람의 입을 막고 그 꿀단지 속에 던져 넣었을 경우, 대왕이여, 그 던져진 사람은 단 것이 거기에 채워져 있는지 혹은 그렇지 않은지를 알 수 있겠습니까?"

"존자여, 그렇지는 않습니다."

"대왕이여, 어떤 이유에서입니까?"

"존자여, 그 사람의 입에 꿀이 들어가지 않기 때문입니다."

"대왕이여, 당신의 말씀은 앞뒤가 서로 맞지 않습니다."

"존자여, 나는 당신과 같은 논자와 대론할 수는 없습니다. 도리를 말씀해 주시면 다행이겠습니다."

그리하여 나가세나 장로는 아비달마에 요약되어 있는 교의를 설하여 밀린다왕을 납득시켰다.

"대왕이여, 여기에 눈과 빛 그리고 형태에 의해 눈의 식별작용이 생기고, 접촉과 감수와 표상과 의사와 통일작용과 생명력과 주의가 그와 함께 생기는 것입니다. 이와 같이 이들 모든 법은 반연으로부터 생기는 것입니다. 그러므로 영혼의 존재는 인정될 수 없습니다. 귀와 음성에 의해 귀의 식별작용이 생기고, 접촉과 감수와 표상과 의사와 통일작용과 생명력과 주의가 그와 함께 생기는 것입니다. 이와 같이 이들 모든 법은 반연으로부터 생기는 것입니다. 그러므로 영혼의 존재는 인정될 수 없습니다. 코와 냄새에 의해 코의 식별작용이 생기고, 접촉과 감수와 표상과 의사와 통일작용과 생명력과 주의가 그와 함께 생기는 것입니다. 이와 같이 이들 모든 법은 반연으로부터 생기는 것입니다. 그러므로 영혼의 존재는 인정될 수 없습니다. 혀와 맛에 의해 혀의 식별작용이 생기고, 접촉과 감수와 표상과 의사와 통일작용과 생명력과 주의가 그와 함께 생기는 것입니다. 이와 같이 이들 모든 법은 반연으로부터 생기는 것입니다. 그러므로 영혼의 존재는 인정될 수 없습니다. 몸(피부)과 접촉해야 할 것에 의해 몸의 식별작용이 생기고, 접촉과 감수와 표상과 의사와 통일작용과 생명력과 주의가 그와 함께 생기는 것입니다. 이와 같이 이들 모든 법은 반연으로부터 생기는 것입니다. 그러므로 영혼의 존재는 인정될 수 없습니다. 뜻과 사상에 의해 뜻의 식별작용이 생기고, 접촉과 감수와 표상과 의사와 통일작용과 생명력과 주의가 그와 함께 생기는 것입니다. 이와 같이 이들 모든 법은 반연으로부터 생기는 것입니다. 그러므로 영혼의 존재는 인정될 수 없습니다."

"잘 알겠습니다. 존자 나가세나여."

7. 감각과 통각

왕이 물었다.

"존자 나가세나여, 눈의 식별작용이 생기는 곳에는 뜻의 식별작용도 또한 생기는 것입니까?"

"대왕이여, 그렇습니다. 눈의 식별작용이 생기는 곳에는 뜻의 식별작용도 또한 생기는 것입니다."

"존자 나가세나여, 처음에 눈의 식별작용이 생기고 나중에 뜻의 식별작용이 생기는 것입니까? 아니면 처음에 뜻의 식별작용이 생기고 나중에 눈의 식별작용이 생기는 것입니까?"

"대왕이여, 처음에 눈의 식별작용이 생기고 나중에 뜻의 식별작용이 생기는 것입니다."

"존자 나가세나여, 눈의 식별작용이 뜻의 식별작용에게 '내가 생기는 곳에 너도 또한 생겨라'라고 명령합니까? 아니면 뜻의 식별작용이 눈의 식별작용에게 '네가 생기는 곳에는 나도 또한 생길 것이다'라고 보고하는 것입니까?"

"대왕이여, 그렇지는 않습니다. 이들 사이에 서로간의 상담은 없습니다."

"존자 나가세나여, 눈의 식별작용이 생기는 곳에는 어찌하여 뜻의 식별작용도 또한 생기는 것입니까?"

"대왕이여, 경향과 문과 습관과 익숙함이 있기 때문입니다."

"존자 나가세나여, 경향이 있기 때문에 눈의 식별작용이 생기는 곳에는 뜻의 식별작용도 또한 생기는 것은 어째서입니까? 예를 들어 설명해 주십시오."

"대왕이여, 당신은 어떻게 생각하십니까? 비가 올 때 물은 어느 쪽으로 흐릅니까?"

"존자여, 지면의 경사진 곳으로 흐릅니다."

"또 그 다음에 다시 비가 내릴 때 물은 어느 쪽으로 흐릅니까?"

"존자여, 처음 물이 흐르던 곳을 따라 흐릅니다."

"대왕이여, 처음 물은 나중 물에게 '내가 흐르는 곳으로 너도 또한 흘러라'라고 명령합니까? 혹은 또 나중 물이 처음 물에게 '당신이 흐르려고 하는 곳으로 나도 또한 흐를 것이다'라고 보고합니까?"

"존자여, 그렇지는 않습니다. 이들 사이에 서로간의 상담은 없습니다. 지면의 경사진 곳으로 물은 흐르는 것입니다."

"대왕이여, 그와 마찬가지로 경향이 있기 때문에 눈의 식별작용이 생기는 곳에는 뜻의 식별작용도 또한 생기는 것입니다. 그러나 눈의 식별작용이 뜻의 식별작용에게 '내가 생기는 곳에 너도 또한 생겨라'라고 명령하는 것은 아닙니다. 또 뜻의 식별작용이 눈의 식별작용에게 '네가 생기려고 하는 곳에 나도 또한 생길 것이다'라고 고하는 것도 아닙니다. 이들 사이에 서로간의 상담은 없습니다. 경향이 있기 때문에 눈의 식별작용이 생기는 곳에는 뜻의 식별작용도 또한 생기는 것입니다."

"존자 나가세나여, 문이 있기 때문에 눈의 식별작용이 생기는 곳에는 뜻의 식별작용도 또한 생기는 것은 어째서입니까? 예를 들어 설명해 주십시오."

"대왕이여, 당신은 어떻게 생각하십니까. 왕의 국경의 성시는 견고한 성벽과 망탑이 있고 그 문은 단 하나뿐입니다. 그 성시로부터 나오려고 하는 사람은 어디로 나오겠습니까?"

"존자여, 문으로 나올 것입니다."

"또 다른 사람이 역시 그곳으로부터 나오려고 한다면 어디로 나오겠습니까?"

"존자여, 앞사람이 나간 그 문으로 뒷사람도 또한 나갈 것입니다."

"대왕이여, 앞사람은 뒷사람에게 '내가 나가는 곳으로 너도 또한 나가라' 라고 명령합니까? 혹은 또 뒷사람이 앞사람에게 '당신이 나가려고 하는 곳으로 나도 또한 나갈 것이다' 라고 보고합니까?"

"존자여, 그렇지는 않습니다. 이들 사이에 서로간의 상담은 없습니다. 문이 있기 때문에 그들은 나가는 것입니다."

"대왕이여, 그와 마찬가지로 문이 있기 때문에 눈의 식별작용이 생기는 곳에는 뜻의 식별작용도 또한 생기는 것입니다. 그러나 눈의 식별작용이 뜻의 식별작용에게 '내가 생기는 곳에 너도 또한 생겨라' 라고 명령하는 것은 아닙니다. 또 뜻의 식별작용이 눈의 식별작용에게 '네가 생기려고 하는 곳에 나도 또한 생길 것이다' 라고 고하는 것도 아닙니다. 이들 사이에 서로간의 상담은 없습니다. 문이 있기 때문에 눈의 식별작용이 생기는 곳에는 뜻의 식별작용도 또한 생기는 것입니다."

"존자 나가세나여, 습관이 있기 때문에 눈의 식별작용이 생기는 곳에는 뜻의 식별작용도 또한 생기는 것은 어째서입니까? 예를 들어 설명해 주십시오."

"대왕이여, 당신은 어떻게 생각하십니까? 처음에 하나의 수레가 통과했다면 다음의 수레는 어디로 통과합니까?"

"존자여, 앞의 수레가 통과한 길로 다음의 수레도 또한 통과합니다."

"대왕이여, 앞 수레가 뒷 수레에게 '내가 통과한 길로 너도 또한 통과하라'고 명령합니까? 혹은 또 뒷 수레가 앞 수레에게 '당신이 통과하려고 하는 길로 나도 또한 통과할 것이다'라고 보고합니까?"

"존자여, 그렇지는 않습니다. 이들 사이에 서로간의 상담은 없습니다. 습관이 있기 때문에 그들은 통과하는 것입니다."

"대왕이여, 그와 마찬가지로 습관이 있기 때문에 눈의 식별작용이 생기는 곳에는 뜻의 식별작용도 또한 생기는 것입니다. 그러나 눈의 식별작용이 뜻의 식별작용에게 '내가 생기는 곳에 너도 또한 생겨라'라고 명령하는 것은 아닙니다. 또 뜻의 식별작용이 눈의 식별작용에게 '네가 생기려고 하는 곳에 나도 또한 생길 것이다'라고 고하는 것도 아닙니다. 이들 사이에 서로간의 상담은 없습니다. 습관이 있기 때문에 눈의 식별작용이 생기는 곳에는 뜻의 식별작용도 또한 생기는 것입니다."

"존자 나가세나여, 익숙함이 있기 때문에 눈의 식별작용이 생기는 곳에는 뜻의 식별작용도 또한 생기는 것은 어째서입니까? 예를 들어 설명해 주십시오."

"대왕이여, 이를테면 부호술, 산술, 목산, 서예의 기술에 관하여 초보자는 처음에는 서투르지만 나중에는 꼼꼼하게 주의하고 익숙해짐에 따라 뛰어나게 됩니다. 그와 마찬가지로 대왕이여, 익숙함이 있기 때문에 눈의 식별작용이 생기는 곳에는 뜻의 식별작용도 또한 생기는 것입니다. 그러나 눈의 식별작용이 뜻의 식별작용에게 '내가 생기는 곳에 너도 또한 생겨라'라고 명령하는 것은 아닙니다. 또 뜻의 식별작용이 눈의 식별작용에게 '네가 생기려고 하는 곳에 나도 또한 생길 것이다'라고 고하는 것도 아닙니다. 이들 사이에 서로간의 상담은 없습니다. 익숙함이 있기 때문에 눈의 식별작용이 생기는 곳에는 뜻의 식별작용도 또한 생기는 것입니다."

"존자 나가세나여, 귀의 식별작용이 생기는 곳에는 뜻의 식별작용도 생기는 것입니까? 코의 식별작용이 생기는 곳에는 뜻의 식별작용도 생기는 것입니까? 혀의 식별작용이 생기는 곳에는 뜻의 식별작용도 생기는 것입니까? 몸(피부)의 식별작용이 생기는 곳에는 뜻의 식별작용도 생기는 것입니까?"

"대왕이여, 그렇습니다. 귀의 식별작용이 생기는 곳에는 뜻의 식별작용도 생기는 것입니다. 코의 식별작용이 생기는 곳에는 뜻의 식별작용도 생기는 것입니다. 혀의 식별작용이 생기는 곳에는 뜻의 식별작용도 생기는 것입니다. 몸의 식별작용이 생기는 곳에는 뜻의 식별작용도 생기는 것입니다."

"존자 나가세나여, 처음에 몸의 식별작용이 생기고 나중에 뜻의 식별작용이 생기는 것입니까? 아니면 처음에 뜻의 식별작용이 생기고 나중에 몸의 식별작용이 생기는 것입니까?"

"대왕이여, 처음에 몸의 식별작용이 생기고 나중에 뜻의 식별작용이 생기는 것입니다."

"존자 나가세나여, 몸의 식별작용이 뜻의 식별작용에게 '내가 생기는 곳에 너도 또한 생겨라'라고 명령합니까? 아니면 뜻의 식별작용이 몸의 식별작용에게 '네가 생기는 곳에는 나도 또한 생길 것이다'라고 보고하는 것입니까?"

"대왕이여, 그렇지는 않습니다. 이들 사이에 서로간의 상담은 없습니다."

"존자 나가세나여, 몸의 식별작용이 생기는 곳에는 어찌하여 뜻의 식별작용도 또한 생기는 것입니까?"

"대왕이여, 그렇습니다. 익숙함이 있기 때문에 몸의 식별작용이 생기는 곳에는 뜻의 식별작용도 또한 생기는 것입니다. 그러나 이들 사이에 서로간의 상담은 없습니다. 익숙함이 있기 때문에 몸의 식별작용이 생기는 곳에는 뜻의 식별작용도 또한 생기는 것입니다."

"잘 알았습니다. 존자 나가세나여."

8. 통각에 따르는 여러 가지 정신작용(1) : 접촉

왕이 물었다.

"존자 나가세나여, 뜻의 식별작용이 생기는 곳에 감수도 또한 생기는 것입니까?"

"대왕이여, 그렇습니다. 접촉도 또한 생기고, 감수도 또한 생기고, 표상도 또한 생기고, 의사도 또한 생기고, 성찰도 또한 생기고, 고찰도 또한 생깁니다. 접촉을 비롯한 일체의 모든 현상(법)이 생기는 것입니다."

"존자 나가세나여, 접촉은 무엇을 특질로 합니까?"

"대왕이여, 접촉은 접촉을 특질로 하는 것입니다."

"비유를 들어 설명해 주십시오."

"대왕이여, 이를테면 두 마리의 숫양이 싸울 경우 눈은 마치 한쪽의 숫양과 같이 보아야 할 것이고, 형태는 마치 다른 쪽의 숫양과 같이 보아야 할 것이며, 접촉은 마치 둘의 맞부딪침으로 보아야 할 것입니다."

"다시 비유를 들어 설명해 주십시오."

"대왕이여, 이를테면 두 손이 마주칠 경우 눈은 마치 한쪽의 손과 같이 보아야 할 것이고, 형태는 마치 다른 쪽의 손과 같이 보아야 할 것이며, 접촉은 마치 두 손의 맞부딪침으로 보아야 할 것입니다."

"다시 비유를 들어 설명해 주십시오."

"대왕이여, 이를테면 바라를 연주할 경우 눈은 마치 한쪽의 바라와 같이 보아야 할 것이고 형태는 마치 다른 쪽의 바라와 같이 보아야 할 것이며 접촉은 마치 그들의 맞부딪침으로 보아야 할 것입니다."

"잘 알았습니다. 존자 나가세나여."

9. 통각에 따르는 여러 가지 정신작용(2) : 감수

왕이 물었다.

"존자 나가세나여, 감수는 무엇을 특질로 합니까?"

"대왕이여, 감수는 느낌을 특질로 하고 또 고락을 향수하는 것을 특질로 합니다."

"비유를 들어 설명해 주십시오."

"대왕이여, 이를테면 어떤 사람이 왕의 정무를 처리한다고 합시다. 왕이 그에게 만족하여 정무를 맡기면 그는 그 정무에 의해 다섯 가지 욕망을 달성하고 만족하면서 그는 다음과 같이 생각할 것입니다. '이전에는 왕의 정무는 내가 처리하였다. 나에게 왕은 만족하면서 정무를 맡겼다. 그래서 나는 그에 의해 이러한 감수를 느끼고 있다'라고."

존자 나가세나가 이어 말했다.

"대왕이여, 또 이를테면 어떤 사람이 선업을 지어 죽은 뒤에 좋은 곳, 하늘세계에 태어났습니다. 그리하여 그는 하늘의 다섯 가지 욕망을 달성하고 만족해하면서 그는 다음과 같이 생각할 것입니다. '나는 전생에 선업을 지었다. 그래서 나는 그에 의해 이러한 감수를 느끼는 것이다'라고."

존자 나가세나가 이어 말했다.

"대왕이여, 그와 마찬가지로 감수는 느낌을 특질로 하고 또 고락을 향수하는 것을 특질로 합니다."

"잘 알았습니다. 나가세나여."

10. 통각에 따르는 여러 가지 정신작용(3) : 표상

왕이 물었다.

"존자 나가세나여, 표상은 무엇을 특질로 합니까?"

"대왕이여, 표상은 식지(識知, 앎)를 특질로 합니다."

"무엇을 식지합니까?"

"푸른색을 식지하고 노란색을 식지하고 붉은색을 식지하고 흰색을 식지하고 짙은 자주색을 식지합니다. 대왕이여, 그와 마찬가지로 표상은 식지를 특질로 합니다."

"비유를 들어 설명해 주십시오."

"대왕이여, 예를 들면 왕의 수장관이 창고에 들어가 푸른색, 노란색, 붉은색, 흰색, 자주색의 왕의 재물을 보고 왕의 것으로 식지하는 것과 같습니다. 대왕이여, 그와 마찬가지로 표상은 식지를 특질로 합니다."

"잘 알았습니다. 존자 나가세나여."

11. 통각에 따르는 여러 가지 정신작용(4) : 의사

왕이 물었다.

"존자 나가세나여, 의사(意思)는 무엇을 특질로 합니까?"

"대왕이여, 의사는 도모하는 것을 특질로 하고 또 형성하는 것을 특질로 합니다."

"비유를 들어 설명해 주십시오."

"대왕이여, 가령 어떤 사람이 독을 만들어 내어 자기도 마시고 남도 마시게 하면 그 자신도 고통스럽고 남도 고통스러울 것입니다. 대왕이여, 그와 마찬가지로 어떤 사람이 이 세상에서 의사(의도 또는 도모)에 의해 불선업을 지으려 생각하고 그를 실행하면 사후 육체가 썩은 뒤 악한 곳, 고통스러운 곳, 나락에 떨어질 것입니다. 또 그를 본받은 사람들도 또한 사후 육체가 썩은 뒤 악한 곳, 고통스러운 곳, 나락에 떨어질 것입니다. 대왕이여, 또 예를 들면 어떤 사람이 제호와 타락과 기름과 꿀과 설탕을 혼합하여 자기도 마시고 남도 마시게 하면 그 자신도 즐겁고 남도 즐거울 것입니다. 대왕이여, 그와 마찬가지로 어떤 사람은 이 세상에서 의사에 의해 선업을 지으려 생각하고 그를 실행하면 사후 육체가 썩은 뒤 좋은 곳, 즐거운 곳, 하늘세계에 태어납니다. 대왕이여, 그와 마찬가지로 의사는 도모하는 것을 특질로 하고 또 형성하는 것을 특질로 합니다."

"잘 알았습니다. 존자 나가세나여."

12. 통각에 따르는 여러 가지 정신작용(5) : 식별작용

왕이 물었다.

"존자 나가세나여, 식별작용은 무엇을 특질로 합니까?"

"대왕이여, 식별작용은 요별하는 것을 특질로 합니다."

"비유를 들어 설명해 주십시오."

"대왕이여, 예를 들면 도시의 수위가 도시의 중앙 네거리 한복판에 앉아서 동쪽에서 사람이 오는 것을 보고, 남쪽에서 사람이 오는 것을 보고, 서쪽에서 사람이 오는 것을 보고, 북쪽에서 사람이 오는 것을 보듯이 대왕이여, 그와 마찬가지로 사람이 눈으로 보는 형태를 식별작용에 의해 요별하고, 귀로 듣는 음성을 식별작용에 의해 요별하고, 코로 맡는 냄새를 식별작용에 의해 요별하고, 혀로 맛보는 맛을 식별작용에 의해 요별하고, 몸으로 접촉하는 접촉대상을 식별작용에 의해 요별하고, 뜻으로 요별하는 사상(법)을 식별작용에 의해 요별합니다. 대왕이여, 그와 마찬가지로 식별작용은 요별하는 것을 특질로 합니다."

"잘 알았습니다. 존자 나가세나여."

13. 통각에 따르는 여러 가지 정신작용(6) : 성찰

왕이 물었다.

"존자 나가세나여, 성찰은 무엇을 특질로 합니까?"

"대왕이여, 성찰은 안정을 특질로 합니다."

"비유를 들어 설명해 주십시오."

"대왕이여, 예를 들면 목공이 뛰어난 솜씨로 잘 다듬어진 목재를 이음새에 넣어 안정(고정)시키는 것과 같습니다. 대왕이여, 그와 마찬가지로 성찰은 안정을 특질로 합니다."

"잘 알았습니다. 존자 나가세나여."

14. 통각에 따르는 여러 가지 정신작용(7) : 고찰

왕이 물었다.

"존자 나가세나여, 고찰은 무엇을 특질로 합니까?"

"대왕이여, 고찰은 계속적으로 추구하고 사유하는 것을 특질로 합니다."

"비유를 들어 설명해 주십시오."

"대왕이여, 예를 들어 징을 치면 나중에 여운이 있고 여향이 있습니다. 대왕이여, 성찰은 마치 징을 치는 것과 같은 것으로 볼 수 있고 고찰은 마치 그 여운과 같이 볼 수 있을 것입니다."

"잘 알았습니다. 존자 나가세나여."

제4장

1. 여러 가지 정신작용의 협동

왕이 물었다.

"존자 나가세나여, 이들 모든 사상이 합일되어 있는 것을 낱낱이 분석하여 '이것은 접촉이다' '이것은 감수다' '이것은 표상이다' '이것은 의사다' '이것은 식별이다' '이것은 성찰이다' '이것은 고찰이다'라고 하여 그들의 각기 다름을 알 수 있겠습니까?"

"대왕이여, 그럴 수 없습니다. 이들 모든 사상이 합일되어 있는 것을 낱낱이 분석하여 '이것은 접촉이다' '이것은 감수다' '이것은 표상이다' '이것은 의사다' '이것은 식별이다' '이것은 성찰이다' '이것은 고찰이다'라고 하여 그들의 각기 다름을 알 수 없습니다."

"비유를 들어 설명해 주십시오."

"대왕이여, 예를 들면 왕의 요리사가 즙 혹은 액즙을 조리하고 거기에 타락(우유)을 넣고, 소금, 생강, 마늘, 후추와 그 밖의 조미료를 넣었다고 합시다. 그때 왕이 그 요리사에게 '나에게 타락의 액즙을 가져오너라. 나에게 소금의 액즙을 가져오너라. 나에게 생강의 액즙을 가져오너라. 나에게 마늘의 액즙을 가져오너라. 나에게 후추의 액즙을 가져오너라. 나에게 그 요리에 들어간 모든 조미료의 액즙을 가져오너라'라고 했을 경우 대왕이여, 그들 혼합된 액즙을 낱낱이 분해해서 '이것은 짭니다' '이것은 십니다' '이것은 맵습니다' '이것은 떫습니다' '이것은 답니다'라고 하면서 낱낱의 액즙을 가져올 수 있겠습니까?"

"존자여, 그렇지 않습니다. 그들 혼합된 액즙을 하나하나 분해해서 '이것은 짭니다' '이것은 십니다' '이것은 맵습니다' '이것은 떫습니다' '이것은 답니다'라고 하면서 낱낱의 액즙을 가져올 수 없습니다. 다만 모든 양념이 지닌 개별적 특징에 의해 나타나고 있을 뿐입니다."

"대왕이여, 그와 마찬가지로 이들 모든 사상이 합일되어 있는 것을 낱낱이 분석하여 '이것은 접촉이다' '이것은 감수다' '이것은 표상이다' '이것은 의사다' '이것은 식별이다' '이것은 성찰이다' '이것은 고찰이다'라고 하여 그들의 각기 다름을 알 수 없습니다. 오히려 다만 각자의 특질에 의해 나타나고 있을 따름입니다."

"잘 알았습니다. 존자 나가세나여."

장로가 물었다.

"소금은 눈에 의해 식별되는 것입니까?"

"존자여, 그렇습니다. 눈에 의해 식별되는 것입니다."

"대왕이여, 정신을 바짝 차리고 들어주십시오. 눈에 의해 식별되는 것은 소금이 갖고 있는 흰색에 지나지 않습니다."

"존자여, 그러면 혀에 의해 식별되는 것일까요?"

"대왕이여, 그렇습니다. 혀에 의해 식별되는 것입니다."

"존자여, 그러면 모든 소금은 혀에 의해 식별되는 것입니까?"

"대왕이여, 그렇습니다. 모든 소금은 혀에 의해 식별되는 것입니다."

"존자여, 만일 모든 소금을 혀에 의해 식별한다면 어째서 소금 수레를 끄는 소는 그것(소금)을 수레로 실어나릅니까? 짠맛만을 실어나를 수는 없습니까?"

"대왕이여, 그것은 짠맛만을 실어나를 수는 없기 때문입니다. 짠맛과 무게, 이 두 가지 성질(법)은 실제로 소금에 있어서는 합일되어 있지만 각기 다른 영역에 속한 것입니다. 대왕이여, 대관절 소금을 저울로 달 수 있습니까?"

"존자여, 그렇습니다. 달 수 있습니다."

"아닙니다. 대왕이여, 소금을 저울로 달 수는 없습니다. 소금의 무게가 저울로 계산되는 것입니다."

"잘 알았습니다. 존자 나가세나여."

여기서 밀린다왕에 대한 나가세나 존자의 질문은 종료된다.

2. 통각작용과 자연법칙의 문제

왕이 물었다.

"존자 나가세나여, 이들 다섯 가지의 영역(다섯 가지 감각기관에 있어서 대상과의 대응관계)은 각기 다른 업에 의해 생기는 것입니까? 아니면 동일한 업에 의해 생기는 것입니까?"

"대왕이여, 이들 다섯 가지의 영역은 각기 다른 업에 의해 생기는 것입니다. 동일한 업에 의해 생기는 것은 아닙니다."

"비유를 들어 설명해 주십시오."

"대왕이여, 당신은 어떻게 생각하십니까? 가령 하나의 밭에 다섯 가지 다른 씨앗을 뿌렸을 경우, 그들 각기 다른 씨앗에 각기 다른 열매가 생기겠습니까?"

"존자여, 그렇습니다. 각기 다른 열매가 생길 것입니다."

"대왕이여, 그와 마찬가지로 이들 다섯 가지의 영역은 각기 다른 업에 의해 생기는 것입니다. 동일한 업에 의해 생기는 것은 아닙니다."

"잘 알았습니다. 존자 나가세나여."

3. 인격의 평등과 불평등

왕이 물었다.

"존자 나가세나여, 어떠한 이유에 의해 사람들은 모두 평등하지 않은 것입니까? 즉 어떤 사람들은 단명하고 어떤 사람들은 오래 삽니다. 또 어떤 사람들은 병이 많고 어떤 사람들은 병이 없습니다. 어떤 사람들은 못생겼고 어떤 사람들은 잘생겼습니다. 어떤 사람들은 힘이 약하고 어떤 사람들은 힘이 강합니다. 어떤 사람들은 재산이 없고 어떤 사람들은 재산이 많습니다. 어떤 사람들은 빈천한 가문에 태어나고 어떤 사람들은 고귀한 가문에 태어납니다. 어떤 사람들은 어리석고 어떤 사람들은 현명합니다."

그러자 나가세나는 반문했다.

"대왕이여, 왜 수목은 모두 평등하지 않은 것일까요? 그들 과실에 대해서만 보더라도 어떤 것은 시고, 어떤 것은 짜고, 어떤 것은 쓰고, 어떤 것은 맵고, 어떤 것은 떫고, 어떤 것은 답니다."

"존자여, 그것은 모든 종자가 다르기 때문이라고 나는 생각합니다."

"대왕이여, 그와 마찬가지로 숙업이 다름에 의해 사람들은 모두 평등하지 않은 것입니다. 즉 어떤 사람들은 단명하고 어떤 사람들은 오래 삽니다. 또 어떤 사람들은 병이 많고 어떤 사람들은 병이 없습니다. 어떤 사람들은 못생겼고 어떤 사람들은 잘생겼습니다. 어떤 사람들은 힘이 약하고 어떤 사람들은 힘이 강합니다. 어떤 사람들은 재산이 없고 어떤 사람들은 재산이 많습니다. 어떤 사람들은 빈천한 가문에 태어나고 어떤 사람들은 고귀한 가문에 태어납니다. 어떤 사람들은 어리석고 어떤 사람들은 현명합니다. 대왕이여, 이것을 붓다께서는 이렇게 말씀하셨습니다.

'바라문 학생들이여! 살아 있는 모든 것들은 제각기 각자의 업을 소유하고 그 업을 이어가는 것이다. 업을 모태로 하고 업을 친족으로 하고 업을 기반으로 하고 있다. 업은 살아 있는 모든 것을 비천한 것과 존귀한 것으로 차별한다'라고."

"잘 알았습니다. 존자 나가세나여."

4. 수행의 시기

왕이 물었다.

"존자 나가세나여, 당신은 이미 앞서 말했습니다. '원컨대 이 괴로움은 사라지고 다른 괴로움은 생겨나지 않게 하소서'라고."

"대왕이여, 우리들이 출가한 것은 이 때문입니다."

"그것은 미리 노력했기 때문에 그렇게 된 것입니까? 오히려 시기가 도래했을 때 노력해야 하는 것은 아닙니까?"

장로가 답했다.

"대왕이여, 시기가 도래했을 때에 비로소 하는 노력은 실은 해야 할 것을 하지 않은 것입니다. 미리 하는 노력이야말로 해야 할 것을 하는 것입니다."

"비유를 들어 말씀해 주십시오."

"대왕이여, 당신은 어떻게 생각하십니까? 당신은 목마를 때에 비로소 '나는 물을 마시고 싶다'라고 하여 우물을 파게 하고 저수지를 만들게 하겠습니까?"

"존자여, 그렇지 않습니다."

"대왕이여, 그와 마찬가지로 시기가 도래했을 때에 비로소 하는 노력은 실은 해야 할 것을 하지 않은 것입니다. 미리 하는 노력이야말로 해야 할 것을 하는 것입니다."

"다시 비유를 들어 말씀해 주십시오."

"대왕이여, 당신은 어떻게 생각하십니까? 당신은 배가 고플 때 비로소 '식사를 해야겠다'라고 하여 논밭을 갈게 하고 씨앗을 뿌리게 하고 곡물류를 거두게 하겠습니까?"

"존자여, 그렇지 않습니다."

"대왕이여, 그와 마찬가지로 시기가 도래했을 때에 비로소 하는 노력은 실은 해야 할 것을 하지 않은 것입니다. 미리 하는 노력이야말로 해야 할 것을 하는 것입니다."

"다시 비유를 들어 말씀해 주십시오."

"대왕이여, 당신은 어떻게 생각하십니까? 당신은 이미 전쟁이 일어난 뒤에 비로소 참호를 파게 하고 보루를 만들게 하고 성문을 만들게 하고 망탑을 만들게 하고 군량미를 반입하게 하겠습니까? 그때에 이르러 비로소 코끼리를 다루는 기술을 익히게 하고, 말을 타는 기술을 익히게 하고, 전차를 다루는 기술을 익히게 하고, 활쏘는 기술을 익히게 하고, 창과 검을 다루는 기술을 익히게 하겠습니까?"

"존자여, 그렇지 않습니다."

"대왕이여, 그와 마찬가지로 시기가 도래했을 때에 비로소 하는 노력은 실은 해야 할 것을 하지 않은 것입니다. 미리 하는 노력이야말로 해야 할 것을 하는 것입니다. 대왕이여, 위대한 스승이신 붓다께서는 이렇게 말씀하셨습니다."

스스로에게 이로움을 아는 자는
이를 미리 알아 노력하여야 한다.
마부와 같은 생각에 의존하지 말고
현명한 자는 깊이 생각하여 매진하라.

가령 마부가 평탄한 큰 길을 버리고
울퉁불퉁한 길을 가다
수레의 축을 부러뜨리고 낙담하는 것처럼

그와 같이 올바른 법을 떠나 비법을 따르면
어리석게도 죽음의 마구니 입 속에 말려들어
흡사 수레의 축이 부러진 것처럼 슬피 탄식하리라.

"잘 알았습니다, 존자 나가세나여."

5. 종교신화에 대한 비판 : 숙업의 존재증명을 둘러싸고

왕이 물었다.

"존자 나가세나여, 당신네들은 말합니다. '지옥의 불길은 자연의 불길보다도 훨씬 맹렬하다. 자연의 불길 속에 조약돌을 던져 넣으면 하루를 타더라도 녹는 일은 없다. 그러나 큰 집채만한 바위도 지옥의 불길 속에 던져 넣으면 찰나 동안에 녹아버린다'라고. 이 말을 나는 믿지 않습니다. 또 당신네들은 말합니다. '그곳에 태어난 중생들은 몇천 년 동안 지옥의 불길에 태워지더라도 녹는 일은 없다'라고. 이 말도 나는 믿지 않습니다."

장로가 말했다.

"대왕이여, 당신은 어떻게 생각하십니까? 모든 암상어, 암악어, 암거북, 암공작, 암비둘기는 단단한 돌이나 모래를 먹습니까?"

"존자여, 그렇습니다. 그들은 먹습니다."

"그러면 돌이나 모래는 그들의 뱃속에 들어가면 녹아버립니까?"

"존자여, 그렇습니다. 그들은 녹아버립니다."

"그렇다면 그들 체강 내의 태아도 녹아버립니까?"

"존자여, 그렇지는 않습니다."

"어떤 이유에 의해서입니까?"

"존자여, 숙업의 제약에 의해 녹지 않을 것이라고 나는 생각합니다."

"대왕이여, 그와 마찬가지로 지옥에 태어난 중생들은 몇 천 년 동안 지옥에서 그 불길에 태워지더라도 숙업의 제약에 의해 녹지 않는 것입니다. 지옥의 중생들은 거기서 태어나고, 거기서 성장하고, 거기에서 죽는 것입니다. 대왕이여, 위대한 스승이신 붓다께서는 이렇게 말씀하셨습니다. '그들은 그렇게 된 악업이 소멸하지 않는 한 죽는 일도 없다'라고."

"다시 비유를 들어 말씀해 주십시오."

"대왕이여, 당신은 어떻게 생각하십니까? 모든 암사자, 암호랑이, 암표범, 암캐는 단단한 뼈와 고기를 먹습니까?"

"존자여, 그렇습니다. 그들은 먹습니다."

"그러면 그들 뼈나 고기는 그들의 뱃속에 들어가면 녹아버립니까?"

"존자여, 그렇습니다. 녹아버립니다."

"그렇다면 그들 체강 내의 태아도 녹아버립니까?"

"존자여, 그렇지 않습니다."

"어떤 이유에 의해서입니까?"

"존자여, 숙업의 제약에 의해 녹지 않을 것이라고 나는 생각합니다."

"대왕이여, 그와 마찬가지로 지옥에 태어난 중생들은 몇 천 년 동안 지옥에서 그 불길에 태워지더라도 숙업의 제약에 의해 녹지 않는 것입니다."

"대왕이여, 당신은 어떻게 생각하십니까? 모든 그리스의

미녀, 크샤트리야의 미녀, 바라문의 미녀, 자산가의 미녀는 굳고 단단한 고기를 먹습니까?"

"존자여, 그렇습니다. 그들은 먹습니다."

"그러면 그 고기는 그들의 뱃속에 들어가면 녹아버립니까?"

"존자여, 그렇습니다. 녹아버립니다."

"그렇다면 그들 체강 내의 태아도 녹아버립니까?"

"존자여, 그렇지 않습니다."

"어떤 이유에 의해서입니까?"

"존자여, 숙업의 제약에 의해 녹지 않을 것이라고 나는 생각합니다."

"대왕이여, 그와 마찬가지로 지옥에 태어난 중생들은 몇 천 년 동안 지옥에서 그 불길에 태워지더라도 숙업의 제약에 의해 녹지 않는 것입니다. 지옥의 중생들은 거기서 태어나고, 거기서 성장하고, 거기에서 죽는 것입니다. 대왕이여, 위대한 스승이신 붓다께서는 이렇게 말씀하셨습니다. '그들은 그렇게 된 악업이 소멸하지 않는 한 죽는 일도 없다'라고."

"잘 알았습니다. 존자 나가세나여."

6. 자연계에 있을 수 없는 것 : 불교도의 우주구조설에 대하여

왕이 물었다.

"존자 나가세나여, 당신네들은 말합니다. '이 대지는 물 위에 떠 있고, 물은 바람 위에 떠 있으며, 바람은 허공 위에 떠 있다'라고. 이 말을 나는 믿지 않습니다."

그래서 나가세나 장로는 법병(法瓶)에 물을 담아 밀린다 왕에게 보이면서 말했다.

"대왕이여, 이 물이 바람에 의해 유지되는 것처럼 세계의 물도 또한 바람에 의해 유지되고 있는 것입니다."

"잘 알았습니다. 존자 나가세나여."

7. 궁극적 이상의 경지 : 열반은 소멸되어 없어지는가

왕이 물었다.

"존자 나가세나여, 열반은 소멸되어 없어지는 것입니까?"

"대왕이여, 그렇습니다. 열반이란 소멸되어 없어지는 것입니다."

"존자 나가세나여, 어째서 열반이 소멸되어 없어지는 것입니까?"

"대왕이여, 모든 어리석은 범부는 안팎의 여섯 가지 영역을 기뻐하고 환영하고 집착하고 있습니다. 그들은 그 흐름에 의해 옮겨다니며 태어나 늙고 죽는 일과 근심·슬픔·고통·절망·우울증으로부터 해탈하지 못하고, 괴로움으로부터 해탈하지 못했다고 나는 말하는 것입니다. 대왕이여, 가르침을 들은 성스러운 제자들은 안팎의 여섯 가지 영역을 기뻐하지 않고 환영하지 않고 집착하지 않습니다. 그가 기뻐하지 않고 환영하지 않고 집착하지 않을 때에는 그에게는 애집이 멸하고, 애집이 멸하기 때문에 집착이 멸하고, 집착이 멸하기 때문에 생존 일반이 멸하고, 생존 일반이 멸하기 때문에 태어남이 멸하고, 태어남이 멸하기 때문에 늙고 죽는 일과 근심·슬픔·고통·절망·우울증이 멸합니다. 이와 같이 하여 이 모든 괴로움의 집합이 멸하는 것입니다. 대왕이여, 이런 이유로 열반은 소멸되어 없어지는 것입니다."

"잘 알았습니다. 존자 나가세나여."

8. 모든 사람은 열반을 얻는가

왕이 물었다.

"존자 나가세나여, 모든 사람은 열반을 얻습니까?"

"대왕이여, 모든 사람이 열반을 얻는 것은 아닙니다. 그러나 대왕이여, 올바른 길을 걷고, 숙지해야 할 법을 숙지하고, 완전히 알아야 할 법을 완전히 알고, 끊어야 할 법을 끊고, 닦아야 할 법을 닦고, 현증(실현)해야 할 법을 현증한 사람은 열반을 얻습니다."

"잘 알았습니다. 존자 나가세나여."

9. 열반이 안락하다는 것을 어떻게 아는가

왕이 물었다.

"존자 나가세나여, 아직 열반을 얻지 못한 사람이 '열반은 안락하다'는 것을 알고 있습니까?"

"대왕이여, 그렇습니다. 아직 열반을 얻지 못한 사람이 '열반은 안락하다'는 것을 알고 있습니다."

"존자 나가세나여, 어떻게 아직 열반을 얻지 못한 사람이 '열반은 안락하다'는 것을 알고 있습니까?"

"대왕이여, 당신은 어떻게 생각하십니까? 수족을 아직 잘린 적이 없는 사람이 '수족을 잘리는 일은 고통스러운 일이다'라고 하는 것을 알고 있을까요?"

"존자여, 그렇습니다. 그들은 알고 있을 것입니다."

"어떻게 알고 있을까요?"

"존자여, 다른 사람이 수족이 절단되었을 때 고통으로 울부짖는 소리를 듣고 '수족을 잘리는 일은 고통스러운 일이다'라고 하는 것을 아는 것입니다."

"대왕이여, 그와 마찬가지로 아직 열반을 얻지 못한 사람들도 열반을 체득한 사람들의 말을 듣고 '열반은 안락한 것이다'라고 하는 것을 압니다."

"잘 알았습니다. 존자 나가세나여."

제5장

1. 붓다의 실재증명

왕이 물었다.

"존자 나가세나여, 당신은 붓다를 직접 보신 적이 있습니까?"

"아닙니다. 대왕이여."

"그러면 그대의 스승은 붓다를 직접 보신 적이 있습니까?"

"아닙니다. 대왕이여."

"존자 나가세나여, 그러면 붓다는 실재하지 않았던 분입니다."

그래서 나가세나는 다음과 같이 반문했다.

"대왕이여, 그러면 당신은 설산에 있는 우하 강을 직접 보신 적이 있습니까?"

"아닙니다. 존자 나가세나여."

"그러면 당신의 아버님은 우하 강을 직접 보신 적이 있습니까?"

"아닙니다. 존자 나가세나여."

"대왕이여, 그러면 우하 강은 실재하지 않는 것입니다."

"존자여, 실재하는 것입니다. 나는 우하 강을 직접 본 적이 없고 또 나의 부왕도 우하 강을 직접 보신 적은 없지만 그러나 우하 강은 실재하는 것입니다."

"대왕이여, 그와 마찬가지로 나는 위대한 스승이신 붓다를 직접 본 적이 없고, 나의 스승님도 붓다를 직접 본 적은 없지만 그러나 위대한 스승이신 붓다는 실재했던 분입니다."

"잘 알았습니다. 존자 나가세나여."

2. 위없는 분 붓다의 증명(1)

왕이 물었다.

"존자 나가세나여, 붓다는 위없는 분입니까?"

"대왕이여, 위대한 스승이신 붓다는 위없는 분입니다."

"존자 나가세나여, 당신은 아직까지 직접 뵌 적이 없는데 '붓다는 위없는 분이다'라고 하는 것을 어떻게 알고 계십니까?"

"대왕이여, 당신은 어떻게 생각하십니까? 대해를 아직까지 직접 본 적이 없는 사람이 '대해는 실로 넓고, 크고, 깊고, 무량하여 바닥을 알기는 어려운 것이다. 거기에는 이 다섯 개의 대하, 즉 갠지스 강, 야마누 강, 아치라바티 강, 사라브 강, 마히 강이 항상 합류하여 흘러들어간다. 그러나 그 대해가 줄어드는 일도 없고 넘치는 일도 없다'고 하는 것을 알겠습니까?"

"존자여, 그렇습니다. 그들은 알고 있을 것입니다."

"대왕이여, 그와 마찬가지로 저는 위대한 불제자들이 완전한 열반을 얻은 것을 보고 '위대한 스승이신 붓다는 위없는 분이다' 라고 하는 것을 압니다."

"잘 알았습니다. 존자 나가세나여."

3. 위없는 분 붓다의 증명(2)

왕이 물었다.

"존자 나가세나여, 사람들은 '붓다는 위없는 분이다' 라는 것을 알 수 있습니까?"

"대왕이여, 그렇습니다. 사람들은 '붓다는 위없는 분' 임을 알 수 있습니다."

"존자 나가세나여, 사람들은 '붓다는 위없는 분이다' 라고 하는 것을 어떻게 알 수 있습니까?"

"대왕이여, 일찍이 팃사 장로라고 하는 서사사(書寫師, 서예가)가 있었습니다. 그가 죽은 지 이미 여러 해가 지났는데 그가 일찍이 존재했었다고 하는 것을 어떻게 알 수 있습니까?"

"존자여, 그가 남긴 서사물에 의해서입니다."

"대왕이여, 그와 마찬가지로 법을 보는 것은 위대한 스승이신 붓다를 뵙는 것입니다. 왜냐하면 대왕이여, 법은 위대한 스승이신 붓다께서 설하신 것이기 때문입니다."

"잘 알았습니다. 존자 나가세나여."

4. 진리를 보는 자는 붓다를 본다

왕이 물었다.

"존자 나가세나여, 당신은 진리(법)를 보신 적이 있습니까?"

"대왕이여, 불제자들은 생명이 있는 한 붓다의 이끄심에 의하고 붓다의 제시한 것에 의하여 생활해야 하지 않겠습니까?(이러한 사실은 우리가 항상 진리를 보고 있다는 것을 증명하는 것입니다)"

"잘 알았습니다. 존자 나가세나여."

5. 윤회의 주체는 옮기지 않는다

왕이 물었다.

"존자 나가세나여, 사람이 죽었을 경우 윤회의 주체가

다음 세상으로 옮기는 일이 없는데도 다시 태어나는 것입니까?"

"대왕이여, 그렇습니다. 하나의 육체에서 다른 육체로 윤회하는 주체가 옮기는 것은 아니지만 그러나 다시 태어납니다."

"존자 나가세나여, 어떻게 해서 하나의 육체에서 다른 육체로 윤회하는 주체가 옮기는 것은 아니지만 그러나 다시 태어납니까? 예를 들어 말씀해 주십시오."

"대왕이여, 예를 들면 어떤 사람이 하나의 등불에서 다른 등불로 불을 붙일 경우 등불이 하나의 등불에서 다른 등불로 옮겨갑니까?"

"존자여, 그렇지는 않습니다."

"대왕이여, 그와 마찬가지로 하나의 육체에서 다른 육체로 윤회하는 주체가 옮기는 것은 아니지만 그러나 다시 태어납니다."

"다시 예를 들어 말씀해 주십시오."

"대왕이여, 당신이 어렸을 때 시인 스승 밑에서 어떤 시를 배운 것을 스스로 기억하고 계십니까?"

"존자여, 그렇습니다."

"대왕이여, 그 시는 스승에게서 당신에게로 옮겨온 것입니까?"

"존자여, 그렇지 않습니다."

"대왕이여, 그와 마찬가지로 하나의 육체에서 다른 육체로 윤회하는 주체가 옮기는 것은 아니지만 그러나 다시 태어납니다."

"잘 알았습니다. 존자 나가세나여."

6. 영혼은 인정되지 않는다

왕이 물었다.

"존자 나가세나여, 영혼이 존재하는 것을 인정할 수 있습니까?"

장로가 답했다.

"대왕이여, 승의(본질적인 면)에 있어서는 영혼은 인정되지 않습니다."

"잘 알았습니다. 존자 나가세나여."

7. 옮겨가는 다른 주체가 있는가

왕이 물었다.

"존자 나가세나여, 이 육체에서 저 육체로 옮겨가는 주체로서의 어떤 생명이 있습니까?"

"대왕이여, 그렇지 않습니다."

"존자 나가세나여, 만일 이 육체에서 저 육체로 옮겨가는 것이 존재하지 않는다면 악업으로부터 벗어나는 일이 가능하겠습니까?"

"대왕이여, 그렇습니다. 만일 다음 세상에 또 태어나는 것이 아니라면 악업으로부터 벗어나게 될 것입니다. 그러나 대왕이여, 다음 세상에 또 태어나기 때문에 악업으로부터 벗어날 수가 없는 것입니다."

"비유를 들어 말씀해 주십시오."

"대왕이여, 어떤 사람이 다른 사람의 망고 나무 열매를 훔쳤다고 합시다. 그 남자는 처벌을 받아야 하겠습니까?"

"존자여, 그렇습니다. 그는 처벌을 받아야 합니다."

"대왕이여, 그 남자는 다른 사람이 심은 망고 열매와 동일한 열매를 훔친 것은 아닙니다. 어떻게 그 남자는 처벌을 받아야 합니까?"

"존자여, 그가 훔친 망고 열매는 다른 사람이 심은 것으로 그 망고에 의존하여 생긴 것입니다. 그러므로 그는 처벌을 받아야 합니다."

"대왕이여, 그와 마찬가지로 사람은 이 현재의 명칭과 형태에 의해 선 또는 악의 행위를 짓고 그 행위(업)에 의해 다른 새로운 명칭과 형태가 다음 세상에 다시 태어나는 것입니다. 그렇기 때문에 그는 악업으로부터 벗어날 수가 없는 것입니다."

"정말 훌륭한 대답이십니다. 존자 나가세나여."

8. 업은 실재하는가

왕이 물었다.

"존자 나가세나여, 이 명칭과 형태(정신과 육체, 즉 우리들의 인격적 개체)에 의해 선 또는 불선의 행위(업)가 이루어집니다. 그들 업은 어디에 머물러 있을까요?"

"대왕이여, 마치 그림자가 형체를 따라 떠나지 않는 것처럼 그들 업은 인격적 개체에 수반하고 있는 것입니다."

"존자여, 그렇다면 '그들 업은 여기에 있다. 또는 저기에 있다' 하여 그들 업을 보여줄 수 있습니까?"

"대왕이여, '그들 업은 여기에 있다. 또는 저기에 있다' 하여 그들 업을 보여줄 수는 없습니다."

"비유를 들어 말씀해 주십시오."

"대왕이여, 당신은 어떻게 생각하십니까? 수목이 아직 과실을 맺지 않았을 때에 '그들 과실은 여기에 있다. 또는 저기에 있다' 하여 그들 과실을 보여줄 수 있겠습니까?"

"존자여, 그렇지 않습니다."

"대왕이여, 그와 마찬가지로 개체의 연속이 끊어지지 않았을 때에 '그들 업은 여기에 있다. 또는 저기에 있다' 하여 그들 업을 보여줄 수는 없습니다."

"정말 멋진 대답이십니다. 존자 나가세나여."

9. 과거 또는 미래에 대한 의식의 연속

왕이 물었다.

"존자 나가세나여, 다음 세상에 다시 태어나는 자는 '나는 다음 세상에 다시 태어날 것이다'라고 하는 것을 알고 있습니까?"

"대왕이여, 그렇습니다. 다음 세상에 다시 태어나는 자는 '나는 다음 세상에 다시 태어날 것이다'라고 하는 것을 알고 있습니다."

"비유를 들어 말씀해 주십시오."

"대왕이여, 이를테면 어떤 농부가 곡식의 씨앗을 밭에 뿌리고 나서 적당하게 비가 내린다면 그는 '곡식이 생길 것이다'라고 하는 것을 알고 있습니까?"

"존자여, 그렇습니다. 그는 알고 있습니다."

"대왕이여, 그와 마찬가지로 다음 세상에 다시 태어나는 자는 '나는 다음 세상에 다시 태어날 것이다'라고 하는 것을 알고 있습니다."

"잘 알았습니다. 존자 나가세나여."

10. 입멸한 붓다의 본체

왕이 물었다.

"존자 나가세나여, 붓다는 실재하는 분입니까?"

"대왕이여, 그렇습니다. 위대한 스승이신 붓다는 실재하는 분입니다."

"존자 나가세나여, 그렇다면 '여기에 계신다'라든가 또는 '저기에 계신다'라든가 하여 붓다를 보여줄 수 있습니까?"

"대왕이여, 위대한 스승이신 붓다는 번뇌를 멸함과 함께 남은 육체를 떠난 열반의 경지〔無餘依涅槃界〕에서 완전한 열반을 달성하셨습니다. '여기에 계신다'라든가 또는 '저기에 계신다'라든가 하여 위대한 스승이신 붓다를 보여줄 수는 없습니다."

"비유를 들어 말씀해 주십시오."

"대왕이여, 당신은 어떻게 생각하십니까? 현재 타고 있는 큰 불의 불꽃이 소멸하였다면 '여기에 있다'라든가 또는 '저기에 있다'라든가 하여 그 불꽃을 보여줄 수 있습니까?"

"존자여, 그렇지 않습니다. 그 불꽃이 소멸하였다면 '여기에 있다'라든가 또는 '저기에 있다'라든가 하여 그 불꽃을 보여줄 수는 없습니다."

"대왕이여, 그와 마찬가지로 위대한 스승이신 붓다는 번뇌를 멸함과 함께 남은 육체를 떠난 열반의 경지에서 완전한 열반을 달성하셨습니다. 이미 소멸하여 버린 위대한 스승이신 붓다의 일을 '여기에 계신다'라든가 또는 '저기에 계신다'라든가 하여 보여줄 수는 없습니다. 대왕이여, 그러

나 위대한 스승이신 붓다를 '법을 몸으로 삼고 계신 것'에
의해 볼 수는 있습니다. 왜냐하면 대왕이여, 법(진리)은 위
대한 스승이신 붓다에 의해 설해졌기 때문입니다."

　"잘 알았습니다. 존자 나가세나여."

제6장

1. 출가자의 육체관

왕이 물었다.

"존자 나가세나여, 출가자에게 육체는 소중한 것입니까?"

"대왕이여, 출가자에게 육체는 소중한 것은 아닙니다."

"존자여, 그러면 어째서 당신들은 육체를 사랑하고 아끼며 내것으로 집착합니까?"

"대왕이여, 당신은 언젠가 싸움에 임했을 때 화살에 맞아보신 적이 있습니까?"

"존자여, 그렇습니다. 있습니다."

"대왕이여, 그 상처에 연고라든가 기름을 바르고 부드러운 붕대를 감았습니까?"

"존자여, 그렇습니다. 그 상처에 연고를 바르고 기름을 바르고 부드러운 붕대를 감았습니다."

"대왕이여, 연고를 바르고 기름을 바르고 부드러운 붕대를 감은 입장에서 본다면 상처가 당신에게 있어서는 소중한 것이었습니까?"

"존자여, 내게 상처가 소중한 것은 아니었습니다. 그런 것이 아니라 거기에 새살이 돋아나게 하기 위해 연고를 바르고 기름을 바르고 부드러운 붕대를 감은 것입니다."

"대왕이여, 그와 마찬가지로 출가자에게 육체는 소중한 것은 아닙니다. 출가자는 몸에 집착하지 않지만 청정한 수행을 돕고 이루기 위해 육체를 보호하는 것입니다. 존경하는 스승이신 붓다께서는 '육체란 상처와 같은 것이다'라고 말씀하셨습니다. 그러므로 출가자는 몸에 집착하지 않지만 육체를 마치 상처와 같이 보호하는 것입니다. 위대한 스승이신 붓다께서는 이런 시구로 노래하셨습니다."

몸은 습기 있고 축축한 피부에 싸인
아홉 개의 문이 있는 큰 종기이다.
부정하고 악취가 나는 것이
여기저기서 흘러나온다.

"잘 알았습니다. 존자 나가세나여."

2. 붓다의 가르침의 실천적 성격

왕이 물었다.

"존자 나가세나여, 붓다는 모든 것을 아시는 분이며 모든 것을 보시는 분입니까?"

"대왕이여, 그렇습니다. 붓다는 모든 것을 아시는 분이며 또한 모든 것을 보시는 분입니다."

"존자 나가세나여, 그러면 붓다는 왜 제자들에게 대하여 순차적으로 배워야 할 것을 제정하셨습니까?"

"대왕이여, 이 지상에 있는 일체 의약을 알고 있는 의사가 있을까요?"

"존자여, 그렇습니다. 있습니다."

"대왕이여, 그 의사는 시기가 왔을 때 병든 사람에게 의약을 복용시킵니까, 혹은 아직 시기가 오지 않았는데 복용시킵니까?"

"존자여, 시기가 왔을 때 병든 사람에게 의약을 복용시키는 것입니다. 시기가 오지 않았는데 복용시키지는 않습니다."

"대왕이여, 그와 마찬가지로 위대한 스승이신 붓다는 모든 것을 아시는 분이며 또한 모든 것을 보시는 분입니다만 제자들에게 대하여 부적당한 때에 배워야 할 것을 제정하시지는 않았습니다. 시기가 왔을 때 제자들에 대하여 생애에 범하지 말아야 할 바의 배워야 할 것을 제정하신 것입니다."

"잘 알았습니다. 존자 나가세나여."

3. 종교신화에 대한 비판 : 붓다가 갖춘 서른두 가지 위인의 특징에 대하여

왕이 물었다.

"존자 나가세나여, 붓다는 서른두 가지 위인의 특징을 갖추고, 여든 가지의 미세한 특징에 의해 장엄되었고, 피부는 금색으로써 황금과 같고, 몸의 주위에 1심[22]의 빛이 있습니까?"

"대왕이여, 그렇습니다. 위대한 스승이신 붓다는 서른두 가지 위인의 특징을 갖추고, 여든 가지의 미세한 특징에 의해 장엄되었고, 피부는 금색으로써 황금과 같고, 몸의 주위에 1심의 빛이 있습니다."

"존자여, 그러면 붓다의 부모도 또한 서른두 가지 위인의 특징을 갖추었고, 여든 가지의 미세한 특징에 의해 장엄되었고, 피부는 금색으로써 황금과 같고, 몸의 주위에 1심의 빛이 있습니까?"

"대왕이여, 그렇지는 않습니다."

"존자 나가세나여, 그대의 말대로 서른두 가지 위인의 특징을 갖추었고, 여든 가지의 미세한 특징에 의해 장엄되었고, 피부는 금색으로써 황금과 같고, 몸의 주위에 1심의 빛이 있다고 하는 붓다가 어떻게 그의 부모로부터 태어났습니까? 아들은 어머니와 같든가, 혹은 어머니와 닮았다든가, 아버지와 같든가, 혹은 아버지와 닮았다든가 해야 하는 것일 텐데요."

장로가 말했다.

"대왕이여, 백 개의 꽃잎을 가진 연꽃이 있습니까?"

"존자여, 그렇습니다. 있습니다."

"그것은 어디서 생겨났습니까?"

"연꽃은 진흙 속에서 생겨나 물 속에서 자랍니다."

"대왕이여, 그 연꽃은 색에 관하여 혹은 향기에 관하여 혹은 맛에 관하여 진흙과 같습니까?"

"존자여, 그렇지는 않습니다."

"또는 색에 관하여 혹은 향기에 관하여 혹은 맛에 관하여 물과 같습니까?"

"존자여, 그렇지는 않습니다."

"대왕이여, 그와 마찬가지로 붓다의 부모는 서른두 가지 위인의 특징을 갖춘 일이 없고, 여든 가지의 미세한 특징에 의해 장엄된 일이 없고, 피부가 황금과 같은 일이 없고, 몸의 주위에 1심의 빛이 없지만 위대한 스승이신 붓다는 서른두 가지 위인의 특징을 갖추었고, 여든 가지의 미세한 특징에 의해 장엄되었고, 피부는 금색으로써 황금과 같고, 몸의 주위에 1심의 빛이 있습니다."

"잘 알았습니다. 존자 나가세나여."

4. 최고의 인격자(지혜를 갖춘 분)

왕이 물었다.

"존자 나가세나여, 붓다는 청정한 수행자입니까?"

"대왕이여, 그렇습니다. 위대한 스승께서는 청정한 수행자입니다."

"존자 나가세나여, 그러면 붓다는 범천[23]의 제자입니까?"

"대왕이여, 당신은 훌륭한 코끼리를 갖고 계십니까?"

"존자여, 그렇습니다. 갖고 있습니다."

"대왕이여, 그 코끼리는 언제 어딘가에서 학의 울음소리를 낸 적이 있습니까?"

"존자여, 그렇습니다. 낸 적이 있습니다."

"대왕이여, 그러면 그 코끼리는 학의 제자입니까?"

"존자여, 그렇지는 않습니다."

"대왕이여, 범천은 지혜를 갖고 있는 분입니까? 아니면 지혜를 갖고 있지 않은 분입니까?"

"존자여, 지혜를 갖고 있는 분입니다."

"대왕이여, 그러면 범천은 위대한 스승 붓다의 제자입니다."

"잘 알았습니다. 존자 나가세나여."

5. 최고의 인격자(계행을 갖춘 분)

왕이 물었다.

"존자 나가세나여, 완전히 갖추어진 계(구족계)는 좋고 아름다운 것입니까?"

"대왕이여, 그렇습니다. 완전히 갖추어진 계는 좋고 아름다운 것입니다."

"존자여, 붓다는 완전히 갖추어진 계를 받은 적이 있습니까, 아니면 없습니까?"

"대왕이여, 위대한 스승이신 붓다께서는 보리수 아래에서 모든 것을 아는 지혜를 얻음과 함께 당신 스스로 완전히 갖추어진 계를 받으셨습니다. 그러나 마치 위대한 스승 붓다께서 제자들을 위해 생애에 범하지 말아야 할 바의 배워야 할 것을 제정하신 것처럼 완비된 계가 다른 사람에 의해 위대한 스승 붓다에게 주어진 것은 아닙니다."

"잘 알았습니다. 존자 나가세나여."

6. 자연의 심정을 초월함과 '법을 사랑하는' 정신

왕이 물었다.

"존자 나가세나여, 어머니가 돌아가셨기 때문에 우는 사람도 있고, 또 법을 사랑하기 때문에 우는 사람도 있습니다. 이들 두 사람 가운데 어느 쪽에 대하여 약이 있습니까? 또 어느 쪽에 대하여 약이 없습니까?"

"대왕이여, 한쪽 사람에게는 탐욕과 혐오와 미망에 의해 더럽혀진 열뇌(熱惱)가 있습니다. 한쪽 사람에게는 희열에 의해 순수무구한 청량함이 있습니다. 대왕이여, 모든 청량한 것은 약입니다. 열뇌는 약이 아닙니다."

"잘 알았습니다. 존자 나가세나여."

7. 해탈한 사람들의 생존

왕이 물었다.

"존자 나가세나여, 아직 탐욕이 있는 자와 이미 탐욕을 떠난 자에 어떤 구별이 있습니까?"

"대왕이여, 한쪽 사람은 탐착하고 한쪽 사람은 탐착하지 않습니다."

"존자여, 탐착하고 있다든가 탐착하고 있지 않다든가는 어떤 것입니까?"

"대왕이여, 한쪽 사람은 욕구하고 한쪽 사람은 욕구하지 않는 것입니다."

"존자여, 나는 이렇게 보고 있습니다. '탐욕을 떠난 자도 탐욕을 떠나지 않은 자도 모두 단단한 음식에서도 연한 음식에서도 좋고 아름답고 맛있는 것을 좋아하지 맛없는 것은 좋아하지 않는다' 라고."

"대왕이여, 탐욕을 떠나지 않은 자는 맛을 감지하면서 또 맛에 대한 탐구를 감지하면서 음식을 먹습니다. 그러나 탐욕을 떠난 자는 마찬가지로 맛을 감지하면서 음식을 먹습니다만, 맛에 대한 탐구를 감지하지는 않습니다."

"잘 알았습니다. 존자 나가세나여."

8. 지혜의 소재

왕이 물었다.

"존자 나가세나여, 지혜는 어디에 있습니까?"

"대왕이여, 어디에도 없습니다."

"존자 나가세나여, 그러면 지혜는 실재하지 않는 것입니까?"

"대왕이여, 바람은 어디에 있습니까?"

"존자여, 어디에도 없습니다."

"대왕이여, 그러면 바람은 실재하지 않는 것입니까?"

"정말 멋진 대답이십니다. 존자 나가세나여."

9. 나고 죽음의 연속으로서의 윤회

왕이 물었다.

"존자 나가세나여, 당신이 '윤회'라고 하는 그 윤회란 무엇입니까?"

"대왕이여, 여기(이 세상)에서 태어난 자는 여기서 죽고 여기서 죽은 자는 저 세상(다른 곳)에서 태어납니다. 저 세상에서 태어난 자는 저 세상에서 죽고 저 세상에서 죽은 자는 다시 다른 곳에 태어납니다. 대왕이여, 이러한 것이 윤회입니다."

"비유를 들어 말씀해 주십시오."

"대왕이여, 이를테면 어떤 사람이 익은 망고 열매를 먹은 뒤 씨앗을 심었다고 합시다. 그리하여 커다란 망고 나무가 성장하여 과실을 맺을 것입니다. 그리고 또 그 사람이 익은 망고 과실을 먹고 종자를 심었다고 합시다. 그 종자에서도 또 커다란 망고 나무가 성장하여 과실을 맺게 될 것입니다. 이와 같이 이들 나무의 끝은 알 수 없습니다. 대왕이여, 그와 마찬가지로 여기서 태어난 자는 여기서 죽고 여기서 죽은 자는 저 세상(다른 곳)에서 태어납니다. 저 세상에서 태어난 자는 저 세상에서 죽고 저 세상에서 죽은 자는 다시 다른 곳에 태어납니다. 대왕이여, 윤회란 이런 것입니다."

"잘 알았습니다. 존자 나가세나여."

10. 기억의 모든 문제 : 기억에 의한 상기

왕이 물었다.

"존자 나가세나여, 아주 오래된 과거 이전에 행했던 일을 상기하는 것은 무엇에 의한 것입니까?"

"대왕이여, 기억에 의한 것입니다."

"존자 나가세나여, 마음에 의해 상기하는 것이지 기억에 의해 상기하는 것은 아니지 않습니까?"

"대왕이여, 당신은 무엇인가 어떤 일을 하고 나서 그것을 잊어버렸던 것을 생각해 내신 적은 없습니까?"

"존자여, 말씀하신 대로입니다."

"대왕이여, 그때에 당신은 마음이 없었습니까?"

"존자여, 그렇지는 않습니다. 그때에는 기억이 없었던 것입니다."

"대왕이여, 그러면 어째서 당신은 '마음에 의해 상기하는 것이지 기억에 의해 상기하는 것은 아니다'라고 말씀하셨습니까?"

"잘 알겠습니다. 존자 나가세나여."

11. 기억의 성립

왕이 물었다.

"존자 나가세나여, 일체의 기억은 자각적 회상에서 생기는 것입니까? 아니면 외부로부터의 시사하는 바에 의해 조성되는 것입니까?

"대왕이여, 기억은 주관적 의식으로부터 생기고 또한 외부로부터도 조성되는 것입니다."

"존자 나가세나여, 말씀대로라고 한다면 모든 기억을 스스로 느끼고 있을 뿐 외부로부터 조성되는 기억은 존재하지 않습니다."

"대왕이여, 만일 외부로부터 조성되는 기억이 존재하지 않는다면 배움을 닦는 사람이 일이라든가 또는 기술이나 학문에 관하여 이루어야 할 것은 아무것도 존재하지 않습니다. 스승도 소용이 없게 됩니다. 대왕이여, 그러나 외부로부터 조성되는 기억이 존재하기 때문에 일이라든가 혹은 기술이나 학문에 관하여 이루어야 할 것이 있고 스승이 필요한 것입니다."

"참으로 훌륭하십니다. 존자 나가세나여."

제7장

1. 열일곱 가지 기억형식

왕이 물었다.

"존자 나가세나여, 기억은 몇 가지 방법에 의해 생기는 것입니까?"

"대왕이여, 기억은 열일곱 가지 방법에 의해 생기는 것입니다. 열일곱 가지 방법이란 무엇일까요? 대왕이여, 그것은 다음과 같습니다."

(1) 기억은 자각적 회상에서 생긴다.
(2) 기억은 외부로부터의 조성에서 생긴다.
(3) 기억은 어떤 주어진 기회의 강도 있는 인상에서 생긴다.
(4) 기억은 이익의 식별에서 생긴다.
(5) 기억은 불이익의 식별에서 생긴다.

(6) 기억은 서로 비슷한 모양에서 생긴다.

(7) 기억은 서로 다른 모양에서 생긴다.

(8) 기억은 이야기를 통한 지식에서 생긴다.

(9) 기억은 특징으로부터 생긴다.

(10) 기억은 생각을 일으키는 데서 생긴다.

(11) 기억은 기호 또는 부호로부터 생긴다.

(12) 기억은 산술(셈)에서 생긴다.

(13) 기억은 암송하는 데서 생긴다.

(14) 기억은 수행하는 데서 생긴다.

(15) 기억은 서적을 참조하는 데서 생긴다.

(16) 기억은 저당물에서 생긴다.

(17) 기억은 일찍이 경험한 일에서 생긴다.

"어째서 기억은 자각적 회상으로부터 생기는 것입니까?"

"대왕이여, 예를 들면 존자 아난다와 부인 신자 쿠줏타라와 아울러 다른 어떤 사람이라도 전생을 기억하는 사람들이 전생을 상기하는 것처럼 이와 같이 기억은 자각적 회상으로부터 생기는 것입니다."

"어째서 기억은 외부로부터의 조성에서 생기는 것입니까?"

"대왕이여, 예를 들면 본래부터 잘 잊어버리는 사람이 있는데 다른 사람이 그에게 생각을 떠올리게 하기 위해 반복하는 것처럼 기억은 외부로부터의 조성에서 생기는 것입니다."

"어째서 기억은 어떤 주어진 기회의 강도 있는 인상에서 생기는 것입니까?"

"대왕이여, 예를 들면 왕위의 즉위관정(즉위식)할 때를 왕은 상기할 것입니다. 혹은 성자로서의 흐름에 밟아 들어간 수행자가 그 과보(예류과, 수다원과)를 얻었을 때 성자는 그때를 상기하는 것입니다. 이와 같이 기억은 어떤 주어진 기회의 강도 있는 인상에서 생기는 것입니다."

"어째서 기억은 이익의 식별에서 생기는 것입니까?"

"예를 들면 어떤 일에 관하여 행복을 얻은 사람이 '이러이러한 일에 관하여 이러한 행복을 얻었다'고 상기하는 것과 같습니다. 이와 같은 기억은 이익의 식별에서 생기는 것입니다."

"어째서 기억은 불이익의 식별에서 생기는 것입니까?"

"예를 들면 어떤 일에 관하여 괴로움을 얻은 사람이 '이러이러한 일에 관하여 이러한 괴로움을 얻었다'고 상기하는 것과 같습니다. 이와 같이 기억은 불이익의 식별에서 생기는 것입니다."

"어째서 기억은 서로 비슷한 모양에서 생기는 것입니까?"

"예를 들면 비슷한 사람을 보고는 어머니 혹은 아버지 혹은 형제 혹은 자매를 상기하는 것과 같습니다. 혹은 낙타 혹은 황소 혹은 노새를 보고 그와 닮은 다른 낙타 혹은 황소 혹은 노새를 상기하는 것과 같습니다. 이와 같이 기억은 서로 비슷한 모양에서 생기는 것입니다."

"어째서 기억은 서로 다른 모양에서 생기는 것입니까?"

"예를 들면 어떤 사물에 대하여 모양은 이러이러하고, 소리는 이러이러하고, 향기는 이러이러하고, 맛은 이러이러하고, 접촉되어져야 할 것은 이러이러하다고 상기합니다. 이와 같이 기억은 서로 다른 모양에서 생기는 것입니다."

"어째서 기억은 이야기를 통한 지식에서 생기는 것입니까?"

"예를 들면 본래 잊어버리기를 잘하는 사람이 있다고 합시다. 다른 사람이 그로 하여금 상기하게끔 하면 그에 의해 그는 생각을 일으킵니다. 이와 같이 기억은 이야기를 통한 지식에서 생기는 것입니다."

"어째서 기억은 특징으로부터 생기는 것입니까?"

"예를 들면 소를 낙인에 의해 알고 특징에 의해 압니다. 이와 같이 기억은 특징으로부터 생기는 것입니다."

"어째서 기억은 생각을 일으키는 데서 생기는 것입니까?"

"예를 들면 본래 건망증이 심한 사람이 있다고 합시다. 그 사람에게 '이봐! 잘 생각해봐. 이봐! 잘 생각해보라구' 하고 반복하여 말해 상기시킵니다. 이와 같이 기억은 생각을 일으키는 데서 생기는 것입니다."

"어째서 기억은 기호 또는 부호로부터 생기는 것입니까?"

"예를 들면 서사(서예)를 배운 것에 의해 이 글자가 끝나면 다음에는 이 글자를 써야 한다고 하는 것을 아는 것처럼 이와 같이 기억은 기호 또는 부호에서 생기는 것입니다."

"어째서 기억은 산술(셈)에서 생기는 것입니까?"

"예를 들면 산술을 배운 것에 의해 계산하는 사람이 큰 수를 계산합니다. 이와 같이 기억은 산술에서 생기는 것입니다."

"어째서 기억은 암송하는 데서 생기는 것입니까?"

"예를 들면 암송을 배운 것에 의해 암송자는 많은 것을 암송하고 있습니다. 이와 같이 기억은 암송하는 데서 생기는 것입니다."

"어째서 기억은 수행하는 데서 생깁니까?"

"예를 들면 이 세상에 있어서 수행승은 많은 과거세의 생존을 상기합니다. 즉 한 생존 두 생존이라고 하는 것처럼 과거세의 생존을 그 정황과 특징까지도 함께 상기합니다. 이와 같이 기억은 수행하는 데서 생기는 것입니다."

"어째서 기억은 서적을 참조하는 데서 생기는 것입니까?"

"예를 들면 왕이 이전의 명령을 상기하고자 할 때 '책을 가져오너라'고 하여 그 책에 의해 상기합니다. 이와 같이 기억은 서적을 참조하는 데서 생기는 것입니다."

"어째서 기억은 저당물에서 생기는 것입니까?"

"예를 들면 저당잡힌 물건을 보고 그것이 저당잡히게 된 사정을 상기합니다. 이와 같이 기억은 저당물로 인해 생기는 것입니다."

"어째서 기억을 일찍이 경험한 일에서 생기는 것입니까?"

"예를 들면 일찍이 보았기 때문에 형태를 상기하고, 일찍이 들었기 때문에 음성을 상기하고, 일찍이 맡았기 때문에 냄새를 상기하고, 일찍이 맛보았기 때문에 맛을 상기하고, 일찍이 접촉해 보았기 때문에 촉감을 상기합니다. 일찍이 식별했기 때문에 사상(법)을 상기합니다. 이와 같이 기억은 일찍이 경험한 일에서 생기는 것입니다. 대왕이여, 기억은 이들 열일곱 가지에서 생기는 것입니다."

"잘 알았습니다. 존자 나가세나여."

2. 염불에 의한 구원

왕이 물었다.

"존자 나가세나여, 당신들은 이와 같이 말합니다. '가령 백 년 동안 악행을 하더라도 임종에 이르러 한 번 부처님을 생각할 수만 있다면 그 사람은 천상에 태어날 수가 있다'라고. 나는 이 말을 믿지 않습니다. 또 당신들은 이와 같이 말합니다. '한 번 살생을 했더라도 지옥에 떨어질 것이다'라고. 나는 이 말도 또한 믿지 않습니다."

"대왕이여, 당신은 어떻게 생각하십니까? 작은 돌이라도 배가 없이 물 위에 뜰 수 있을까요?"

"존자여, 그렇지는 않습니다."

"대왕이여, 백 대의 수레에 실을 만큼 많은 돌이라도 배에 싣는다면 물 위에 뜨겠습니까?"

"존자여, 그렇습니다. 물 위에 뜰 것입니다."

"대왕이여, 선업은 마치 배와 같다고 보아야 할 것입니다."

"잘 알았습니다. 존자 나가세나여."

3. 수행의 목적

왕이 물었다.

"존자 나가세나여, 당신들은 과거의 고통을 버리기 위해 노력하는 것입니까?"

"대왕이여, 그렇지는 않습니다."

"그러면 미래의 고통을 버리기 위해 노력하는 것입니까?"

"대왕이여, 그렇지는 않습니다."

"그러면 현재의 고통을 버리기 위해 노력하는 것입니까?"

"대왕이여, 그렇지는 않습니다."

"만일 당신들이 과거의 고통을 버리기 위해 노력하는 것도 아니고, 미래의 고통을 버리기 위해 노력하는 것도 아니고, 현재의 고통을 버리기 위해 노력하는 것이 아니라면 무슨 목적을 위해 노력하는 것입니까?"

장로가 답했다.

"대왕이여, '원컨대 이 고통은 멸하고 다른 고통은 생기지 않게 되기를' 하고 노력하는 것입니다."

"존자 나가세나여, 그러면 미래의 고통은 존재하는 것입니까?"

"대왕이여, 존재하지 않습니다."

"존자 나가세나여, 당신들은 현재 존재하지도 않는 미래의 고통을 버리기 위해 노력한다고 하니 너무나도 현명이 지나칩니다그려."

"대왕이여, 그러면 당신에게 일찍이 어떤 적국의 왕이 원수나 반대자로서 맞선 일이 있습니까?"

"존자여, 그렇습니다. 있습니다."

"대왕이여, 당신은 그때가 되어서야 비로소 참호를 파게 하고, 보루를 만들게 하고, 성문을 만들게 하고, 망탑을 만들게 하고, 군량미를 반입하게 했습니까?"

"존자여, 그렇지는 않습니다. 그것은 모두 사전에 준비되어 있는 것입니다."

"대왕이여, 혹 당신은 그때가 되어서야 비로소 코끼리 다루는 법을 익히게 하고, 말 다루는 법을 익히게 하고, 전차 다루는 법을 익히게 하고, 활쏘는 법을 익히게 하고, 칼 쓰고 창 쓰는 법을 익히게 하고, 전술을 익히게 했습니까?"

"존자여, 그렇지는 않습니다. 그것은 모두 사전에 익히고 있는 것입니다."

"어떤 목적을 위해서입니까?"

"존자여, 미래의 두려움을 방비하기 위해서입니다."

"대왕이여, 미래의 두려움은 존재하는 것입니까?"

"존자여, 존재하지 않습니다."

"대왕이여, 당신은 현재 존재하지도 않는 미래의 두려움을 방비하기 위해 준비한다고 하니 당신도 또한 너무나도 현명이 지나칩니다그려."

"다시 비유를 들어 설명해 주십시오."

"대왕이여, 당신은 어떻게 생각하십니까? 당신은 목마를 때가 되어서야 비로소 '나는 물을 마시고 싶다'라고 하여 우물을 파게 하고 연못을 파게 하고 저수지를 만들게 합니까?"

"존자여, 그렇지는 않습니다. 그것은 모두 사전에 준비되어 있는 것입니다."

"어떤 목적을 위해서입니까?"

"존자여, 미래의 목마름을 막기 위해 준비되어 있는 것입니다."

"대왕이여, 그러면 미래의 목마름은 존재하는 것입니까?"

"존자여, 존재하지 않습니다."

"대왕이여, 당신은 현재 존재하지도 않는 미래의 목마름을 막기 위해 그것을 준비한다고 하니 당신은 너무나도 현명이 지나칩니다그려."

"다시 비유를 들어 설명해 주십시오."

"대왕이여, 당신은 어떻게 생각하십니까? 당신은 배고플 때가 되어서야 비로소 '식사를 하고 싶다' 라고 하여 밭을 갈게 하고 씨를 뿌리게 합니까?"

"존자여, 그렇지는 않습니다. 그것은 모두 사전에 준비되어 있는 것입니다."

"어떤 목적을 위해서입니까?"

"존자여, 미래의 배고픔을 막기 위해 준비되어 있는 것입니다."

"대왕이여, 미래의 배고픔은 존재하는 것입니까?"

"존자여, 존재하지 않습니다."

"대왕이여, 당신은 현재 존재하지도 않는 미래의 배고픔을 막기 위해 준비한다고 하니 당신은 너무나도 현명이 지나칩니다그려."

"잘 알았습니다. 존자 나가세나여."

4. 신통력을 지닌 자

왕이 물었다.

"존자 나가세나여, 범천계는 여기서 얼마나 먼 거리에 있습니까?"

"범천계는 여기서 멉니다. 큰 집채만한 돌이 그곳으로부터 떨어진다고 한다면 하룻낮 하룻밤에 사만 팔천 요자나씩 떨어지는데 넉 달이 걸려야 지상에 내려앉습니다."

"존자 나가세나여, 당신들은 이렇게 말합니다. '예를 들면 힘센 사람이 혹은 굽혔던 팔을 펴고 혹은 폈던 팔을 굽히는 것처럼 그와 마찬가지로 신통력이 있고 마음이 자재에 달한 수행승은 잠부디파(인도)에서 없어지면 범천계에 나타날 것이다'라고. 나는 이 말을 믿지 않습니다. 이처럼 아주 빠르게 몇백 요자나까지도 갈 수 있을까요?"

장로가 답했다.

"대왕이여, 당신의 출생지는 어디입니까?"

"존자여, 알랙산더라 이름하는 섬이 있습니다. 거기서 나는 태어났습니다."

"대왕이여, 알랙산더는 여기서 어느 정도 거리에 있습니까?"

"존자여, 이백 요자나입니다."

"대왕이여, 당신은 거기서 어떤 일을 하셨을 것입니다. 그것을 지금 생각해낼 수 있습니까?"

"존자여, 그렇습니다. 나는 생각해냅니다."

"대왕이여, 당신은 이백 요자나를 거뜬히 가신 것입니다."

"잘 알았습니다. 존자 나가세나여."

5. 죽은 뒤 다시 태어나기까지의 시간

왕이 물었다.

"존자 나가세나여, 이 세상에서 죽은 사람이 범천계에 태어나는 것과, 이 세상에서 죽은 사람이 카슈미르에 태어나는 것은 어느 쪽이 더디고 어느 쪽이 빠릅니까?"

"대왕이여, 동시입니다."

"비유를 들어 말씀해 주십시오."

"대왕이여, 당신이 태어난 도시는 어디입니까?"

"존자여, 카라시라고 하는 마을이 있습니다. 거기서 나는 태어났습니다."

"대왕이여, 카라시 마을은 여기서 어느 정도 거리에 있습니까?"

"존자여, 이백 요자나입니다."

"대왕이여, 캬슈미르는 여기서 어느 정도 거리에 있습니까?"

"존자여, 십이 요자나입니다."

"대왕이여, 자, 카라시 마을을 생각해 주십시오."

"존자여, 생각했습니다."

"대왕이여, 자, 카슈미르를 생각해 주십시오."

"존자여, 생각했습니다."

"대왕이여, 어느 쪽이 더디게 생각나고 어느 쪽이 빠르게 생각났습니까?"

"존자여, 동시입니다."

"대왕이여, 그와 마찬가지로 이 세상에서 죽은 사람이 범천계에 태어나는 것과 이 세상에서 죽은 사람이 카슈미르에 태어나는 것은 두 사람 모두 동시에 태어나는 것입니다."

"다시 비유를 들어 말씀해 주십시오."

"대왕이여, 당신은 어떻게 생각하십니까? 두 마리의 새가 공중을 날고 있습니다. 그 가운데 한 마리는 높은 나무에 내려앉고 한 마리는 낮은 나무에 내려앉는다고 합시다. 그들이 동시에 내려앉을 때 어느 그림자가 먼저 지상에 비치고 어느 그림자가 더디게 지상에 비치겠습니까?"

"존자여, 동시입니다."

"대왕이여, 그와 마찬가지로 이 세상에서 죽은 사람이 범천계에 태어나는 것과 카슈미르에 태어나는 것은 두 사람 모두 동시에 태어나는 것입니다."

"잘 알았습니다. 존자 나가세나여."

6. 지혜를 돕는 것 : 깨달음을 얻기 위한 일곱 가지 지분

왕이 물었다.

"존자 나가세나여, '깨달음을 얻기 위한 지분'은 몇 개입니까?"

"대왕이여, 일곱입니다."

"존자여, 그 정도의 '깨달음을 얻기 위한 지분'에 의해 깨달음을 얻습니까?"

"대왕이여, 하나의 '깨달음을 얻기 위한 지분'에 의해 깨달음을 얻는 것입니다. 즉 다시 말해 '법을 구별하여 아

는 것'이라는 하나의 '깨달음을 얻기 위한 지분'에 의한
것입니다."

"존자여, 그러면 어째서 '깨달음을 얻기 위한 일곱 가지
지분'이라 하셨습니까?"

"대왕이여, 당신은 어떻게 생각하십니까? 검이 칼집 속
에 거두어들여져 있고 손에 있지 않을 때 베어야 할 것을
벨 수 있습니까?"

"존자여, 불가능합니다."

"대왕이여, 그와 마찬가지로 '법을 구별하여 아는 것'이
라고 하는 하나의 '깨달음을 얻기 위한 지분'이 없다면 다
른 여섯 가지의 '깨달음을 얻기 위한 지분'에 의해서는 깨
달음을 얻을 수가 없습니다."

"잘 알았습니다. 존자 나가세나여."

7. 공덕의 증대에 의한 구원

왕이 물었다.

"존자 나가세나여, 선을 닦았을 때의 복과 악을 저질렀
을 때의 재앙은 어느 쪽이 큽니까?"

"대왕이여, 복이 보다 크고 재앙은 작습니다."

"어째서입니까?"

"대왕이여, 재앙을 만들어낸 사람은 '나는 악행을 저질
렀다'라고 생각하고 후회합니다. 그렇기 때문에 악은 중대

하지 않습니다. 대왕이여, 그러나 복을 만들어낸 사람은 후회하는 일이 없습니다. 후회하는 일이 없는 자에게는 기쁨이 생깁니다. 기쁨이 생긴 자에게는 환희가 생깁니다. 마음에 환희를 간직한 사람은 몸이 편안합니다. 몸이 편안한 사람은 안락을 느낍니다. 안락한 사람은 마음이 통일됩니다. 마음이 통일된 사람은 여실히 이해합니다. 이런 이유에 의해 복이 중대합니다. 대왕이여, 죄를 범하여 형을 받고 손발을 잘린 사람마저도 한 다발의 연꽃을 위대한 스승이신 붓다에게 올린다면 91겁 동안 지옥과 같은 곳에 떨어질 일이 없습니다. 대왕이여, 이런 이유에 의해 나는 '복은 보다 크고 재앙은 작습니다' 라고 말하는 것입니다."

"잘 알았습니다. 존자 나가세나여."

8. 지식의 중시 : 악을 알고 짓는 것과 모르고 짓는 것의 다름

왕이 물었다.

"존자 나가세나여, 악을 알고 있으면서 저지르는 자와 모르고 있으면서 저지르는 자는 어느 쪽이 재앙이 큽니까?"

장로가 답했다.

"대왕이여, 모르고 있으면서 악을 저지르는 쪽의 재앙이 큽니다."

"그렇다면 존자 나가세나여, 우리들 왕자 또는 대신들이 모르고 있으면서 악을 저지른다 한다면 우리는 그에게 두 배의 벌을 가해야겠군요."

"대왕이여, 당신은 어떻게 생각하십니까? 지글지글 끓고 펄펄 끓고 불꽃이 뜨겁고 불꽃이 치솟는 철환을 한 사람은 모르고 잡았고 한 사람은 알고 잡았다면 어느 쪽이 심하게 데겠습니까?"

"존자여, 모르고 잡은 사람 쪽이 심하게 델 것입니다."

"대왕이여, 그와 마찬가지로 모르고 악을 저지르는 자 쪽의 재앙이 큽니다."

"잘 알았습니다. 존자 나가세나여."

9. 신통력과 마음의 자재력

왕이 물었다.

"존자 나가세나여, 이 육체로서 웃다라쿠루(북방의 이상향)에 가고, 범천계 혹은 다른 주에 갈 수가 있겠습니까?"

나가세나는 답했다.

"대왕이여, 이 네 가지 요소로 구성된 육체로서 웃다라쿠루에 가고 혹은 범천계 혹은 다른 주에 갈 수도 있습니다."

"존자 나가세나여, 어떻게 이 네 가지 요소로 구성된 육체로서 웃다라쿠루에 가고 혹은 범천계 혹은 다른 주에 갈 수가 있습니까?"

"대왕이여, 당신은 이 지상에서 한 자 혹은 두 자 정도 뛰어오를 수 있으리라 생각하십니까?"

"그렇습니다. 존자 나가세나여. 나는 8라타니도 뛰어오르리라고 생각합니다."

"대왕이여, 당신은 어떻게 해서 8라타니도 뛰어오른다는 것입니까?"

"존자여, 나는 여기서 뛰어오를 것이라는 마음을 일으키고 그 마음을 일으킴과 함께 나의 몸이 가벼워졌습니다."

"대왕이여, 그와 마찬가지로 신통력이 있고 마음의 자재를 얻은 수행자는 마음 속에 육체를 상승시켜 마음의 힘에 의해 공중을 가는 것입니다."

"잘 알았습니다. 존자 나가세나여."

10. 자연계에 있을 수 없는 것 : 백 요자나의 긴 뼈

왕이 물었다.

"존자 나가세나여, '백 요자나나 되는 긴 뼈가 있다'고 당신은 말했습니다. 아직 수목으로서도 백 요자나나 되는 것은 존재하지 않았습니다. 어떻게 해서 백 요자나나 되는 긴 뼈가 있겠습니까?"

"대왕이여, 당신은 어떻게 생각하십니까? 대해에는 백 요자나보다도 긴 어떤 물고기가 있다는 말을 당신은 들은 적이 있습니까?"

"존자여, 그렇습니다. 들은 적이 있습니다."

"대왕이여, 백 요자나 길이의 물고기에는 백 요자나 길이의 뼈도 또한 존재하지 않겠습니까?"

"잘 알았습니다. 존자 나가세나여."

11. 초인적인 생리현상

왕이 물었다.

"존자 나가세나여, 당신들은 '내쉬는 숨과 들이마시는 숨을 멈출 수가 있다'고 말했다지요?"

"대왕이여, 그렇습니다. 내쉬는 숨과 들이마시는 숨을 멈출 수가 있습니다."

"존자 나가세나여, 어떻게 내쉬는 숨과 들이마시는 숨을 멈출 수가 있습니까?"

"대왕이여, 당신은 어떻게 생각하십니까? 당신은 누군가가 코 고는 소리를 들은 적이 있습니까?"

"존자여, 그렇습니다. 들은 적이 있습니다."

"대왕이여, 그런데 그 코 고는 소리는 몸을 굽힐 때 멈추지 않습니까?"

"존자여, 그렇습니다. 멈출 것입니다."

"대왕이여, 그 코 고는 소리는 몸을 수양하지 않고 계율을 닦지 않고 마음을 수양하지 않고 지혜를 닦지 않은 자에게 있어서도 몸을 굽힐 때는 멈출 수 있을 것입니다. 하물며 몸을 수양하고 계율을 닦고 마음을 수양하고 지혜를 닦아 제사선(第四禪)에 달한 자에게 있어서야 내쉬는 숨과 들이마시는 숨을 어떻게 멈출 수 없겠습니까?"

"잘 알았습니다. 존자 나가세나여."

12. 자연계의 사상, 바다에 관한 논의

왕이 물었다.

"존자 나가세나여, '바다' '바다' 하고 일컬어지는 말이 있습니다. 어떤 이유에 의해 물이 바다라 불려지는 것입니까?"

장로가 답했다.

"대왕이여, 물이 있는 만큼 소금이 있고 소금이 있는 만큼 물이 있습니다. 그에 의해 '바다'라고 일컬어지는 것입니다."

"좋습니다. 존자 나가세나여."

왕이 물었다.

"존자 나가세나여, 어떤 이유로 바다는 동일한 맛을 지닌 짠맛을 갖고 있습니까?"

"대왕이여, 물이 영구히 존재하고 있기 때문에 바다는 동일한 맛을 지닌 짠맛을 갖고 있는 것입니다."

"잘 알았습니다. 존자 나가세나여."

13. 지혜의 절단작용

왕이 물었다.

"존자 나가세나여, 매우 미세한 것을 절단할 수가 있습니까?"

"대왕이여, 그렇습니다. 매우 미세한 것을 절단할 수가 있습니다."

"존자여, 그러면 매우 미세한 것은 무엇입니까?"

"대왕이여, 매우 미세한 것은 법입니다. 그러나 모든 법이 다 미세한 것은 아닙니다. 모든 법은 혹은 미세하고 혹은 거칠고 크다고 합니다. 절단되어야 할 모든 것은 모조리 지혜에 의해 절단하는 것입니다. 지혜를 절단할 수 있는 제2의 것은 존재하지 않습니다."

"잘 알았습니다. 존자 나가세나여."

14. 영혼과 정신작용의 구별

왕이 물었다.

"존자 나가세나여, 혹은 식별이라 하고 혹은 지혜라 하고 혹은 살아 있는 것들에 있어서 개체적 자아(영혼)라고도 하는데 이들 모든 법은 의의도 다르고 문자도 달리하고 있습니까? 아니면 또 의의는 같은데 문자만 달리하고 있는 것입니까?"

"대왕이여, 식별은 구별하여 아는 것을 특질로 하고 지혜는 밝게 아는 것을 특질로 하고 있습니다만, 살아 있는 것들에 있어서 개체적 자아가 존재한다고 하는 것은 인정되지 않습니다."

"만일 개체적 자아가 존재하는 것이 인정되지 않는다면, 어떤 것이 눈에 의해 형태를 보고, 귀에 의해 소리를 듣고, 코에 의해 냄새를 맡고, 혀에 의해 맛보고, 신체에 의해 접촉되어야 할 것에 접촉되고, 뜻에 의해 사상(법)을 식별하는 것입니까?"

장로가 말했다.

"만일 개체적 자아가 눈에 의해 형태를 보고, 귀에 의해 음성을 듣고, 코에 의해 냄새를 맡고, 혀에 의해 맛보고, 신체에 의해 접촉되어야 할 것에 접촉되고, 뜻에 의해 사상을 식별하는 것이라면 눈의 문이 제거될 때 안에 있는 이 개체적 자아는 얼굴을 밖으로 내놓고 대허공을 통해 형태를 한층 더 잘 볼 것입니다. 또 귀의 문이 제거되고, 코의 문이 제거되고, 혀의 문이 제거되고, 몸(피부)의 문이 제거될 때에는 안에 있는 개체적 자아는 대허공을 통해 한층 더 잘 음성을 듣고, 냄새를 맡고, 맛을 보고, 접촉되어야 할 것에 접촉될 것입니다."

"존자여, 그렇지는 않습니다."

"대왕이여, 그렇다면 살아 있는 것에 있어서 개체적 자아가 존재한다고 하는 것은 인정되지 않습니다."

"잘 알았습니다. 존자 나가세나여."

15. 뛰어난 심리현상의 분석

장로가 말했다.

"위대한 스승 붓다께서는 어려운 일을 하셨습니다."

"존자 나가세나여, '위대한 스승 붓다께서는 어려운 일을 하셨습니다'라고 하는 것은 어떤 일입니까?"

"대왕이여, 위대한 스승 붓다께서는 어려운 일을 하셨습니다. 즉 어떤 감관의 대상에 대하여 작용하는 바는 물질적인 것이 아니라는 것입니다. 이들 마음과 마음의 작용인 모든 법의 구별과 확정을 설하셨습니다. '이것은 접촉이다. 이것은 감수다. 이것은 표상이다. 이것은 의사다. 이것은 마음이다'라고."

"비유를 들어 설명해 주십시오."

"대왕이여, 예를 들면 어떤 사람이 배를 타고 바다에 나가 손주걱으로 바닷물을 퍼 혀로 맛보았다고 한다면 그 사람은 '이것은 갠지스 강의 물이다. 이것은 야무나 강의 물이다. 이것은 아치라바티 강의 물이다. 이것은 사라브 강의 물이다. 이것은 마히 강의 물이다'라는 것을 알 수 있겠습니까?"

"존자여, 그것을 아는 일은 곤란합니다."

"대왕이여, 그보다 더욱 어려운 일을 위대하신 스승 붓다께서는 하셨습니다. 즉 어떤 감관의 대상에 대하여 작용하는 바는 물질적인 것이 아니라는 것입니다. 이들 마음과 마음의 작용인 모든 법의 구별과 확정을 설하셨습니다. '이것은 접촉이다. 이것은 감수다. 이것은 표상이다. 이것은 의사다. 이것은 마음이다' 라고."

"참으로 아름다운 일입니다. 존자여."

왕은 따라서 기뻐하였다.

16. 대론을 끝내며

장로가 물었다.

"대왕이여, 지금 몇 시인지 알고 계십니까?"

"존자여, 알고 있습니다. 지금은 초저녁이 지나고 밤중이 시작될 무렵입니다. 횃불이 켜져 있습니다. 네 개의 깃대가 세워지고 왕(밀린다왕이 자신을 가리키는 말)의 선물이 당신을 위해 창고로부터 운반되고 있습니다."

요나카인들은 이렇게 왕에게 말했다.

"대왕이여, 참으로 훌륭하십니다. 수행자는 현자입니다."

"경들이여, 그렇다. 장로는 현자다. 그와 같은 스승이 있고 더욱이 나와 같은 제자가 있다면 현자는 진리를 터득하는 데 긴 시간을 필요로 하지 않을 것이다."

그의 물음에 대한 해답에 만족한 왕은 나가세나 장로에게 값이 백천 금이나 나가는 모직의 옷을 선물하고 나서 이렇게 말했다.

"존자 나가세나여, 오늘 이후로 팔백 일 동안 나는 당신에게 식사를 대접하겠습니다. 궁중에 있는 것 가운데 스님으로서의 당신에게 허락된 적당한 것은 무엇이든 헌정하겠습니다."

"대왕이여, 그만 하십시오. 나는 생활할 수 있습니다."

"존자 나가세나여, 당신이 생활할 수 있음을 나는 알고 있습니다. 그러나 자신을 보호하여 주십시오. 또 나를 보호해 주십시오. 어떻게 자신을 보호하는가 하면 '나가세나는 밀린다왕에게 깨끗한 신앙을 일으키게 하였지만 아무것도 얻은 것이 없었다'라고 하는 세상의 악평이 닥쳐올 것입니다. 그러므로 이런 식으로 선물을 받음에 의해 자신을 보호해 주십시오. 또 어떻게 당신이 나를 보호해 주는가 하면 '밀린다왕은 깨끗한 신앙을 얻었으면서도 깨끗한 신앙을 얻었다고 하는 징표를 보이지 않았다'는 세상의 악평이 닥쳐올 것입니다. 그러므로 이런 식으로 선물을 받음에 의해 나를 보호해 주십시오."

"대왕이여, 그러면 그렇게 해주십시오."

"존자여, 사자왕은 황금우리 속에 들어가더라도 빠져나오려는 생각으로 얼굴을 밖으로 향합니다. 그와 마찬가지로 나는 재가의 생활을 하고 있지만 출가하고자 하는 생각으로 얼굴을 밖으로 향합니다. 존자여, 그러나 만일 내가 재가로부터 집을 버리고 출가한다면 오랫동안 출가생활을 하지는 못할 것입니다. 왜냐하면 출가의 생각을 막으려는 나의 적이 많기 때문입니다."

그래서 존자 나가세나는 밀린다왕의 물음에 대답하고 나서 자리에서 일어나 승원으로 돌아갔다. 존자 나가세나가 가고 나서 잠시 후 밀린다왕은 생각했다.

'나는 무엇을 질문하였는가, 존자는 무엇을 대답하였는가?'

그리고 밀린다왕은 결론지었다.

'나는 모든 것을 바르게 질문하였고 존자는 모든 것을 바르게 대답하였다.'

승원으로 돌아온 존자 나가세나도 또한 생각했다.

'밀린다왕은 무엇을 질문하였는가, 나는 무엇을 대답하였는가?'

그리고 결론지었다.

'밀린다왕은 모든 것을 바르게 질문하였고 나는 모든 것을 바르게 대답하였다.'

이리하여 존자 나가세나는 그 밤이 지나고 다음날 아침 내의를 입고 상의와 발우를 가지고 밀린다왕이 머무는 궁전으로 나아갔다. 가서는 마련된 자리에 앉았다. 밀린다왕은 존자 나가세나에게 인사를 하고 한쪽에 앉았다. 한쪽에 앉은 밀린다왕은 존자 나가세나에게 이렇게 말했다.

"존자 나가세나여, 당신은 이렇게 생각하지 말아 주십시오. '나는 나가세나에게 질문을 했다고 하는 기쁨 때문에 그날 밤 밤새도록 잠을 자지 않았다'라고. 이와 같이 보지 말아 주십시오. 존자여, 나는 그날 밤 밤새 이런 생각에 잠

겨 있었습니다. '나는 무엇을 질문하였는가, 존자는 무엇을
대답하였는가' 라고. '나는 모든 것을 바르게 질문하였고
존자는 모든 것을 바르게 대답하였다' 라고."

　장로도 또한 이렇게 말했다.

　"대왕이여, 당신은 이렇게 생각하지 말아 주십시오. '나
는 밀린다왕의 질문에 답하였다고 하는 기쁨 때문에 그날
밤 밤새도록 잠을 자지 않았다' 라고. 이와 같이 보지 말아
주십시오. 대왕이여, 나는 그날 밤 밤새 이런 생각에 잠겨
있었습니다. '밀린다왕은 무엇을 질문하였는가, 나는 무엇
을 대답하였는가' 라고. '밀린다왕은 모든 것을 바르게 질
문하였고 나는 모든 것을 바르게 해답하였다' 라고."

　이렇게 해서 그들 두 현자는 서로 올바르게 말한 것을
기쁘게 여겼다고 한다.

제 2 편 논란(論難)

서(序)

물음의 근거

의론가이고 궤변가이며
지성이 뛰어나고 예민한 밀린다왕은
지혜를 개발하기 위해 나가세나를 방문했다.

그(나가세나)의 비호 아래 있으면서
여러 차례 질문을 하면서
지혜를 개발하는 자가 된 그도 또한
삼장을 통달한 사람이 되었다.

한밤중에 홀로 조용하게 아홉 가지의 가르침을
연구하면서 풀기 어렵고 논란을 일으키는
여러 가지 난문을 발견하였다.

그래서 왕은 생각했다.

법왕(붓다)의 가르침에 있어서
어떤 것은 순차적으로 설명되었고
어떤 것은 연관지어 설해졌으며
어떤 것은 진리 그 자체를 설하고 있다.

승자(붓다)께서 설하신 난문에 있어서
그 의의를 식별하지 못하면
미래에 있어서 논쟁은 일어나리라.

자, 논사(나가세나)를 믿고 따라
난문을 그에게서 해결하리라.
그의 지시대로 진리의 길에 의해
미래에 있어서 사람들은 그 길을 현시하리라고.

한편, 밀린다왕은 날이 밝고 아침해가 솟았을 때 머리를
감고 합장하여 과거, 미래, 현재에 있어서 완전하게 깨달은
사람(부처님)을 생각하면서 여덟 가지 서약의 계를 지키기
로 맹세하고 나서 중얼거렸다.
　'지금부터 앞으로 이레 동안 나는 여덟 가지 덕목을 지
키고 고행을 행할 것이다. 그리고 나는 고행을 닦는다면
스승(나가세나)을 만족시킨 뒤 난문을 질문하자.'
　그리고 밀린다왕은 평복을 입고 갖가지 장식을 떼고 법

의를 몸에 걸치고 머리에 두건을 쓰고 침묵하는 성자의 자세가 되어 여덟 가지 덕목을 지키려고 서원했다.

'이 이레 동안 나는 왕으로서의 힘써야 할 정치를 행해서는 안 된다. 나는 탐욕을 수반한 마음을 일으켜서는 안 된다. 노여움을 수반한 마음을 일으켜서는 안 된다. 미망을 수반한 마음을 일으켜서는 안 된다. 모든 노비와 사역인과 시신들에 대해서는 겸허하게 행동할 것이다. 신체에 의한 행위와 언어에 의한 행위를 탐욕 등 악한 마음으로부터 보호하지 않으면 안 된다. 여섯 가지 영역(여섯 가지 감각기관에 있어서 대상과의 대응관계)도 남김없이 보호하지 않으면 안 된다. 마음의 작용을 사랑하는 실천으로 향하지 않으면 안 된다.'

이들 여덟 가지 덕목을 마음에 지키기로 서약하고 마음의 작용을 이들 여덟 가지의 덕목에 집중시켜 집에서 밖으로 나가는 일이 없었다. 그리하여 이레가 지나고 여드레째가 되었다. 날이 밝았을 때 왕은 일찍 아침식사를 마쳤다. 그리고 눈을 내리뜨고 말을 삼가며 위의를 올바르게 지니고 마음을 흐트러지지 않게 했다. 뛸듯이 기쁘고 만족하여 장로 나가세나에게로 가까이 갔다. 그리고 장로의 발에 머리를 대어 경례하고 한쪽에 서서 이렇게 말했다.

"존자 나가세나여, 당신과 함께 조용히 의논할 어떤 사항이 나에게 있습니다. 나는 어느 누구든 제삼자가 거기에 있는 것을 원하지 않습니다. 여덟 가지 조건을 구비하고 출가자에게 적당한 곳, 사람이 없는 넓은 장소, 사람들이 살고 있는 마을에서 떨어진 숲 속에서 그 질문이 던져져야 겠습니다. 거기에 있어서는 감추고 숨겨야 할 가르침은 없습니다. 우리가 깊은 의논에 들어갔을 때 나는 비밀의 가르침을 들을 가치가 있습니다. 그 문제는 비유에 의해 분명하게 될 것입니다. 마치 다음과 같습니다. 존자 나가세나여, 이를테면 재보를 숨기려고 할 때 대지야말로 은닉할 가치가 있는 것처럼. 존자 나가세나여, 그와 마찬가지로 우리도 깊은 의논에 들어갔을 때 나는 비밀의 가르침을 들을 가치가 있습니다."

왕은 스승과 함께 마을에서 떨어진 숲 속으로 들어간 뒤 이렇게 말했다.

"존자 나가세나여, 여기서 담론을 하려고 희망하는 사람에게 있어서 피해야 할 여덟 가지 장소가 있습니다. 그들 여덟 가지 장소에서 지자(智者)는 문제를 담합하지 않습니다. 담론이 이루어진다 하더라도 문제는 붕괴되어 결론에 이르지 않는 것입니다. 무엇이 여덟 가지 장소일까요? 평탄하지 않은 장소, 공포를 주는 장소, 바람이 강하게 부는 장소, 은폐된 장소, 신성시되는 지역, 도로, 다리, 수영장 등 여덟 가지 장소는 피해야 합니다."

장로는 물었다.

"어떤 결점이 평탄하지 않은 장소, 공포를 주는 장소, 바람이 강하게 부는 장소, 은폐된 장소, 신성시되는 지역, 도로, 다리, 수영장에 있는 것입니까?"

"존자 나가세나여, 평탄하지 않은 장소에서 담론하면 문제가 산란하고 흩어지고 유출되고 결론을 내지 못하는 것입니다. 공포를 주는 장소에 있어서는 마음이 두려워 떨고 두려워 떨면 문제를 바르게 관찰할 수가 없습니다. 바람이 강하게 부는 장소에 있어서는 말소리가 명료하지 못하게 됩니다. 은폐된 장소에 있어서는 사람들이 서서 듣습니다. 신성시되는 지역에서 담론하면 문제는 답답한 것으로 변해 버립니다. 도로에서 담론하면 문제는 공허한 것으로 됩니다. 다리에 있어서는 동요합니다. 수영장에 있어서는 세속의 이야기가 됩니다. 그렇기 때문에 이렇게 말하곤 합니다.

'평탄하지 않은 장소, 공포를 주는 장소, 바람이 강하게 부는 장소, 은폐된 장소, 신성시되는 지역, 도로, 다리, 수영장 이들 여덟 곳을 피해야 한다'고.

존자 나가세나여, 다음으로 이들 여덟 부류의 사람은 담론할 때 담론하는 문제를 손상시키는 자입니다. 여덟 부류의 사람이란 어떤 것일까요? 탐하는 생활을 하는 사람, 화내는 생활을 하는 사람, 미망의 생활을 하는 사람, 교만한 생활을 하는 사람, 탐욕스런 사람, 게으른 사람, 한 가지 일밖에 모르는 사람, 어리석은 사람 등 이들 여덟 부류의 사람은 담론하는 문제를 손상시키는 자들입니다."

장로는 물었다.

"그들에게는 어떤 과실이 있습니까?"

"존자 나가세나여, 탐하는 생활을 하는 사람은 탐심 때문에 담론하는 문제를 상실합니다. 성내는 생활을 하는 사람은 성냄 때문에 담론하는 문제를 상실하고, 미망의 생활을 하는 사람은 미망 때문에 담론하는 문제를 상실하고, 교만한 생활을 하는 사람은 교만 때문에 담론하는 문제를 상실하고, 탐욕스런 생활을 하는 사람은 탐욕 때문에 담론하는 문제를 상실하고, 게으른 생활을 하는 사람은 게으름 때문에 담론하는 문제를 상실하고, 한 가지 일밖에 모르는 사람은 한 가지 일밖에 모르는 것 때문에 담론하는 문제를 상실하고, 어리석은 생활을 하는 사람은 어리석음 때문에 담론하는 문제를 상실합니다. 그렇기 때문에 이렇게 말해지는 것입니다.

'탐하는 생활을 하는 사람, 화내는 생활을 하는 사람, 미망의 생활을 하는 사람, 교만한 생활을 하는 사람, 탐욕스런 사람, 게으른 사람, 한 가지 일밖에 모르는 사람, 어리석은 사람, 이들 여덟 부류의 사람은 담론하는 문제를 손상시키는 자다' 라고.

존자 나가세나여, 다음의 이들 아홉 부류의 사람은 담론한 비밀을 폭로하여 비밀을 유지하지 못합니다. 아홉 부류의 사람이란 어떤 것일까요? 탐하는 생활을 하는 사람, 화내는 생활을 하는 사람, 미망의 생활을 하는 사람, 속병이 든 사람, 재물을 중시하는 사람, 부인, 술을 좋아하는 사람, 거세된 사람, 어린애 등입니다."

"그들에게는 어떤 과실이 있습니까?"

"존자 나가세나여, 탐하는 생활을 하는 사람은 탐심 때문에 담론한 비밀을 유지하지 못합니다. 성내는 생활을 하는 사람은 성냄 때문에 담론한 비밀을 유지하지 못합니다.

미망의 생활을 하는 사람은 미망 때문에 담론한 비밀을 유지하지 못합니다. 속병이 든 사람은 속병 때문에 담론한 비밀을 유지하지 못합니다. 재물을 중시하는 사람은 재물 때문에 담론한 비밀을 유지하지 못합니다. 부인은 지혜가 낮고 열등하기 때문에 담론한 비밀을 유지하지 못합니다. 술을 좋아하는 사람은 슬라술을 좋아하기 때문에 담론한 비밀을 유지하지 못합니다. 거세된 사람은 과도하게 정욕을 좋아하기 때문에 담론한 비밀을 유지하지 못합니다. 어린애는 마음이 동요하기 때문에 담론한 비밀을 유지하지 못합니다. 그렇기 때문에 이렇게 말해지는 것입니다.

'탐하는 생활을 하는 사람, 화내는 생활을 하는 사람, 미망의 생활을 하는 사람, 속병이 든 사람, 재물을 중시하는 사람, 부인, 술을 좋아하는 사람, 거세된 사람, 어린애 등 이들 아홉 부류의 사람은 세간에 있어서 저열하고 경박하고 동요하는 자다. 담론한 비밀은 이들 사람에 의해 시나브로 세속의 것이 된다'라고.

존자 나가세나여, 지혜는 여덟 가지 방법에 의해 진전하고 성숙합니다. 무엇이 여덟 가지 원인일까요? 지혜는 나이가 들어감에 따라 진전하고 성숙합니다. 지혜는 명성을 더해감에 따라 진전하고 성숙합니다. 지혜는 물음을 발하는 데 의해 진전하고 성숙합니다. 지혜는 조사와 함께 머무는 데 의해 진전하고 성숙합니다. 지혜는 올바른 주의에 의해 진전하고 성숙합니다. 지혜는 대담에 의해 진전하고 성숙합니다. 지혜는 친하고 사랑하는 사람들과 사귀는 데 의해 진전하고 성숙합니다. 지혜는 적당한 지역에 머무는 데 의해 진전하고 성숙합니다. 그러므로 이렇게 말합니다.

'나이가 듦, 명성이 더해감, 물음을 발하는 것, 조사와 함께 머묾, 올바른 주의, 대담, 친애하는 사람들과의 사귐, 적당한 곳에 사는 일, 이들 여덟 가지 근거는 지혜를 밝고 깨끗하게 하는 것이요 이들을 갖춘 사람들에게 지혜의 꽃이 핀다' 라고.

존자 나가세나여, 이 지역은 담론에 관한 여덟 가지 장애로부터 벗어난 곳입니다. 그리고 나는 이 세상에 있어서 최상의 담론의 벗입니다. 나는 또한 비밀을 지키는 사람입니다. 나는 살아 있는 한 비밀을 지킬 것입니다. 또 여덟 가지 방법에 의해 나는 지혜가 진전합니다. 이제 나와 같은 제자는 얻기 어려울 것입니다.

올바르게 실천하는 제자에 대하여 스승은 스물다섯 가지의 스승의 덕을 올바르게 실천해야 합니다. 무엇이 스물다섯 가지일까요? 존자여.

(1) 스승은 제자에 대하여 항상 부단히 수호를 확립해야 한다.
(2) 제자의 익혀야 할 것과 익히지 말아야 할 것을 알아야 한다.
(3) 제자의 부지런함과 게으름을 알아야 한다.
(4) 제자의 수면의 시기를 알아야 한다.
(5) 제자의 병(건강)을 늘 알고 있어야 한다.

(6) 제자가 섭취해야 할 음식물과 섭취해서는 안될 음식물을 알아야 한다.

(7) 제자의 특성(특기, 개성)을 알아야 한다.

(8) 발우의 음식물을 제자들에게 나누어 주어야 한다

(9) '두려워 말라! 너의 성적은 진보할 것이다'라고 제자를 격려해야 한다.

(10) 이러이러한 사람과 왕래한다고 하는 제자의 교제관계를 알아야 한다.

(11) 마을에 있어서 제자의 교제를 알아야 한다.

(12) 정사에 있어서 제자의 교제를 알아야 한다.

(13) 제자와 쓸데없는 얘기를 해서는 안 된다.

(14) 제자의 허물을 보더라도 관용하지 않으면 안 된다.

(15) 철저하게 가르쳐야 한다.

(16) 생략하는 것 없이 가르쳐야 한다.

(17) 감추는 것 없이 가르쳐야 한다.

(18) 남기는 바 없이 가르쳐야 한다.

(19) '나는 학문과 예술에 있어서 이 제자를 낳았다'라고 하는 친어버이와 같은 마음을 확립해야 한다.

(20) '어떻게 하면 이 제자는 퇴보하지 않고 걸어갈까' 하고 학문과 예술을 향상시키려고 하는 마음을 확립해야 한다.

(21) '나는 학력을 익혀감에 의해 이 제자를 유력한 자로 만들리라'라고 하는 마음을 확립해야 한다.

(22) 사랑하는 마음을 확립해야 한다.

(23) 곤경에 처했을 때에는 내버려두어서는 안 된다.

(24) 제자에게 해주어야 할 일을 등한히 해서는 안 된다.

(25) 제자가 실패했을 때에는 올바르게 격려해 주어야 한다.

존자여, 이것이 스승이 지켜야 할 스물다섯 가지 스승의 덕입니다. 이들 덕목에 의해 당신은 나에 대하여 올바르게 실천하셔야 합니다. 존자여, 나에게 의문이 생겼습니다. 승자(勝者 : 붓다)께서 설하신 난문이 있습니다만 그들에 대해서 미래에 논쟁이 일어날 것입니다. 그러나 미래에 있어서 당신처럼 지혜 있는 사람은 얻기 어려울 것입니다. 이들 나의 질문에 지혜의 빛나는 눈을 주시고 반대자의 논을 조복해 주십시오."

장로가 승낙했다.

"잘 알았습니다."

그리고 장로는 속세에 있는 신도가 지켜야 할 열 가지 덕목을 설명하였다.

"대왕이여, 신도가 지녀야 할 이들 열 가지 덕이 있습니다. 무엇이 열 가지일까요? 그것은 다음과 같습니다.

(1) 상가와 고락을 함께 한다.

(2) 붓다의 가르침을 길잡이로 한다.

(3) 될 수 있는 한 시주하는 것을 기뻐한다.

(4) 승자의 가르침이 쇠하는 것을 보면 그를 회복하려고

노력한다.

(5) 올바른 견해를 가져야 한다.

(6) 흥미를 돋우는 일에 마음을 기울이지 않고 또 생활을 위해 남의 스승이 되지 않는다.

(7) 몸과 언어에 의한 행위(신업과 구업)를 삼간다.

(8) 화합을 즐거워하고 화합을 사랑하고 좋아한다.

(9) 질투가 심하지 않고 또 거짓으로 붓다의 가르침을 실천하지 않는다.

(10) 붓다에게 귀의하고 붓다의 가르침에 귀의하고 상가에 귀의한다.

대왕이여, 이들이 신도가 지녀야 할 신도의 열 가지 덕입니다. 그들 모든 덕목은 당신이 지키기 때문에 존재하는 것입니다. 당신이 승자의 가르침이 쇠하는 것을 보고 그 번영을 원하는 것은 당신에게 상응하고 어울리고 적합하고 적당합니다. 나는 당신이 말씀하시는 것을 듣도록 하겠습니다. 당신이 하고픈 대로 나에게 질문하십시오."

제1장

1. 붓다에 대한 공양의 효력과 무효

그때 밀린다왕은 질문할 것을 허락받고 스승(나가세나)의 발에 머리와 얼굴을 대어 공경히 합장 예배하고 이렇게 말했다.

"존자 나가세나여, 그들 다른 학파의 사람들은 이렇게 말합니다.

'만일 붓다가 공양을 받아 주신다면 붓다는 완전하게 열반하신(완전한 깨달음의 경지에 도달한) 것은 아니다. 왜냐하면 붓다는 세간과 결합하고 세간 속에 존재하고 세간에 있어서 세간과 공통하는 분이기 때문이다. 그러므로 그를 위해 하는 공양은 무효이고 결과를 낳지 못하는 것이다. 또 다른 한편 만일 붓다가 완전하게 열반하신 것이라면 붓다는 세간과 결합하지 않고 모든 존재로부터 이탈해 있기 때문에 그에 대하여 공양은 불필요하다. 왜냐하면 완전하게 돌아가신(열반한) 자는 어떤 물건도 받을 수가 없다. 어떤 것도 받을 수 없는 분(붓다)에 대하여 이루어지는 공양은 무효이고 결과가 없는 것이기 때문이다' 라고.

이것은 양도논법[24]입니다. 이것은 마음이 숙달되지 않은 사람들이 해답할 영역은 아닙니다. 이것은 뛰어난 사람이 해답할 영역입니다. 모쪼록 이 사견의 그물을 파하고 결론을 내려 주십시오. 이 물음은 당신에게 제출되었습니다. 미래 승자의 아들(불자)들에게 지혜의 눈을 주시고 그에 의해 반대자의 논을 정복시켜 주십시오."

장로는 말했다.

"대왕이여, 존경하는 스승(붓다)은 완전히 열반하신 분입니다. 그러므로 존경하는 스승은 공양을 받지 않습니다. 깨달음을 여신 곳, 보리수 아래에서조차 붓다는 공양을 받는 일을 포기하신 분입니다. 하물며 재생을 초래할 일이 없는 열반의 경지에서 완전하게 돌아가신 붓다에게 있어서는 당연합니다. 대왕이여, 법의 장군인 사리풋타 장로는 다음과 같은 게를 설하고 있습니다."

어떤 것으로도 견줄 수 없는 모든 부처님은
모든 하늘이나 사람에 의해 공양을 받지만
그는 어떠한 존숭과 경모를 받지 않으시니
이것이 모든 부처님의 본성이다.

왕이 물었다.

"존자 나가세나여, 아들이 아버지를 칭찬하고 혹은 아버지가 아들을 칭찬하는 경우에도 그것은 반대자의 설을 굴복시키는 데 해당하는 이유는 되지 않습니다. 칭찬한다고 하는 그것은 다만 그들 자신의 서로간의 신뢰를 표현하고 있는 것일 뿐입니다. 자, 여기서 당신은 자신의 설을 확립하고 사견의 그물코를 풀기 위해 나에게 문제의 해결을 충분히 말씀해 주십시오."

장로가 말했다.

"대왕이여, 존경하는 스승은 완전히 열반하신 분입니다. 그러므로 존경하는 스승은 공양을 받지 않습니다. 그러나 모든 하늘이나 사람들이 이미 공양을 받지 않으시는 여래(붓다)의 유골의 보배를 기인으로 하고, 붓다의 지혜의 보배를 대상으로 하여 올바른 행을 닦을 때 세 가지 도달해야 할 것 가운데 어느 것인가를 얻을 것입니다. 대왕이여, 예를 들면 큰 불덩어리가 다 타고 꺼졌다고 합시다. 대왕이여, 그때 대관절 그 불덩어리는 마른 풀이나 섶과 같은 연료를 다시 필요로 합니까?"

"존자여, 지금 타고 있을 때마저 그 큰 불덩어리는 마른 풀이나 섶과 같은 연료를 필요로 하지 않습니다. 하물며 전신작용이 없는 그 불덩어리가 꺼졌을 때 다시 연료를 필요로 하겠습니까?"

"대왕이여, 불덩어리가 꺼졌을 때 세간의 불은 아주 없는 것이 되겠습니다."

"존자여, 그렇지는 않습니다. 섶은 불이 그 대상으로서

취하는 것이고 불의 존재를 불러일으키는 것입니다. 대개 불을 원하는 사람들은 누구나 스스로 각자의 정력과 힘과 노력에 의해 찬목을 비비고 그리하여 불을 일으킨 뒤 그 불로써 불을 필요로 하는 일을 하는 것입니다."

"대왕이여, 그렇다면 '공양을 받지 않으시는 붓다에 대하여 하는 공양은 무효이고 결과를 낳지 못하는 것이다' 라고 하는 다른 학파 사람들의 말은 잘못입니다. 대왕이여, 예를 들면 큰 불덩어리가 타는 것처럼 그와 마찬가지로 존경하는 스승은 수만 세계에 있어서 붓다의 광휘로써 비춥니다. 대왕이여, 예를 들면 큰 불덩어리가 타고 난 뒤 꺼지는 것처럼 그와 마찬가지로 존경하는 스승(붓다)은 수만 세계에 있어서 붓다의 광휘로써 비춘 뒤 재생을 초래하지 않는 열반의 경지에 있어서 완전히 돌아가신 것입니다.

대왕이여, 예를 들면 이미 꺼진 불덩어리가 마른 풀이나 섶과 같은 연료를 다시 필요로 하지 않는 것처럼 그와 마찬가지로 세간을 이익되게 하는 분(붓다)에게는 공양을 받는 일은 없어졌고 지멸되었습니다. 대왕이여, 예를 들면 불덩어리가 꺼지고 연료가 없어졌을 때 사람들이 스스로 각자의 정력과 힘과 노력에 의해 찬목을 비벼 불을 일으킨 뒤, 그 불로써 불을 필요로 하는 일을 하는 것처럼 그와 마찬가지로 모든 하늘이나 사람들은 완전히 돌아가시어 이미 어떤 공양도 받지 않으시는 여래의 유골을 기인으로 하고, 붓다의 지혜의 보배를 대상으로 하여 올바른 행을 닦을 때 세 가지 도달해야 할 것 가운데 어느 것인가를 얻는 것입니다.

　대왕이여, 그런 이유에 의해서도 여래는 완전히 돌아가시어 이미 어떤 공양도 받지 않게 되었지만, 그 붓다에 대해서 하는 공양은 무효한 것이 아니라 결과를 가져오는 것입니다. 대왕이여, 이 이유에 의해 당신이 의심해 마지않는다면 다시 그 이상의 이유가 있고 붓다가 완전히 돌아가시어 이미 어떤 공양도 받지 않게 되었지만, 그 붓다에 대해서 하는 공양은 무효한 것이 아니라 결과를 가져오는 이유를 들어 주십시오. 대왕이여, 예를 들면 큰 바람이 불고 그런 다음 그쳤다고 합시다. 대왕이여, 대관절 이미 그쳐버린 바람이 다시 불려고 하겠습니까?"

　"존자여, 실로 이미 그친 바람에게는 다시 불려고 하는 생각이나 혹은 꾀함은 없는 것입니다. 왜냐하면 그 바람의 세계는 정신작용이 아닌 까닭입니다."

　"대왕이여, 또 이미 그쳐버린 바람에 대해서 '바람'이라고 하는 이름을 붙이는 것은 어울리겠습니까?"

　"존자여, 그렇지는 않습니다. 타라수 나뭇잎이나 부채는 바람을 일으키는 수단입니다. 대개 누구나 더위에 시달리고 열의 고통에 괴로워하는 사람들은 타라수 나뭇잎이나 부채로써 스스로 각자의 정력과 힘과 노력에 의해 바람을 일으키고 그 바람에 의해 더위를 물리치고 열의 괴로움을 가라앉히는 것입니다."

　"대왕이여, 그렇다면 '공양을 받지 않으시는 붓다에 대하여 하는 공양은 무효이고 결과를 낳지 못하는 것이다'라고 하는 다른 학파 사람들의 말은 잘못입니다. 대왕이여, 예를 들면 큰 바람이 부는 것처럼 그와 마찬가지로 존경하는 스승은 수만 세계에 있어서 자비의 서늘한 바람, 훈훈한 바람, 고요한 바람, 산들바람을 보내십니다. 대왕이여, 예를 들면 큰 바람이 불고 난 뒤 그치는 것처럼 그와 마찬가지로 존경하는 스승은 자비의 서늘한 바람, 훈훈한 바람, 고요한 바람, 산들바람을 보내신 뒤 재생을 초래하지 않는 열반의 경지에 있어서 완전히 돌아가신 것입니다.

　대왕이여, 예를 들면 이미 그쳐버린 바람이 다시 불기를 바라지 않는 것처럼 그와 마찬가지로 세간을 이익하게 하는 분(붓다)에게는 공양을 받는 일은 없어졌고 지멸되었습니다. 대왕이여, 예를 들면 그 사람들이 더위에 시달리고 열의 고통에 괴로워하는 것처럼 그와 마찬가지로 모든 하늘이나 사람들은 세 가지 불(탐욕과 분노와 어리석음의 불)의 열뇌와 열의 고통에 시달리고 있는 것입니다. 대왕이여, 예를 들면 타라수 나뭇잎이나 부채는 바람을 일으키는 수단인 것처럼 그와 마찬가지로 여래의 유골과 지혜의 보배는 세 가지의 도달을 얻기 위한 수단입니다. 예를 들면 더위에 시달리고 열의 고통에 괴로워하는 사람들이 타라수 나뭇잎이나 부채로써 바람을 일으켜 더위를 다스리고 열의 괴로움을 가라앉히는 것처럼, 그와 마찬가지로 모든 하늘이나 사람들은 여래(붓다)가 완전히 돌아가시어 이미 어떤 공양도 받지 않으시지만 붓다에 대해서 유골과 지혜의 보배를 공양하고 존경하고 숭앙하여 선을 낳고 그 선에 의해 세 가지 불의 열과 열의 고통을 가라앉히는 것입니다. 대왕이여, 바로 이러한 이유에 의해 여래는 완전히 돌아가시어 이미 어떤 공양도 받지 않게 되었지만 그 붓다에 대해서 하는 공양은 무효한 것이 아니라 결과를 가져오는 것입니다."

존자 나가세나가 이어 말했다.

"대왕이여, 반대자의 논을 조복할 또 다른 이유를 들어 주십시오. 대왕이여, 예를 들면 어떤 사람이 큰북을 쳐 소리를 냈다고 합시다. 그 사람에 의해 울려진 그 큰북의 소리는 이윽고 사라질 것입니다. 대왕이여, 거기서 그 소리는 다시 나려고 하겠습니까?"

"존자여, 그렇지는 않습니다. 그 큰북의 소리는 이미 사라졌습니다. 그 소리에는 다시 나려고 하는 생각이나 꾀함은 없습니다. 큰북의 소리가 한 번 나고 사라졌다면 그 큰북의 소리는 이미 완전히 끊겨져 있는 것입니다. 존자여, 그러나 큰북은 소리를 내기 위한 수단입니다. 그렇기 때문에 어떤 사람이 필요하다고 느낄 때 그 자신 스스로의 노력에 의해 큰북을 쳐 소리를 내는 것입니다."

"대왕이여, 그와 마찬가지로 존경하는 스승(붓다)은 계행과, 마음의 통일과, 지혜와, 속박으로부터의 자유와, 속박으로부터의 자유에 의해 얻어진 통찰력으로써 충만되어 있는 붓다의 유골의 보배와, 교법과, 규율과, 교계를 스승으로 삼은 뒤 스스로 다시는 생을 받지 않는 열반의 경지에서 완전히 돌아가신 것입니다. 그러나 존경하는 스승이 완전히 돌아가셨을 때 세 가지 도달해야 할 것을 획득할 가능성이 끊어진 것은 아닙니다. 생존의 고통에 시달리는 사람들은 유골의 보배와 교법과 규율과 교계를 인연으로 하여 만일 세 가지 도달해야 할 것을 얻고자 한다면 그것을 얻을 수가 있습니다. 대왕이여, 바로 이러한 이유에 의해 여래는 완전히 돌아가시어 이미 어떤 공양도 받지 않게 되었지만 그 붓다에 대해서 하는 공양은 무효한 것이 아니라 결과를 가져오는 것입니다. 대왕이여, 이 미래의 가능성은 존경하는 스승에 의해 발견되고 설해지고 말씀되고 그리고 보여지고 있는 것입니다.

　'아난다여! 그대는 이와 같이 생각할 것이다. 〈스승의 말씀은 끝났다. 이미 우리에게 스승은 없다〉라고. 그러나 아난다여! 그것은 이렇게 보아서는 안 된다. 아난다여! 그대들에 대해서 내가 보여주고 가르친 진리의 가르침과 규율은 그대로 내가 입멸한 뒤 그대들의 스승인 것이다' 라고.

　그렇기 때문에 여래가 완전히 돌아가시어 이미 어떤 공양도 받지 않게 되었는데 그 붓다에 대해서 하는 공양은 무효한 것이고 결과가 없는 것이라고 하는 다른 학파 사람들의 말은 삿되고, 거짓되고, 진실되지 않은 것이고, 헛된 것이고, 상위한 것이고, 전도된 것이고, 고통을 초래하는 것이고, 고를 맺는 것이고, 악의 생존으로 나아가게 하는 것입니다.

　대왕이여, 그 밖의 또 다른 이유, 여래는 완전히 돌아가시어 이미 어떤 공양도 받지 않게 되었지만 그 붓다에 대해서 하는 공양은 무효한 것이 아니라 결과를 가져오는 것이라고 하는 이유를 들어 주십시오. 대왕이여, 이 대지가 '일체의 씨앗은 내 속에서 태어나 자라라' 라고 바랄까요?"

"존자여, 그렇지는 않습니다."

"대왕이여, 그러면 어째서 그들 종자는 이와 같이 바라지도 않는 대지 가운데 있어서 생장하고 굳센 뿌리를 내려 정착하고 그루와 줄기와 가지를 뻗고 꽃과 열매를 맺고 있는 것일까요?"

"존자여, 대지는 그것을 바라지 않지만 그들 종자가 생장하기 위한 기반이 되고 연을 주는 것입니다. 그들 종자는 그 기반을 의지처로 하여 그 연에 의해 생장하고 그리고 굳센 뿌리를 내려 정착하고 그루와 줄기와 가지를 뻗고 꽃과 열매를 맺고 있는 것입니다."

"대왕이여, 그러면 다른 학파의 사람들이 만일 '공양을 받지 못하는 붓다에 대해서 하는 공양은 효과가 없고 결과가 없는 것이다' 라고 말한다면 그들은 그 스스로의 설에 의해 파멸되고 격파되고 자설과 서로 다른 것이 됩니다. 대왕이여, 여래와 공양을 받을 수 있는 사람, 올바로 깨달은 사람은 마치 넓은 대지와 같습니다. 대왕이여, 마치 대지가 어떠한 것도 바라지 않는 것처럼 여래는 어떠한 것도 받지 않습니다. 대왕이여, 예를 들면 그들 대지를 의존하여 생장하고 그리고 굳센 뿌리를 내어 정착하고 그루와 줄기와 가지를 뻗고 꽃과 열매를 맺고 있는 것처럼, 그와 마찬가지로 여래가 완전히 돌아가시어 이미 어떠한 공양도 받을 수 없게 되었지만 모든 하늘이나 사람들은 그 붓다의 유골과 지혜의 보배에 의존하여 굳센 선근의 뿌리를 내려 정착하고 마음의 통일의 그루, 진리의 가르침의 줄기, 계행의 가지를 뻗고 속박으로부터의 자유의 꽃, 출가자의 깨달음의 과실을 맺는 것입니다. 대왕이여, 바로 이러한 이유에 의해 여래는 완전히 돌아가시어 이미 어떤 공양도 받지 않게 되었지만 그 붓다에 대해서 하는 공양은 무효한 것이 아니라 결과를 가져오는 것입니다.

대왕이여, 다시 또 다른 이유가 있어서 여래는 완전히 돌아가시어 이미 어떤 공양도 받지 않게 되었지만 그 붓다에 대해서 하는 공양은 무효한 것이 아니라 결과를 가져오는 것이라고 하는 원리를 들어 주십시오. 대왕이여, 이들 낙타, 황소, 나귀, 말, 양, 가축, 인간들은 뱃속에 기생충이 생기기를 바라겠습니까?"

"존자여, 그렇지 않습니다."

"대왕이여, 그러면 어째서 그 기생충은 동물들이 바라고 있지 않은데 그들 뱃속에서 발생하여 많은 새끼, 그 새끼의 새끼에 의해 번식합니까?"

"존자여, 악업이 강하기 때문에 살아 있는 것들이 바라지 않는데도 불구하고 기생충이 그들의 뱃속에 발생하여 많은 새끼, 그 새끼의 새끼에 의해 번식하는 것입니다."

"대왕이여, 그와 마찬가지로 여래는 완전히 돌아가시어 이미 어떤 공양도 받지 않게 되었지만 그 붓다의 유골과 지혜의 기인이 강하기 때문에 붓다에 대해서 하는 공양은 무효한 것이 아니라 결과를 가져오는 것입니다.”

장로가 계속해서 말했다.

“대왕이여, 다시 또 다른 이유가 있어서 여래는 완전히 돌아가시어 이미 어떤 공양도 받지 않게 되었지만 그 붓다에 대해서 하는 공양은 무효한 것이 아니라 결과를 가져오는 것이라고 하는 원리를 들어 주십시오. 대왕이여, 이들 사람들은 ‘이들 아흔여덟 가지의 병이 몸 속에 생겨라’라고 바랍니까?”

“존자여, 그렇지 않습니다.”

“대왕이여, 그러면 어째서 그 사람들이 바라고 있지 않은데 그들 병은 몸 속에 생기는 것입니까?”

“존자여, 그 원리는 전세에 있어서 지은 악행에 의해서입니다.”

“대왕이여, 만일 이 세상에서 지은 불선이 이 세상에서 그 결과를 감수해야 하는 것이라면 대왕이여, 그러면 선과 불선의 업이 전세에 지은 것이라 하더라도, 또 이 세상에서 지은 것이라 하더라도 효과가 없는 것이 아니라 결과를 가져오는 것입니다. 대왕이여, 바로 이러한 이유에 의해서도 또 여래는 완전히 돌아가시어 이미 어떤 공양도 받지 않게 되었지만 그 붓다에 대해서 하는 공양은 무효한 것이 아니라 결과를 가져오는 것입니다.”

존자가 계속해서 말했다.

“대왕이여, 당신은 일찍이 이전에 난다카라고 이름하는 야차(악귀)가 장로 사리풋타를 성토하고 스스로 대지(지옥)

속에 빠져들었다는 말을 들어본 일이 있습니까?"

"존자여, 그렇습니다. 나는 들었습니다. 이는 세간에 잘 알려져 있습니다."

"대왕이여, 장로 사리풋타는 난다카 야차가 대지에게 삼켜지기를 바랐겠습니까?"

"존자여, 모든 하늘이나 인간의 세계가 파괴되고 소멸하더라도, 해와 달이 지상에 떨어지더라도, 수메루 산왕(수미산왕)이 부서져 가루가 되더라도 장로 사리풋타는 다른 사람이 고통받는 것을 바라지 않습니다. 그 이치는 장로 사리풋타의 노여워하고 성내는 원인은, 모두 장로 사리풋타에 의해 파괴되고 끊어져 있습니다. 존자여, 원인이 절멸해 있기 때문에 장로 사리풋타는 그의 생명을 빼앗으려고 하는 자에 대해서도 노여움을 품지 않습니다."

"대왕이여, 만일 장로 사리풋타가 난다카 야차가 대지에 빠지기를 바라지 않았다고 한다면 어째서 난다카 야차는 대지 속에 빠졌을까요?"

"존자여, 난다카 자신의 불선업이 강한 데 의한 것입니다."

"대왕이여, 불선업이 강하기 때문에 난다카 야차가 대지 속에 빠져들었다고 한다면 처벌을 바라지 않는 사람에 대해서 지어진 죄악은 무효가 아니라 결과를 가져오는 것입니다. 대왕이여, 그렇다면 선업이 강함에 의해서도 또 마찬가지로 어떤 공양도 바라지 않는 자에 대해서 한 공양은 무효가 아니라 결과를 가져오는 것입니다. 대왕이여, 이 이유에 의해서도 또 여래는 완전히 돌아가시어 이미 어떤 공양도 받지 않게 되었지만, 붓다에 대해서 하는 공양은 무효한 것이 아니라 결과를 가져오는 것입니다. 대왕이여, 이 세상에서 대지 속에 빠져드는 사람들은 얼마나 있습니까? 그 점에 관하여 당신은 뭔가 전해 들은 적이 있습니까?"

"존자여, 그렇습니다. 나는 들은 적이 있습니다."

"대왕이여, 그러면 나에게 들려주십시오."

"존자여, 바라문의 딸 친챠, 석가족의 숫파붓다, 장로 데바닷타, 야차 난다카, 바라문 청년 난다입니다. 이들 다섯 사람은 대지 속에 빠져들었습니다."

"대왕이여, 그들은 누구에게 죄를 범한 것입니까?"

"존자여, 존경하는 스승(붓다), 또는 그의 제자들에게 죄를 범했습니다."

"대왕이여, 그러면 존경하는 스승, 또는 그의 제자들은 이들 다섯 사람이 대지 속에 빠져들기를 바랐습니까?"

"존자여, 그렇지 않습니다만 붓다에 대해서 하는 공양은 무효한 것이 아니라 결과를 가져오는 것입니다.

존자 나가세나여, 매우 심오한 물음은 당신에 의해 잘 해결되고 해명되었습니다. 비밀한 뜻은 명백해졌고, 얽힘은 풀리고, 미혹의 밀림은 베어지고, 개간되고, 반대자의 설은 파괴되고, 잘못된 견해는 파척되었습니다. 이제 모든 학파의 지도자 가운데 가장 뛰어난 당신을 만나 그릇된 다른 학파의 사람들은 빛을 잃었습니다."

2. 붓다는 전지자다

"존자 나가세나여, 붓다는 전지자이십니까?"

"대왕이여, 그렇습니다. 세존(붓다)은 전지자이십니다. 그러나 세존에게 지혜의 견해가 항상 끊임없이 현기하는 것은 아닙니다. 세존이 모든 것을 아는 지혜는 경주(傾注)에 의한 것입니다. 마음을 경주하고 나서 알고자 하는 것을 모두 아시는 것입니다."

"존자 나가세나여, 그렇다면 만일 붓다의 모두를 아는 지혜가 탐구하는 것에 의해 얻어지는 것이라면 붓다는 전지자일 리가 없습니다."

"대왕이여, 여기 각 수레마다 일곱 암마나 반의 쌀을 실은 백 대의 수레가 있다고 합시다. 사람은 한 번 보고 일으킨 마음에 의해 몇백만의 쌀알이 있는가 하고 숫자를 들어 계산할 수 있겠습니까?"

존자 나가세나는 이어 말했다.

"그런데 여기에 다음과 같은 일곱 종류의 마음이 있습니다. 대왕이여, 탐심·분노·미망·번뇌를 지니고 신체의 수양을 닦지 않고, 계행의 수양을 닦지 않고, 마음의 수양을 닦지 않고, 지혜의 수양을 닦지 않은 사람들에게 있어서 그 마음의 움직임은 둔하고 마음의 작용은 더딥니다. 그 이유는 무엇일까요? 마음의 수양이 되어 있지 않기 때문입니다. 대왕이여, 예를 들면 대나무 줄기가 번성하고, 무성하고, 성장하고, 뻗어나가고, 얽히고설켜 가지가 뒤엉켜 있는 것을 끌어낼 때 그 동작은 둔하고 또한 더딥니다. 그 이유는 무엇일까요? 가지가 뒤엉켜 있기 때문입니다. 그와 마찬가지로 탐심·분노·미망·번뇌를 지니고 신체의 수양을 닦지 않고 계행의 수양을 닦지 않고 마음의 수양을 닦지 않고 지혜의 수양을 닦지 않은 사람들에게 있어서 그 마음의 움직임은 둔하고 마음의 작용은 더딥니다. 그 이유는 무엇일까요? 온갖 번뇌에 의해 얽혀 있기 때문입니다. 이것이 제1의 마음입니다.

그리고 제2의 마음을 구별하여 설하겠습니다. 대왕이여, 악의 생존으로 나아가는 길이 닫혀지고 정견을 획득하고 스승의 가르침을 식별하여, '성자의 흐름에 들어간 위(경지)'의 사람들로서 세 가지 속박을 끊은 상태에 있어서는 그 마음의 움직임은 빠르고 마음의 작용은 빠릅니다. 그러나 그 이상의 높은 영역에 있어서는 그 마음의 움직임은 둔하고 마음의 작용은 더딥니다. 그 이유는 무엇일까요? 세 가지 속박을 끊은 상태에 있어서는 마음은 청정하지만 그 이상의 영역에서는 여러 가지 번뇌가 끊어지지 않았기 때문입니다. 대왕이여, 예를 들면 대나무 줄기의 세 마디까지는 매끄럽고(청정하고) 그로부터 위쪽은 가지가 뒤엉켜 있기 때문에 그것을 끌어낼 때 셋째 마디까지는 쉽게 움직이지만 그로부터 위쪽은 까딱도 하지 않습니다. 그 이유는 무엇일까요? 아래쪽은 매끄럽지만 위쪽은 가지가 뒤엉켜 있기 때문입니다. 대왕이여, 그와 마찬가지로 악의 생존으로 나아가는 길이 닫혀지고 정견을 획득하고 스승의 가르침을 식별하여, '성자의 흐름에 들어간 위'의 사람들로서 세 가지 속박을 끊은 상태에 있어서는 그 마음의 움직임은 빠르고 마음의 작용은 빠릅니다. 그러나 그 이상의 높은 영역에 있어서는 그 마음의 움직임은 둔하고 마음의 작용은 더딥니다. 그 이유는 무엇일까요? 세 가지 속박을 끊은 상태에 있어서는 마음은 청정하지만 그 이상의 영역에서는 여러 가지 번뇌가 끊어지지 않았기 때문입니다. 이것이 제2의 마음입니다.

그리고 다음으로 제3의 마음을 구별하여 설하겠습니다. 대왕이여, 탐심·분노·미망이 감소하는 '한 번만 미망의 생존으로 돌아오는 위'를 얻은 사람들로서 다섯 가지 속박을 끊은 상태에 있어서는 그 마음의 움직임은 빠르고 마음의 작용은 빠릅니다. 그러나 그 이상의 높은 영역에 있어서는 그 마음의 움직임은 둔하고 마음의 작용은 더딥니다. 그 이유는 무엇일까요? 다섯 가지 속박을 끊은 상태에 있어서는 마음은 청정하지만 그 이상의 영역에서는 여러 가지 번뇌가 끊어지지 않았기 때문입니다. 대왕이여, 예를 들면 대나무 줄기의 다섯 마디까지는 매끄럽고 그로부터 위쪽은 가지가 뒤엉켜 있기 때문에 그것을 끌어낼 때 다섯째 마디까지는 쉽게 움직이지만 그로부터 위쪽은 까딱도 하지 않습니다. 그 이유는 무엇일까요? 아래쪽은 매끄럽지만 위쪽은 가지가 뒤엉켜 있기 때문입니다. 대왕이여, 그와 마찬가지로 탐심·분노·미망이 감소하는 '한 번만 미망의 생존으로 돌아오는 위'를 얻은 사람들로서 다섯 가지 속박을 끊은 상태에 있어서는 그 마음의 움직임은 빠르고 마음의 작용은 빠릅니다. 그러나 그 이상의 높은 영역에 있어서는 그 마음의 움직임은 둔하고 마음의 작용은 더딥니다. 그 이유는 무엇일까요? 다섯 가지 속박을 끊은 상태에 있어서는 마음은 청정하지만 그 이상의 영역에서는 여러 가지 번뇌가 끊어지지 않았기 때문입니다. 이것이 제3의 마음입니다.

그리고 다음으로 제4의 마음을 구별하여 설하겠습니다. 대왕이여, 감관에 바탕한 생존(욕망의 생존)을 야기시키는 다섯 가지 하위의 속박을 끊은 '다시는 미망의 생존으로 돌아오지 않는 위'를 얻은 사람들로서 열 가지 속박을 끊은 상태에 있어서는 그 마음의 움직임은 빠르고 마음의 작용은 빠릅니다. 그러나 그 이상의 높은 영역에 있어서는 그 마음의 움직임은 둔하고 마음의 작용은 더딥니다. 그 이유는 무엇일까요? 열 가지 속박을 끊은 상태에 있어서는 마음은 청정하지만 그 이상의 영역에서는 여러 가지 번뇌가 끊어지지 않았기 때문입니다. 대왕이여, 예를 들면 대나무 줄기의 열 마디까지는 매끄럽고 그로부터 위쪽은 가지가 뒤엉켜 있기 때문에 그것을 끌어낼 때 열째 마디까지는 쉽게 움직이지만 그로부터 위쪽은 까딱도 하지 않습니다. 그 이유는 무엇일까요? 아래쪽은 매끄럽지만 위쪽은 가지가 뒤엉켜 있기 때문입니다. 대왕이여, 그와 마찬가지로 욕망의 생존을 야기시키는 다섯 가지 하위의 속박을 끊은

'다시는 미망의 생존으로 돌아오지 않는 위'를 얻은 사람들로서 열 가지 속박을 끊은 상태에 있어서는 그 마음의 움직임은 빠르고 마음의 작용은 빠릅니다. 그러나 그 이상의 높은 영역에 있어서는 그 마음의 움직임은 둔하고 마음의 작용은 더딥니다. 그 이유는 무엇일까요? 열 가지 속박을 끊은 상태에 있어서는 마음은 청정하지만 그 이상의 영역에서는 여러 가지 번뇌가 끊어지지 않았기 때문입니다. 이것이 제4의 마음입니다.

그리고 다음으로 제5의 마음을 구별하여 설하겠습니다. 대왕이여, 더러움의 누출이 다하고, 마음의 때를 씻고, 번뇌를 쓸어버리고, 청정한 수행을 완성하고, 해야 할 것을 해 마치고, 속박의 짐을 벗어버리고, 진실의 의의에 도달하고, 윤회의 생존을 초래하는 속박을 끊고, 어떠한 것에도 장애가 되지 않는 지혜에 도달하고, 붓다의 제자들의 수행도에서 청정하게 된 아라한의 경지를 얻은 사람들로서 붓다의 가르침을 들은 제자의 경계(성문)에 있어서는 그 마음의 움직임은 빠르고 마음의 작용은 빠릅니다. 그러나 그보다 높은 스스로 깨달은 사람(독각)의 경계에 있어서는 그 마음의 움직임은 둔하고 마음의 작용은 더딥니다. 그 이유는 무엇일까요? 제자의 경계에 있어서는 마음은 청정하지만 스스로 깨달은 사람의 경계에 있어서는 마음이 청정하지 않기 때문입니다. 대왕이여, 예를 들면 대나무 줄기의 모든 마디로부터 나와 있는 가지가 잘려져 있다면 그것을 끌어낼 때는 빠르고 더디지 않습니다. 그 이유는 무엇일까요? 모든 마디가 매끄럽게 다듬어져 있고 대나무 줄기에 얽힌 것이 없기 때문입니다. 대왕이여, 그와 마찬가지로 더러움의 누출이 다하고, 마음의 때를 씻고, 번뇌를 쓸어버리고, 청정한 수행을 완성하고, 해야 할 것을 해 마치고, 속박의 짐을 벗어버리고, 진실의 의의에 도달하고, 윤회의 생존을 초래하는 속박을 끊고, 어떠한 것에도 장애가 되지 않는 지혜에 도달하고, 붓다의 제자들의 수행도에서 청정하게 된 아라한의 경지를 얻은 사람들로서 붓다의 가르침을 들은 제자의 경계에 있어서는 그 마음의 움직임은 빠르고 마음의 작용은 빠릅니다. 그러나 그보다 높은 스스로 깨달은 사람의 경계에 있어서는 그 마음의 움직임은 둔하고 마음의 작용은 더딥니다. 그 이유는 무엇일까요? 제자의 경계에 있어서는 마음은 청정하지만 스스로 깨달은 사람의 경계에 있어서는 마음이 청정하지 않기 때문입니다. 이것이 제5의 마음입니다.

그리고 다음으로 제6의 마음을 구별하여 설하겠습니다. 대왕이여, 그 스스로 깨달은 사람들은 독존하고, 스승을 모시지 않고, 외뿔소처럼 홀로 행동하고, 자기의 경계에 있어서 청정무구한 마음을 갖고 있는 자로서 그 마음의 움직임은 빠르고 마음의 작용은 빠릅니다. 그러나 그보다 높은 모두를 알아 깨달은 자의 경계에 있어서는 그 마음의 움직임은 둔하고 마음의 작용은 더딥니다. 그 이유는 무엇일까요? 자기의 경계에 있어서는 마음은 청정하지만 모두를 알아 깨달은 경계가 광대하기 때문입니다. 대왕이여, 예를 들면 어떤 사람이 자기가 살고 있는 지역의 작은 강은 밤이나 낮이나 원하는 대로 두려워하는 일 없이 건널 것입니다. 그러나 그 남자는 깊고 넓어 바닥을 알 수 없으며, 건너편 언덕을 알 수 없는 대양을 보면 놀라고 주저하여 감히 건너려고 하지 않을 것입니다. 그 이유는 무엇일까요? 자기 지역에는 익숙해져 있지만 대양은 너무나도 광대하기 때문입니다. 대왕이여, 그와 마찬가지로 그 스스로 깨달은 사람들은 독존하고, 스승을 모시지 않고, 외뿔소처럼 홀로 행동하고, 자기의 경계에 있어서 청정무구한 마음을 갖고 있는 자로서 그 마음의 움직임은 빠르고 마음의 작용은 빠릅니다. 그러나 그보다 높은 모두를 알아 깨달은 자의 경계에 있어서는 그 마음의 움직임은 둔하고 마음의 작용은 더딥니다. 그 이유는 무엇일까요? 자기의 경계에 있어서는 마음은 청정하지만 모두를 알아 깨달은 경계가 광대하기 때문입니다. 대왕이여, 예를 들면 어떤 사람이 자기가 살고 있는 지역의 작은 강은 밤이나 낮이나 원하는 대로 두려워하는 일 없이 건널 것입니다. 그러나 한편 그 남자는 깊고 넓어 바닥을 알 수 없으며, 건너편 언덕을 알 수 없는 대양을 보면 놀라고 주저하여 감히 건너려고 하지 않을 것입니다. 그 이유는 무엇일까요? 자기 지역에는 익숙해져 있지만 대양은 너무나도 광대하기 때문입니다. 이것이 제6의 마음입니다.

그리고 다음으로 제7의 마음을 구별하여 설하겠습니다. 대왕이여, 전지자이며 열 가지 지혜의 활동을 지닌 자는 네 가지 두려움 없는 자신에 도달하고, 열여덟 가지 뛰어난 붓다의 특성을 갖춘 무한의 승자요, 걸림없는 지자인 완전하게 올바로 깨달은 사람들로서, 모든 것에 있어서 그 마음의 움직임은 빠르고 마음의 작용은 빠릅니다. 그 이유는 무엇일까요? 모든 것에 있어서 그 마음이 청정하기 때문입니다. 대왕이여, 예를 들면 화살이 잘 닦여 있고, 녹이 슬지 않고, 마디가 없고, 예리한 화살촉이 붙어 있고, 반듯하여 휘어짐이 없는 강력한 화살이 있다고 합시다. 그 화살이 힘센 사수에 의해 부드러운 마직이나 면직 혹은 고운 모직물에 맞혀졌을 때 화살의 움직임은 더디고 둔하겠습니까?"

"존자여, 그렇지는 않습니다. 왜냐하면 과녁의 베는 부드럽고 화살은 잘 닦여져 있고 사수는 힘이 세기 때문입니다."

"대왕이여, 그와 마찬가지로 전지자이며 열 가지 지혜의 활동을 지닌 자는 네 가지 두려움 없는 자신에 도달하고, 열여덟 가지 뛰어난 붓다의 특성을 갖춘 무한의 승자요, 걸림없는 지자인 완전하게 올바로 깨달은 사람들로서 모든 것에 있어서 그 마음의 움직임은 빠르고 마음의 작용은 빠릅니다. 그 이유는 무엇일까요? 모든 것에 있어서 그 마음이 청정하기 때문입니다. 이것이 제7의 마음입니다."

존자 나가세나가 이어 말했다.

"대왕이여, 이들 일곱 가지 마음 가운데 이들 모든 것을 알아 깨달은 붓다의 마음은 다른 여섯 가지 마음에 있어서

와 같이 계산을 초월하였고, 그 청정함과 경쾌하고 민첩함
은 우리가 미루어 알 수 없는 붓다의 특성입니다. 대왕이
여, 세존이신 붓다의 마음이 청정하며 경쾌하고 민첩하기
때문에 세존은 두 가지 신통변화를 보였습니다. 대왕이여,
우리들은 이 두 가지 신통변화에 있어서 '모든 붓다의 마
음은 이와 같이 빠르게 움직인다'라고 알아야 합니다. 거
기에 있어서는 그 이상의 이유를 설명할 수 없습니다. 대
왕이여, 그러나 그들 신통변화는 전지자 붓다의 마음에 의
한 것이기 때문에 그를 계산한다거나 작게 나눈다거나 분
별한다든가 하는 것은 불가능합니다. 대왕이여, 세존이 모
든 것을 아는 지혜는 경주에 의한 것입니다. 마음을 경주
하고 나서 알고자 하는 것을 모두 아시는 것입니다. 대왕
이여, 예를 들면 어떤 사람이 한쪽 손에 놓았던 것을 다른
쪽 손에 놓고, 혹은 입을 열어 말을 하고, 혹은 이미 입 속
에 들어간 음식물을 삼키고, 혹은 눈을 감았다가 눈을 뜨
기도 하고, 눈을 떴다가 눈을 감기도 하고, 혹은 굽혔던 팔
을 펴기도 하고, 폈던 팔을 굽히기도 하는 것은 붓다의 지
혜보다도 느립니다. 대왕이여, 세존이 모든 것을 아는 지혜
는 그보다 훨씬 빠릅니다. 그리고 경주하고 나서 알고자
하는 대로 알 수가 있다고 하는데 경주하고 있지 않다는
그 이유만으로 모든 붓다는 실로 전지자는 아니라고 말씀
하셔서는 안 됩니다."

"존자 나가세나여, 또 어떻게 경주가 탐구하는 것에 의
해 이루어지는지 자, 여기서 나에게 사례를 보여 납득시켜

주십시오."

"대왕이여, 예를 들면 돈많은 큰 재벌가요 대부호로 수많은 황금과 은과 재보와 값나가는 가구가 있고, 많은 곡류를 갖고 있는 사람이 사리미, 비히미, 보리, 정미, 호마, 콩, 완두콩, 날곡, 요리된 곡물, 버터기름, 기름, 버터, 우유, 응유, 벌꿀, 설탕, 흑설탕이 모두 단지와 항아리와 용기 저장고에 들어 있다고 합시다. 자, 그 사람이 있는 곳으로 향응에 참석하고자 향응을 바라는 손님들이 찾아온다고 합시다. 그런데 그 집에는 요리된 음식물이 없어 손님들을 위해 항아리에서 정미를 꺼내 음식물을 요리한다고 합시다. 대왕이여, 그 돈많은 큰 재벌가요 대부호로 수많은 황금과 은과 재보와 값나가는 가구가 있고 많은 곡류를 갖고 있는 사람을 식사할 때가 아닌데 음식물이 없다고 하는 이유만으로 부유하지 않고 가난하다고 할 수 있겠습니까?"

"존자여, 그렇지는 않습니다. 존자여, 전륜성왕의 집에 있어서도 식사 때 이외에는 요리된 음식이 없습니다. 하물며 보통 사람들 집에서는 더할 나위 없습니다."

"대왕이여, 그와 마찬가지로 세존(붓다)은 경주하고 있지 않을 때에도 모든 것을 아는 지혜를 지니고 계시고 경주한 뒤 하고자 하는 대로 아시는 것입니다. 대왕이여, 예를 들면 한 그루의 나무가 열매를 맺어 열매의 무게를 실은 가지가 휘어져 있다고 합시다. 그런데 거기에 하나의 열매마저 다 떨어져 없어졌다고 합시다. 대왕이여, 그 나무는 거기서 떨어진 열매가 없다고 하는 그 이유만으로 열매를 맺지 않는 나무임에 틀림없다고 말할 수 있겠습니까?"

"존자여, 그렇지는 않습니다. 나무의 열매를 얻는 데에는 익어 저절로 떨어지기를 기다려야 합니다. 떨어졌을 때 사람들은 원하는 대로 그 열매를 얻는 것입니다."

"대왕이여, 그와 마찬가지로 여래의 모두를 아는 지혜는 경주에 의한 것입니다. 경주하고 나서 원하는 대로 아는 것입니다."

"존자 나가세나여, 붓다는 언제나 경주하고 나서 원하는 대로 아시는 것입니까?"

"대왕이여, 그렇습니다. 세존은 경주하고 나서 원하는 대로 아십니다. 대왕이여, 예를 들면 전륜왕이 '나의 윤보여, 오라!' 하고 윤보를 생각했을 때 생각하자마자 곧바로 윤보가 오는 것처럼 그와 마찬가지로 대왕이여, 여래는 경주하자마자 곧바로 원하는 대로 아는 것입니다."

"존자 나가세나여, 그것은 '붓다는 전지자다'라고 하는 확고한 이유입니다. 우리들도 '붓다는 전지자다'라고 확신합니다."

3. 데바닷타는 어떻게 출가를 허락받았는가

"존자 나가세나여, 데바닷타는 누구에 의해 출가한 것입니까?"

"대왕이여, 이들 크샤트리야의 청년 즉, 밧디야·아누룻다 · 아난다 · 바그 · 킴비라 · 데바닷타 그리고 일곱 번째 사람인 이발사 우파리는 모두 다 세존께서 깨달음을 얻었을 때 환희한 나머지 세존을 따라 출가한 것입니다."

"존자여, 데바닷타가 출가한 뒤 상가는 그에 의해 파괴되지 않았나요?"

"대왕이여, 그렇습니다. 출가하고 나서 상가는 데바닷타에 의해 파괴되고 분열되었습니다. 재가신자는 상가를 파괴할 수는 없습니다. 비구니도 식차마나[25]도 남자신자도 여성신자도 상가를 파괴할 수는 없습니다. 정규의 비구가 생활을 공동으로 하고 일정의 제한된 지역(결계) 내에 사는 자가 상가를 파괴하는 것입니다."

"존자여, 상가를 파괴한 자는 어떠한 업의 과보를 받는 것입니까?"

"대왕이여, 한 겁 동안 지속하는 업의 과보를 받습니다."

"존자 나가세나여, 붓다는 '데바닷타는 출가한 뒤 상가를 파괴할 것이다. 상가를 파괴하고 나서 한 겁 동안 지옥에서 고통을 받을 것이다'라고 하는 것을 알고 계셨던 것은 아닙니까?"

"대왕이여, 그렇습니다. 여래는 '데바닷타는 출가한 뒤 상가를 파괴할 것이다. 상가를 파괴하고 나서 한 겁 동안 지옥에서 고통을 받을 것이다'라고 하는 것을 알고 계셨습니다."

"존자 나가세나여, 만일 붓다가 '데바닷타는 출가한 뒤 상가를 파괴할 것이다. 상가를 파괴하고 나서 한 겁 동안 지옥에서 고통을 받을 것이다'라고 하는 것을 알고 계셨다면, 존자 나가세나여, '붓다는 살아 있는 온갖 것들에 대하여 불쌍히 여기고, 동정하고, 이익을 주고, 불이익한 것을 제거하고, 유익한 것을 주는 분이다'라고 하는 말은 잘못임에 틀림없습니다. 또 만일 그것을 모르면서 그를 출가시킨 것이라 한다면 붓다는 전지자는 아닙니다.

이것도 또한 당신에게 제출된 양도논법의 물음입니다. 이 난문을 풀고 반대자의 설을 타파하여 주십시오. 미래에 있어서 당신과 같이 지혜로운 출가자는 얻기 어려울 것입니다. 이제 당신의 역량을 보여 주십시오."

"대왕이여, 여래는 자비로운 분이고 또한 전지자이십니다. 대왕이여, 세존은 자비와 모두를 아는 지혜에 의해 데바닷타가 업 위에 업을 쌓아 1조 겁 동안 지옥에서 지옥으로, 파멸의 장소에서 파멸의 장소로 갈 것을 아신 것입니다. 세존은 모든 것을 아는 지혜에 의해 '그의 한없는 업은 나의 가르침 밑에 출가하면 끝날 수 있을 것이다. 전생에 지은 업에 기인한 고통은 끝을 볼 것이다. 그러나 출가한다 하더라도 이 어리석은 사람은 한 겁 동안 고통받을 업을 지을 것이다'라는 것을 알고 자비로써 데바닷타를 출가시킨 것입니다."

"존자 나가세나여, 그러면 붓다는 처음에 사람을 때리고 나서 상처에 기름을 발라 주고 언덕에서 떨어뜨리고 나서 구원의 손길을 뻗고 죽이고서 소생시킵니다. 즉 붓다는 처음에 사람에게 고통을 주고 그 뒤에 즐거움을 주시는 분이군요."

"대왕이여, 여래는 사람들에게 이익을 주기 위해 그들을 때리고, 사람들에게 이익을 주기 위해 그들을 떨어뜨리고, 사람들에게 이익을 주기 위해 그들을 죽이는 수도 있습니다. 대왕이여, 여래는 사람들을 때린 뒤에 그들에게 이익을 주고, 떨어뜨린 뒤에도 사람들에게 이익을 주고, 죽이고 난 뒤에도 사람들에게 이익을 주는 분입니다.

대왕이여, 예를 들면 부모가 그들의 자녀를 때리고 떨어뜨리고 그런 다음에 자녀들에게 이익을 부여하는 것처럼 그와 마찬가지로 여래는 사람들에게 이익을 주기 위해 그들을 때리고, 사람들에게 이익을 주기 위해 그들을 떨어뜨리고, 사람들에게 이익을 주기 위해 그들을 죽이는 수도 있습니다. 대왕이여, 여래는 사람들을 때린 뒤에 그들에게 이익을 주고, 떨어뜨린 뒤에도 사람들에게 이익을 주고, 죽이고 난 뒤에도 사람들에게 이익을 주는 분입니다. 붓다는 사람들의 공덕을 증대시키는 모든 방법으로써 사람들에게 이익을 주는 분입니다.

대왕이여, 만일 데바닷타가 출가하지 않았다면 재가의 신분인 채로 지옥의 결과를 초래할 많은 악업을 짓고 몇백 조 겁이나 되는 동안을 지옥에서 지옥으로, 파멸의 장소에서 파멸의 장소로 갈 것을 아신 것입니다. 세존은 그것을 아는 자비를 드리워 데바닷타를 출가시킨 것입니다. '나의 가르침을 따라 출가하면 그의 고통은 끝날 것이다'라고 하여 자비를 드리워 무거운 고통을 가볍게 해주신 것입니다.

대왕이여, 예를 들면 재산, 명성, 영예, 혈연에 있어서 권세 있는 사람이 자기의 혈연인 자라든가 혹은 친구가 왕으로부터 중형을 받게 되었을 때, 자기가 왕으로부터 크게 신임되고 있는 것에 의해 중한 형벌을 가볍게 할 수 있는 것처럼 그와 마찬가지로 대왕이여, 세존은 몇백조 겁 동안 데바닷타가 고통을 받게 될 것을 아시고 그를 출가시켜 계행, 마음의 통일, 지혜, 속박으로부터 벗어나는 자유의 힘과 능력으로 무거운 고통을 가볍게 하신 것입니다.

대왕이여, 예를 들면 독화살의 상처를 잘 치료하는 뛰어난 외과의가 중환자를 효력이 있는 약에 의해 경쾌하게 하는 것처럼 그와 마찬가지로 대왕이여, 몇백조 겁 동안 데바닷타가 고통을 받게 될 것을 아시고, 세존은 그의 고통을 가볍게 하는 방법을 알기 때문에, 그를 출가시켜 자비의 힘에 바탕을 둔 법(붓다의 가르침)이라고 하는 효력 있는 약에 의해 무거운 고통을 가볍게 해 주는 것입니다. 대왕이여, 세존이 데바닷타로 하여금 많고 무거운 고통을 가볍고 적게 했을 때 붓다는 뭔가 잘못을 저지른 것일까요?"

"존자여, 짧은 순간이라도 붓다는 어떤 잘못도 저지르지 않으셨습니다."

"대왕이여, 세존이 데바닷타를 출가시킨 이 이유를 올바른 것이라 인정하십시오."

장로가 말을 이었다.

"대왕이여, 또 다른 이유가 있어 세존이 데바닷타를 출가시킨 이치를 들으십시오. 대왕이여, 예를 들면 사람들이

강도짓을 한 범죄자를 붙잡아 '왕이시여, 이 사람은 강도
짓을 한 범죄자입니다. 대왕께서 내리고자 하시는 형벌을
이 사람에게 부과하여 주십시오'라고 하여 왕에게 보였다
고 합시다. 왕은 그들에게 '그렇다면 여러분, 이 강도를 교
외로 연행하여 참수대에서 그의 목을 자르라'고 말할 것입
니다. '분부대로 거행하겠습니다'라고 한 뒤 그들은 왕명
에 따라 그를 교외로 연행하여 참수대로 이끌 것입니다.
그런데 이 강도를 왕에게 총애를 받고, 명리를 얻고, 명성
과 부와 재산을 얻고, 그의 말에 무게가 있고, 하고자 하는
것을 강력하게 실행하는 어떤 대신이 보았다면 그는 그자
를 불쌍하게 여겨 그 사람들에게 말할 것입니다. '여러분
잠시 멈추시오. 여러분들은 이 사람의 머리를 잘라 무엇에
쓰시겠소. 그렇다면 이 남자의 손이나 혹은 발을 자르고
생명은 살려주시오. 나는 이 남자를 위해 왕에게 변명하겠
소'라고. 그들은 그 유력한 사람의 말에 의해 그 강도의
손 혹은 발을 자른 뒤 생명을 살려줄 것입니다. 대왕이여,
이런 일을 한 그 유력한 사람은 강도를 위해 자기의 의무
를 다한 것일까요?"

"존자여, 그 사람은 그 강도의 생명을 살려준 자입니다.
강도의 생명을 살렸을 때 그를 위해 뭔가 못할 일을 한 것
이겠습니까?"

"또 그 유력한 사람은 그 강도가 수족을 잘렸을 때 받는
고통의 느낌에 관하여 뭔가 잘못을 저지른 것일까요?"

"존자여, 그 강도는 자기가 지은 행위에 의한 결과로써

의 고통의 느낌을 받는 것입니다. 그러나 생명을 살려준 그 유력한 사람은 어떤 잘못도 저지르지 않았습니다."

　"대왕이여, 그와 마찬가지로 세존은 '나의 가르침 밑에서 출가하면 그의 고통은 끝날 것이다' 라고 하여 자비를 드리워 데바닷타를 출가시킨 것입니다. 그리고 데바닷타의 고통은 끝을 맺은 것입니다. 대왕이여, 데바닷타는 죽을 때에 임하여,

　온몸과 온 마음을 다해 그 가장 뛰어나신 분
　신들을 초월한 뛰어난 신
　길들임을 받는 자들의 길들이는 분
　널리 보는 눈을 지닌 분
　백 가지 선과 복의 특징을 지닌 분
　그 붓다에게 나는 생명이 있는 한 귀의합니다.

라고 하여 생명이 있는 한 붓다에게 귀의했습니다. 대왕이여, 만일 당신이 한 겁을 여섯으로 나눈다면 데바닷타가 상가를 파괴한 것은 제1분을 지난 때입니다. 나머지 다섯 부분을 지옥에서 보낸 뒤 그곳에서 벗어나 아팃사라라 이름하는 스스로 깨달은 사람(벽지불)이 될 것입니다. 대왕이여, 이러한 것을 한 세존은 데바닷타를 위해 자기의 의무를 다한 것일까요?"

　"존자 나가세나여, 여래는 데바닷타를 위해 주어야 할 모든 것을 주신 것입니다. 즉 여래는 데바닷타를 '스스로

깨달은 사람'으로 만드신 것입니다. 여래께서 데바닷타를 위해 뭔가 잘못하신 게 있습니까?"

"대왕이여, 그러나 데바닷타는 상가를 파괴한 뒤 지옥에서 고통의 감수를 받았습니다. 그 고통의 감수에 관하여 세존은 뭔가 잘못을 저지른 것일까요?"

"존자여, 그렇지는 않습니다. 존자여, 자기가 한 행위에 의해 데바닷타는 한 겁 동안 지옥에서 괴로워하는 것입니다. 그의 고통을 종멸시킨 스승(붓다)은 뭔가 잘못을 저지르고 있지 않습니다."

"대왕이여, 세존이 데바닷타를 출가시킨 그 이유도 또한 실로 올바르다고 인정하십시오."

존자 나가세나가 말을 이었다.

"대왕이여, 또 다른 이유가 있어 세존이 데바닷타를 출가시킨 이치를 들으십시오. 대왕이여, 예를 들면 독화살의 상처를 치료하는 뛰어난 외과의가 있다고 합시다. 화살이 살 속에 깊이 박혀 있어 고름과 피로 충만된 상처—풍·담즙·가래 이들 세 가지가 화합한 것, 계절의 변화, 불규칙한 양생, 격심한 상해를 받아 부패한 시체처럼 악취를 풍기는 상처—를 치료하려고 할 경우, 그는 상처부위에 격렬하고 통렬하고 작렬하고 지극히 쓰린 약을 발라 화농시킨 후, 부드러운 상태가 된 상처부위를 해부도로 절개하고 부식침(뜸)으로 뜹니다. 떴을 때 알칼리 세척액을 뿌리고 약을 발라 상처를 치료하여 환자를 완쾌시키는 것입니다. 대왕이여, 그 독화살의 상처를 치료하는 외과의는 사람의 이익을 헤아리는 마음이 없이 약을 바르고 해부도로 절개하고 부식침으로 뜨고 알칼리 세척액을 뿌립니까?"

"존자여, 그렇지는 않습니다. 그는 사람의 이익을 헤아리는 마음을 갖고 완쾌시키려 생각하고 그런 처치를 한 것입니다."

"하지만 그가 약을 썼기 때문에 환자에게 고통이 생겼을 경우 그 외과의는 그것에 의해 뭔가 잘못을 저지른 것일까요?"

"존자여, 그 외과의는 사람의 이익을 헤아리는 마음을 갖고 완쾌시키려 생각하고 그런 처치를 한 것입니다. 어째서 그에 의해 잘못을 저질렀겠습니까? 존자여, 그 외과의는 하늘에 태어날 사람입니다."

"대왕이여, 그와 마찬가지로 세존은 자비를 드리워 데바닷타를 고통으로부터 벗어나게 하기 위해 출가시킨 것입니다."

존자 나가세나가 계속해서 말했다.

"대왕이여, 예를 들면 어떤 사람이 가시에 찔렸다고 합시다. 그리하여 다른 사람이 그의 이익을 헤아려 그를 치료하려고 마음먹고 예리한 침이나 해부도로써 환부를 모두 절개하고 피를 흘리게 함으로써 그 가시를 뺐습니다. 대왕이여, 그 사람은 사람의 이익을 헤아리는 마음이 없이 그 가시를 뺐을까요?"

"존자여, 그렇지는 않습니다. 존자여, 그 사람은 가시에 찔린 사람의 이익을 헤아려 치료하려고 생각하고 그 가시를 빼낸 것입니다. 존자여, 만일 그 사람이 그 가시를 뽑지 않았다면 그는 죽거나 심한 고통을 받았을 것입니다."

"대왕이여, 그와 마찬가지로 여래는 자비를 드리워 데바닷타를 고통으로부터 벗어나게 하기 위해 출가시킨 것입니다. 대왕이여, 만일 세존이 데바닷타를 출가시키지 않았다면 데바닷타는 또한 1조 겁 동안 세세생생 지옥에서 고통을 받았을 것입니다."

"존자 나가세나여, 여래는 번뇌의 흐름에 따라가는 데바닷타를 번뇌의 흐름을 거슬러 올라가도록 하고, 사도를 걷는 데바닷타에게 정도를 걷게 하고, 언덕에서 떨어진 데바닷타에게 발판을 주고, 울퉁불퉁한 길을 가는 데바닷타에게 평탄한 길을 걷게 하신 것입니다. 존자 나가세나여, 당신처럼 지혜있는 사람을 제쳐놓고 다른 출가자에 의해서는 이들의 원인 이들의 이유를 보여줄 수는 없습니다."

4. 벳산타라왕과 대지의 진동

"존자 나가세나여, 세존은 '비구들이여! 대지진동의 출현에는 여덟 가지의 직접원인과 간접원인이 있다'고 말씀하셨습니다. 이것은 보충할 여지가 없는 말씀이고, 이것은 완전무결한 말씀이고, 이것은 결정적인 말씀입니다. 대지진동의 출현에 관하여 이들 여덟 가지 외에 제9의 원인은 없습니다. 존자 나가세나여, 만일 대지진동의 출현에 관하여 다른 제9의 원인이 있다고 한다면 세존은 그 원인에 대해서도 말씀하셨을 것입니다. 그러나 존자 나가세나여, 대지진동의 출현에 관하여 다른 제9의 원인이 없으므로 세존은 그것을 말씀하지 않으셨습니다.

그런데 우리들은 벳산타라왕이 대보시를 했을 때 일곱 번 대지가 진동했다고 하는 것을 얘기한다면 이것이야말로 대지진동에 관한 제9의 원인을 보인 것입니다. 존자 나가세나여, 대지진동의 출현에 관하여 여덟 가지의 직접원인과 간접원인만 있다고 한다면, '벳산타라왕이 대보시를 행할 때 일곱 번 대지가 진동하였다'라고 하는 말은 허구입니다. 그리고 만일 벳산타라왕이 대보시를 행할 때 일곱 번 대지가 진동한 것이라면, '대지진동의 출현에 관하여 여덟 가지의 직접원인과 간접원인만 있다'고 하는 그 말도 또한 허구입니다.

이 양도논법의 물음도 또한 정묘하여 해명하기 어렵고 당혹한 것으로써 매우 깊은 의미를 지닌 것입니다. 그것이 이제 당신에게 제출되었습니다. 당신처럼 지혜있는 사람을 제쳐놓고 다른 지혜가 적은 자에게서 이 물음은 해결될 수 없는 것입니다."

"대왕이여, 세존은 '비구들이여! 대지진동의 출현에는 여덟 가지의 직접원인과 간접원인이 있다'고 말씀하셨습니다. 그러나 벳산타라왕이 대보시를 했을 때 일곱 번 대지가 진동하였습니다. 그러나 그것은 일어나야 할 때에 일어난 것이 아니라 우연히 발생한 것이며 여덟 가지 직접원인과는 다른 것입니다. 그렇기 때문에 그것은 여덟 가지의 직접원인 가운데 하나로 계산되지 않는 것입니다.

대왕이여, 예를 들면 세간에서는 세 종류의 비―장마철의 비, 겨울철의 비, 여름철(두 달 동안)의 비―가 열거됩니다. 만일 그를 빼놓고 다른 비가 내린다면 그 비는 일반적인 비 속에 계산되지 않습니다. 내릴 때에 내리지 않는 비로 계산되는 것입니다. 대왕이여, 그와 마찬가지로 벳산타라왕이 대보시를 했을 때 일곱 번 대지가 진동하였습니다. 그러나 그것은 일어나야 할 때에 일어난 것이 아니라 우연히 발생한 것이며 여덟 가지 직접원인과는 다른 것입니다. 그렇기 때문에 그것은 여덟 가지의 직접원인 가운데 하나로 계산되지 않는 것입니다.

대왕이여, 예를 들면 히말라야 산으로부터 오백 개의 강이 흘러내립니다. 대왕이여, 그들 오백 개의 강 가운데 열 개의 강만이 강 속에 간주되는 것입니다. 즉 갠지스, 야무나, 아치라바티, 사라브, 마히, 신두, 사랏사티, 베트라바티, 비탄사, 챤다바가입니다. 그 밖의 강은 강 속에 계산되지 않습니다. 그 이유는 그들 강은 언제나 물을 채우지 않기 때문입니다. 대왕이여, 그와 마찬가지로 벳산타라왕이 대보시를 했을 때 일곱 번 대지가 진동하였습니다만 그것은 일어나야 할 때에 일어난 것이 아니라 우연히 발생한 것이며, 여덟 가지 직접원인과는 다른 것이기 때문에 그것은 여덟 가지의 직접원인 가운데 하나로 계산되지 않는 것입니다.

대왕이여, 예를 들면 왕의 신하는 백 명이나 2백 명쯤 됩니다만 그들 가운데 여섯 사람만이 신하의 수에 계산되는 것입니다. 즉 사령장관(비서실장), 수상 겸임의 사제장, 사법대신(대법원장), 대장대신(재무장관), 지산자(정무장관), 지검자(경호실장)입니다. 이들 여섯 사람만이 신하의 수로 간주되는 것입니다. 그 이유는 그들의 직무가 왕의 대권과 결합해 있기 때문입니다. 그 밖은 신하로 계산되지 않고 모두 다만 왕의 신하로 불리는 것입니다. 대왕이여, 그와 마찬가지로 벳산타라왕이 대보시를 했을 때 일곱 번 대지가 진동하였습니다만 그것은 일어나야 할 때에 일어난 것이 아니라 우연히 발생한 것이며, 여덟 가지 직접원인과는 다른 것이기 때문에 그것은 여덟 가지의 직접원인 가운데 하나로 계산되지 않는 것입니다.

대왕이여, 그런데 승자(붓다)의 가르침에 있어서 정진하고 노력하는 자가 현재 즐거움의 느낌을 받는 행위를 하고, 다시 그 명성이 모든 하늘이나 사람들에게까지 이르렀다고 하는 그런 자들의 일을 당신은 들어본 적이 있습니까?"

"네, 존자여. 승자의 가르침에 있어서 정진하고 노력하는 자가 현재 즐거움의 느낌을 받는 행위를 하고, 다시 그 명성이 모든 하늘이나 사람들에게까지 이르렀다고 하는 그런 자들의 일을 나는 이제 들었습니다. 그들은 일곱 사람입니다."

"대왕이여, 누구누구입니까?"

"존자여, 꽃집 주인 스마나, 바라문 에카사타카, 하인 푼나카, 왕비 말리카, 왕비 고파라마탈, 여신도 숫피야, 하녀 푼나, 이들 일곱 사람이 현재 즐거움의 느낌을 받고 다시 그들의 명성이 모든 하늘이나 사람들에게까지 이르른 자입니다."

"또 과거에 인간의 육체를 지닌 채 삼십삼천에 올라간 사람들을 일찍이 들어보신 적이 있습니까?"

"네, 존자여. 그들의 일을 들었습니다."

"대왕이여, 누구누구입니까?"

"다음의 네 사람의 일을 들었습니다. 음악가 굿티라, 국왕 사디나, 국왕 니미, 국왕 만다탈입니다. 그들이 '인간의 육체를 지닌 채 삼십삼천에 올라갔다'고 하는 것과 또 '오랫동안 하기 어려운 선행을 하였다'고 하는 것을 들었습니다."

"대왕이여, 다시 당신은 과거 혹은 현재에 있어서 이러이러하고 저러저러한 보시가 행해지고 있을 때 한 번, 두 번, 혹은 세 번 대지가 진동했다고 하는 말을 일찍이 들어보신 적이 있습니까?"

"존자여, 들어본 적이 없습니다."

"대왕이여, 나는 전승하는 가르침(아함경전)을 알고, 터득하고, 통달하고, 가르침을 잘 듣고 있고, 학력이 있고, 듣기를 좋아하고, 질문을 하고 스승을 모셔왔지만 그러나 그의 보시가 행해졌을 때 한 번, 두 번 혹은 세 번 대지가 진동했다는 것을 일찍이 들어본 적이 없습니다. 다만 왕 중의 우왕 벳산타라가 행한 최승의 보시의 경우는 제외합니다. 대왕이여, 세존 캇사파와 세존 사캬무니(석가모니)의 두 붓다 사이에는 일천만 년이라고 하는 셀 수 없는 세월이 경과했지만 그 사이마저 나는 '그러나 그 보시가 행해졌을 때 한 번, 두 번 혹은 세 번 대지가 진동하였다'라고 하는 것을 듣지 못했습니다. 대왕이여, 조그마한 노력, 조그마한 정진, 힘씀에 의해 대지는 진동하지 않습니다. 대왕이여, 대지가 공덕의 무거운 짐을 짊어지고, 일체 청정한 활동에 의한 공덕의 무거운 짐을 짊어지고 그것을 지탱할 수 없을 때 움직이고 진동하고 전율하는 것입니다.

대왕이여, 예를 들면 수레가 과중한 짐을 실었을 때 수레의 바퀴살과 바퀴와 수레의 축이 분해되고 부러지는 것처럼 대왕이여, 대지가 일체 청정한 활동에 의한 공덕의 무거운 짐을 짊어지고 그것을 지탱할 수 없을 때 움직이고 진동하는 것입니다. 다시 또 대왕이여, 예를 들면 하늘이 폭풍우에 덮이고, 무거운 비구름에 눌리고, 강풍에 흔들리게 되면, 울부짖으며 '우르르르 꽝!' 하고 소리를 지르는 것처럼 대왕이여, 그와 마찬가지로 대지는 벳산타라왕의 보시력의 막대한 무거운 짐을 싣고 그것을 지탱할 수가 없을 때 움직이고 진동하고 전율하는 것입니다.

대왕이여, 왜냐하면 벳산타라왕의 마음은 탐심 때문에 움직이는 것이 아니고, 분노 때문에 움직이는 것이 아니고, 미망 때문에 움직이는 것이 아니고, 높은 아만 때문에 움직이는 것이 아니고, 올바르지 못한 견해 때문에 움직이는 것이 아니고, 번뇌 때문에 움직이는 것이 아니고, 사물을 성찰하는 것(논쟁) 때문에 움직이는 것이 아니고, 불만족 때문에 움직이는 것이 아니고, 오로지 보시를 위해 크게 움직이는 것이기 때문이다. 그리고 왕은 '어떻게 하면 나는 보시받기를 바라는 자로서 아직 오지 않은 자를 내게로 오게 할 수 있을까. 또 보시받기를 바라는 자로서 이미 온 자에게 원하는 대로 시주물을 얻어 기쁘게 할 수 있을까' 하고 생각하고 항상 평등하게 보시하고 싶어 뜻을 기울였던 것입니다.

대왕이여, 벳산타라왕은 항상 평등하게 마음을 열 가지 상태—길들임, 평정, 인내, 자율, 억제, 제어, 분노하지 않음, 잔학하지 않음, 진실, 청정한 것—에 기울였습니다. 대왕이여, 벳산타라왕에게는 애욕에로의 욕구는 멸하고, 생존에로의 욕구는 지멸되고, 청정한 수행에로의 욕구만이 열심이었던 것입니다. 대왕이여, 벳산타라왕에게는 자기를 지키는 일이 없어지고 다른 사람을 지키는 일이 열심이었습니다. '어떻게 하면 나는 이들 사람들을 화합하고 무병하고 부유하고 장수하게 할 수 있을까' 하고 그것에만 오로지 뜻을 기울였던 것입니다.

대왕이여, 그러나 벳산타라왕이 보시를 할 때에는 행복한 생활을 얻기 위해 보시하지 않고, 재물을 얻기 위해 보시하지 않고, 보답을 얻기 위해 보시하지 않고, 예의 때문에 보시하지 않고, 수명을 늘이기 위해 보시하지 않고, 용모를 아름답게 하기 위해 보시하지 않고, 행복을 위해 보시하지 않고, 세력을 더하기 위해 보시하지 않고, 명성을 넓히기 위해 보시하지 않고, 아들을 위해 보시하지 않고, 딸을 위해 보시하지 않고, 실로 모든 것을 아는 지혜를 이루기 위해, 모든 것을 아는 지혜의 보물을 얻기 위해 이러한 비길 데 없는 광대하고 위없는 뛰어난 보시를 행한 것입니다. 전지자가 되었을 때 그는 다음의 시구를 읊었습니다.

　내 아들 쟈리도, 딸 칸하지나도, 정절한 아내 맛디도
　나는 구하는 자에게 베풀되 어떤 사안도 없었다.
　그것은 다만 깨달음을 얻을 목적을 위해 한 것이다.

　대왕이여, 벳산타라왕은 분노가 없는 마음에 의해 분노하는 자를 이기고, 선에 의해 착하지 않은 자를 이기고, 보시에 의해 인색한 자를 이기고, 진실에 의해 거짓을 말하는 자를 이기고, 정의에 의해 모든 사악한 자를 이겼던 것입니다.
　그가 이와 같이 보시를 하면서 진리를 추구하고 진리의 파악을 목적으로 하고 있을 때, 그 보시에서 생겨나는 바 광대한 지역에 작용하는 힘과 활동력에 의해 큰 바람이 지하에서 천천히 움직여 그리고 횟수를 더하여 미친듯이 불되 아래로 향하고 위로 향하고 횡으로 불어 잎사귀는 떨어지고 나무는 쓰러졌습니다. 구름은 차례대로 커다랗게 뭉게구름이 되어 하늘을 달리고, 먼지로 가득찬 바람은 강렬하게 하늘을 압도했습니다. 바람은 강하게 울부짖었습니다. 무서우리만치 일대음행이 생겼습니다. 그 바람이 격렬하게 울부짖을 때 물은 서서히 움직이기 시작했고, 물이 움직였을 때 악어와 거북이가 격동하였고, 기둥 같은 파도가 솟구치고 수중에 사는 동물은 두려움을 머금었습니다. 파랑을 낳고, 파도의 포효를 낳고, 무서운 포말이 솟아 파도의 고리를 낳고, 대해는 부피를 더하여 물은 사방 한 면을 할퀴고, 조류는 미친듯이 날뛰어 여기저기에 부딪쳤습니다. 악귀, 금시조, 용, 야차는 두려워 떨며 '무슨 일인가, 어쩐 일인가, 대양은 뒤집히려고 하고 있다'라고 하면서 공포를 머금고 달아날 길을 구했습니다. 조류가 격동하고 분류할 때 대지는 산맥과 함께 진동하고 수메루 산(수미산)은 회전하고 그 산정은 완전히 변했습니다. 뱀, 망구스, 고양이, 이리, 돼지, 사슴, 새는 곤혹하였습니다. 대지가 진동하고 있을 때 힘없는 야차는 울고 큰 힘의 야차는 웃고 좋아했습니다.

대왕이여, 예를 들면 큰 가마솥에 가득 물을 채우고 쌀을 넣고 아래에서 불을 붙였을 때 우선 처음에는 가마솥이 뜨거워지고 가마솥이 뜨거워졌을 때 물이 끓습니다. 물이 끓었을 때 쌀이 익습니다. 익은 쌀은 위아래로 달리고 거품을 일으키고 거품의 고리가 생기는 것입니다. 대왕이여, 그와 마찬가지로 벳산타라왕은 세간 속에 있어서 버리기 어렵다고 하는 것을 버리고, 그 버리기 어렵다고 하는 것을 버리는 보시를 행했기 때문에 지하의 큰 빛이 지탱할 수 없어 격동하고, 이로 인해 물이 진동하고 물이 진동하자 대지가 진동한 것입니다. 그리고 그로부터 큰 바람과 물과 대지의 이들 셋이 대보시에서 생겨난 힘과 활동력에 의해 말하자면 하나가 된 것입니다. 대왕이여, 벳산타라왕의 대보시력에서처럼 이와 같은 위력을 지닌 보시는 다른 데는 없는 것입니다.

대왕이여, 예를 들면 땅 속에 여러 종류의 보석이 있다고 합시다. 즉 인다니라(사파이어), 마하니라(대 사파이어), 죠티라사(스타 사파이어), 베르리야(유리), 움마프파(아마꽃), 시리사프파(아카시아꽃), 마노하라(매혹), 스리야칸다(사랑스러운 태양), 챤다칸다(사랑스러운 달), 바지라(다이아몬드), 캇죠팟카마카, 푸삿라가(황 사파이어), 로히탄카(루비), 마사라갓라(묘안석)입니다. 이들 모든 것보다도 전륜왕의 마니보주는 훨씬 뛰어나며 최상이라 인정되고 있습니다. 대왕이여, 전륜왕의 마니보주는 1요자나 사방을 두루 비춥니다. 대왕이여, 그와 마찬가지로 이 지상에 있어서 행해지는 모든 보시는 가장 뛰어난 보시라 일컬어지는 그 어떤 것보다도 벳산타라왕의 대보시가 훨씬 뛰어나며 최상이라 인정되고 있습니다. 대왕이여, 벳산타라왕이 대보시를 할 때 대지는 일곱 번 진동했습니다."

"존자 나가세나여, 붓다가 아직 깨달음을 구하여 수행하고 있던 보살일 때에도 그는 세간에 있어서 비길 데 없고 실로 인내가 강하고 매우 온화하고 의지가 견고하고 확고한 노력을 쌓았다고 하는 것은 놀라운 일이며 아직까지 일찍이 없었던 일입니다. 존자 나가세나여, 당신에 의해 보살의 노력이 나타나고 또 승자의 최고의 실천덕목이 한층 더 빛났습니다. 여래가 청정한 생활을 할 때 신들과 인간들의 세계에 있어서 어떻게 그가 최상의 존재인가를 당신은 밝혀주셨습니다.

잘 알겠습니다. 존자 나가세나여. 승자의 가르침은 찬미되고, 승자의 최고의 실천덕목은 해명되고, 다른 학파의 논쟁의 마디는 꺾여지고, 반대자의 논쟁의 항아리는 깨어지고, 매우 심오한 물음은 잘 풀리고, 밀림은 환하게 베어 개간되고 승자의 아들(붓다의 제자)들은 미혹으로부터 이탈을 얻었습니다. 학파의 지도자 가운데 최상자여! 진실로 그대의 말씀대로입니다. 나는 당신의 말을 인정합니다."

5. 눈을 베푼 시비왕

"존자 나가세나여, 당신네 출가자들은 '시비왕이 눈을 달라는 자에게 자기의 두 눈을 주었다. 그리고 왕이 장님이 되었을 때 다시 그에게 천안이 생겼다'라고 이렇게 말합니다. 이 말도 또한 결함이 있고 비난해야 할 점이 있고 과실이 있습니다. 왜냐하면 '원인이 배제되어 동기 없고 근거 없을 때 천안의 생겨남은 없다'고 경전에 설해져 있기 때문입니다.

존자 나가세나여, 만일 시비왕이 눈을 달라는 자에게 자기의 두 눈을 주었다면, '다시 그에게 천안이 생겼다'라고 하는 말은 허구입니다. 만일 천안이 생겼다면, '시비왕이 눈을 달라는 자에게 자기의 두 눈을 주었다'라는 말은 거짓말입니다.

이것도 또한 양도논법의 물음으로 매듭보다도 더욱 단단히 얽혔고, 화살보다도 더 관통하였고, 밀림보다도 더 빽빽합니다. 이제 이것이 당신에게 제출된 것입니다. 여기서 당신은 반대자의 설을 논파하고 파기하려고 하는 뜻과 원을 일으켜 주십시오."

"대왕이여, 시비왕은 눈을 달라는 자에게 자기의 두 눈을 주었습니다. 그것에 관하여 당신은 의혹을 일으켜서는 안 됩니다. 게다가 또 시비왕에게 천안이 생겼습니다. 그것에 관해서도 의혹을 일으켜서는 안 됩니다."

"존자 나가세나여, 원인이 배제되어 동기가 없고 근거가 없을 때 천안이 생겨납니까?"

"대왕이여, 그렇지는 않습니다."

"존자여, 그러면 이 경우 어떤 이유가 있어서 원인이 배제되어 동기 없고 근거 없을 때 천안이 생기는 것입니까? 자, 우선 예를 들어 나를 납득시켜 주십시오."

"대왕이여, 이 세상에 진실이라고 하는 것이 존재하고 그것에 의해 진실을 말하는 자가 서언(주술, 진언)을 한다고 하는 말을 들으신 적이 있습니까?"

"예. 존자여, 있습니다. 존자 나가세나여, 이 세상에 진실이라고 하는 것이 존재하고, 그것에 의해 진실을 말하는 자들이 서언을 하여 하늘로 하여금 비를 내리게 하고, 불을 끄게 하고, 독을 무효하게 하고, 그 밖에 그가 하려고 하는 갖가지 일을 합니다."

"대왕이여, 그렇다면 '시비왕에게 천안이 생긴 것은 진실의 힘에 의해서다'라고 하는 것은 이와 상응하고 이와 일치합니다. 대왕이여, 근거 없을 때 진실의 힘에 의해 천안이 생기는 것입니다. 왜냐하면 그 경우 진실 그 자체가 천안이 생겨남의 근거가 되기 때문입니다."

존자 나가세나가 말을 이었다.

"대왕이여, 예를 들면 주술사가 '큰비야 내려라' 하고 주문을 외워 그가 주문을 외움과 동시에 큰비가 내렸습니다. 대왕이여, 이 경우 허공에 비를 내릴 원인이 축적되어 있고 그 원인에 의해 큰비가 내린 것입니까?"

"존자여, 그렇지는 않습니다. 여기에는 주문 그 자체가 큰비를 내릴 원인입니다."

"대왕이여, 그와 마찬가지로 천안이 생길 자연인은 존재하지 않습니다. 그 경우 진실 그 자체만이 천안이 생길 근거입니다.

대왕이여, 또 예를 들면 주술사들이 '타오르고 타오르는 커다란 불덩어리여! 꺼져라' 하고 주문을 외웠다고 합시다. 그가 주문을 외움과 동시에 타오르고 타오르는 커다란 불덩어리는 일찰나에 꺼질 것입니다. 대왕이여, 타오르고 타오르는 커다란 불덩어리 속에 축적된 불을 끌 원인이 있고, 그 원인에 의해 타오르고 타오르는 커다란 불덩어리가 일찰나에 꺼진 것일까요?"

"존자여, 그렇지는 않습니다. 여기에는 주문 그 자체가 그 타오르고 타오르는 커다란 불덩어리를 일찰나에 끌 수 있는 근거입니다."

"대왕이여, 그와 마찬가지로 천안이 생길 자연인은 존재하지 않습니다. 그 경우 진실 그 자체만이 천안이 생길 근거입니다. 대왕이여, 또 예를 들면 주술사들이 '하라하라 독(맹독)은 해독제로 변하라' 하고 주문을 외웠다고 합시다. 그가 주문을 외움과 동시에 하라하라 독은 그 순간 해독제가 될 것입니다. 대왕이여, 그 하라하라 독 속에 축적된 독을 사라지게 하는 원인이 있고 그 원인에 의해 하라하라 독이 해독제로 변한 것입니까?"

"존자여, 그렇지는 않습니다. 여기서는 그 주문 자체가 하라하라 독을 일찰나에 몰아내는 원인인 것입니다."

"대왕이여, 그와 마찬가지로 천안이 생길 자연인은 존재하지 않습니다. 그 경우 진실 그 자체만이 천안이 생길 근거입니다."

장로가 이어 말했다.

"대왕이여, 성스러운 네 가지의 진리를 깨닫는데 다른 근거는 존재하지 않습니다. 진실을 근거로 하여 성스러운 네 가지 진리를 깨닫는 것입니다."

존자 나가세나는 계속했다.

"대왕이여, 지나(중국)에 어떤 왕이 있었습니다. 대해에 공물을 베풀기 위해 넉 달 동안이나 서언을 하고 사자가 끄는 수레를 타고 대해로 1요자나를 들어갔습니다. 그때 그의 수레 앞에서 커다란 노도가 밀려온 것입니다. 그것이 물러가면 다시 밀려왔습니다. 대왕이여, 그 대해는 이 세상의 신들이나 인간들의 보통 체력에 의해 물리칠 수 있을까요?"

"존자여, 이 세상의 신들이나 인간들의 보통 체력에 의해서는 매우 작은 연못의 물도 물리칠 수는 없습니다. 하물며 대해의 물에 있어서는 말할 나위도 없습니다."

"대왕이여, 이 사례에 의해 진실의 힘을 알아야 합니다. 진실에 의해 달성하지 못하는 것은 없습니다."

존자 나가세나는 계속했다.

"대왕이여, 야쇼카 법왕이 파타리풋트라에서 시민과 지방민, 근신(近臣), 군대와 대신들에게 에워싸여, 새로운 물로 가득 차 제방까지 물의 양을 더하여 만수가 된 길이 백 요자나, 폭 1요자나의 갠지스 강이 흘러오는 것을 보고 근신들에게 이렇게 말했습니다.

'여봐라! 누군가가 이 큰 갠지스 강의 흐름을 역류시킬 수 있는 자가 있는가?'

근신들은 답했습니다.

'대왕이여! 어렵습니다.'

마침 그 갠지스 강의 언덕에 서 있던 빈두마티라 이름하는 유녀(몸파는 여인)가 '누군가가 이 큰 갠지스 강의 흐름을 역류시킬 수 있는 자가 있는가?' 라고 왕이 말하는 것을 전해 들었습니다. 유녀는 이렇게 말했습니다.

'저는 사실 파타리풋트라 마을에 사는 유녀입니다. 몸을 팔아 생활의 양식을 삼는 가장 천한 생활을 하는 사람입니다. 왕께서는 우선 저의 서언의 힘을 보아주십시오.'

그리고 그녀는 서언을 했습니다. 그녀가 서언을 함과 동시에 대갠지스 강은 많은 사람들이 보고 있는 앞에서 우르릉 우르릉 하고 소리를 내면서 역류했습니다. 왕은 대갠지스 강이 소용돌이치는 파도의 세력으로 내는 괴음을 듣고 놀라 경이로운 마음을 일으켜 근신들에게 이렇게 말했습니다.

'여봐라, 어떻게 이 대갠지스 강은 역류하는가?'

'대왕이여! 빈두마티라고 하는 유녀가 왕의 말씀을 듣고 서언을 했습니다. 그리고 그녀가 서언을 했을 때 대갠지스 강은 상류로 향해 흐르는 것입니다.'

그래서 왕은 감동을 받고 급히 걸어가 그 유녀에게 질문했습니다.

'그대의 서언에 의해 이 대갠지스 강이 역류했다고 하는 말은 사실인가?'

'대왕이여! 그렇습니다.'

왕이 물었습니다.

'어떻게 그대에게 그런 힘이 있는가. 또 누가 자네의 말을 들었는가. 대단한 자도 아닌 그대가 어떤 힘에 의해 이 대갠지스 강을 역류시켰는가?'

그녀는 대답했습니다.

'대왕이여! 저는 진실의 힘에 의해 이 대갠지스 강을 역

류시킨 것입니다.'

왕은 물었습니다.

'어떻게 그대에게 진실의 힘이 있겠는가. 그대는 도둑, 스스로 타락한 자, 진실하지 않은 자, 방탕자, 죄 많은 자, 방종자, 법을 범한 자, 눈먼 어리석은 자들로부터 재물을 빼앗는 사람이 아닌가?'

'대왕이여! 제가 그런 사람임은 맞는 말씀입니다. 대왕이여! 그런 사람입니다만 저에게 서언이 있고 제가 원할 때에 그것에 의해 신들과 인간들의 세간을 변화시킬 수가 있습니다.'

왕이 물었습니다.

'그러면 그대에게는 어떤 서언이 있는가. 자, 나에게 들려다오.'

'대왕이여! 제게 재물을 주는 자는 크샤트리야도 바라문도 바이샤도 수드라도 혹은 다른 누구라도 저는 그들에 대하여 평등하게 봉사합니다. 크샤트리야라고 해서 존경하여 구별하지 않습니다. 수드라이기 때문에 경멸하지 않습니다. 저는 친애와 혐오의 마음을 떠나 재물을 소유한 사람들에게 봉사합니다. 대왕이여! 이것이 저의 서언이고 그것에 의해 저는 이 대갠지스 강을 역류시킨 것입니다' 라고."

존자 나가세나가 계속해서 말했다.

"대왕이여, 이와 같이 진실에 바탕을 두고 생활하는 사람들은 어떤 이익도 향수하지 않는 자는 없는 것입니다. 대왕이여, 그러므로 시비왕은 눈을 달라는 자에게 자기의 두 눈을 주고 그리고 그에게 천안이 생긴 것입니다. 그것도 서언에 의했기 때문입니다. 그런데 경전에 '육안이 없어져 동기 없고 근거 없을 때 천안이 생겼다'고 설해진 것은 수행에 의해 생긴 눈(지혜의 눈)에 관하여 일컬어지고 있는 것입니다. 대왕이여, 이와 같이 당신은 그 경전의 의미를 이해하십시오."

"멋집니다. 존자 나가세나여, 내가 제출한 물음은 잘 풀렸고, 비난해야 할 점은 바르게 설명되었고, 반대자의 논은 완전히 타파되었습니다. 당신이 논하신 바는 참으로 그 말씀대로라고 나는 인정합니다."

6. 수태에 관한 물음

"존자 나가세나여, 또 다음의 말씀을 세존은 설하셨습니다. '비구들이여, 실로 세 가지 조건이 화합해서 수태가 된다. 즉 여기에 부모가 교합하였다고 하는 사실이 있다. 어머니는 월경이 지난 여인이다. 그리고 수태를 맡은 간다르바신이 현존한다. 비구들이여! 이들 세 가지 조건이 화합하여 수태가 된다.'

이것은 보충할 여지가 없는 말씀이고, 이것은 완전무결한 말씀이고, 이것은 결정적인 말씀이고, 이것은 비밀이 없는 말씀이고, 신들과 인간들 한복판에 앉아 말씀하신 것입니다.

그런데 다음 얘기는 두 가지 조건이 화합하여 수태한 것을 보여주고 있습니다. 즉 고행자(남자 수행자) 두크라가 고행니(여자 수행자) 파리카의 월경기에 오른손 엄지손가락으로 그녀의 배꼽을 문질렀습니다. 그가 배꼽을 문지른 것에 의해 동자 사마가 탄생했습니다. 선인 마탕가도 또 바라문 딸의 월경기에 오른손 엄지손가락으로 그녀의 배꼽을 문질렀습니다. 그가 문지른 것에 의해 소년 만다브야가 탄생했습니다.

존자 나가세나여, 만일 세존이 '비구들이여! 실로 세 가지 조건이 화합하여 수태가 된다'고 설하셨다면, '동자 사마와 소년 만다브야 두 사람이 배꼽을 문지른 것에 의해 탄생하였다'라고 하는 말은 허구입니다. 만일 여래가 '동자 사마와 소년 만다브야 두 사람이 배꼽을 문지른 것에 의해 탄생하였다'고 설하셨다면, '비구들이여! 실로 세 가지 조건이 화합하여 수태가 된다'고 하는 그 말도 또한 허구입니다.

이것도 또한 양도논법의 물음이고 매우 깊어 정묘롭고 지혜있는 자가 풀어야 할 영역입니다. 이것이 당신에게 제출되었습니다. 당신은 의혹의 길을 단절하고 뛰어난 지혜의 등불을 켜 주십시오."

"대왕이여, 다음의 말씀을 세존은 설하셨습니다.

'비구들이여, 실로 세 가지 조건이 화합해서 수태가 된다. 즉 여기에 부모가 교합하였다고 하는 사실이 있다. 어머니는 월경이 지난 여인이다. 그리고 수태를 맡은 간다르

바신이 현존한다. 비구들이여! 이들 세 가지 조건이 화합하여 수태가 된다.'

또 붓다는 설하셨습니다.

'동자 사마와 소년 만다브야 두 사람이 배꼽을 문지른 것에 의해 탄생했다' 라고."

"그렇다면 존자 나가세나여, 물음을 잘 해결할 수 있는 사례에 의해 나를 납득시켜 주십시오."

"대왕이여, 그러면 일찍이 당신은 '동자 상킷챠와 고행자 이시싱가와 장로 쿠마라캇사파는 이러이러하게 탄생하였다'고 하는 말을 들은 적이 있으십니까?"

"네, 존자여. 그들이 탄생한 얘기를 들었습니다. 즉 두 마리 암사슴이 때마침 월경이 있을 때 두 사람의 고행자가 방뇨한 장소에 가서 고행자의 정자가 들어있는 오줌을 마셨습니다. 그 정자가 들어간 오줌을 마신 것으로 인해 동자 상킷챠와 고행자 이시싱가가 탄생했습니다. 장로 우다인은 비구니의 주처에 가까이 갔다가 마음이 흥분하여 비구니의 여근을 뚫어지게 보고는 정액을 옷에 흘렸습니다. 그때 존자 우다인은 그 비구니에게 이렇게 말했습니다.

'이보시게, 가서 물을 가져다 주게나. 나는 내의를 빨아야겠소.'

'존자여! 아닙니다. 제가 빨아드리겠습니다.'

마침 그 비구니가 월경 때가 되어 그 정액의 일부분을 입에 넣고 또 일부분을 여근 속에 밀어넣었습니다. 그것에 의해 장로 쿠마라캇사파가 탄생한 것입니다. 이 사람은 이와 같이 해서 탄생한 것입니다."

"대왕이여, 당신은 그 말을 믿습니까?"

"네 믿습니다. 존자여. '이 이유에 의해 탄생하였다'고 내가 믿는 유력한 이유를 이제 얻었기 때문입니다."

"대왕이여, 거기서 이유란 무엇입니까?"

"존자여, 잘 준비되어 있는 칼라라(난자, 또는 수태로부터 첫이레 동안의 태아) 속에 정자가 떨어져 그것이 급속하게 생장한 까닭입니다."

"대왕이여, 그렇습니다."

"존자여, 그와 마찬가지로 그 월경이 있는 비구니의 칼라라가 확립되고 급격히 출혈이 멎고 활력(월경)이 있는 동안 그 정자를 취해 이 칼라라 속에 넣어 그것에 의해 그녀에게 수태가 성립한 것입니다. 이로써 그가 탄생한 이유를 이해시켜 주십시오."

"대왕이여, 그것은 그대로입니다. 나는 '태내에 들어감에 의해 수태하였다'고 이와 같이 인정합니다. 그러나 당신은 쿠마라캇사파의 수태를 인정하십니까?"

"존자여, 그렇습니다."

"대왕이여, 훌륭하십니다. 그렇다면 당신은 나의 영역에 들어오신 것입니다. 한 종류만으로도 수태를 말했을 때에는 당신은 나의 설에 따를 것입니다. 그런데 두 마리의 암사슴이 오줌을 마시고 수태했다고 하는 그 수태를 당신은 믿습니까?"

"존자여, 그렇습니다. 온갖 먹고 마시고 씹고 맛본 것은 어떤 것이라도 칼라라에 이르고 터를 얻어 생장합니다. 존자 나가세나여, 예를 들면 이른바 온갖 흐름은 모두 대해로 흐르고 장소를 얻어 중대하는 것처럼 존자 나가세나여, 그와 마찬가지로 온갖 먹고 마시고 씹고 맛본 것은 어떤 것이라도 칼라라에 이르고 터를 얻어 생장합니다. 나는 이 이유에 의해 '입에 의해서도 또 수태가 가능하다'고 믿습니다."

"대왕이여, 참 잘하셨습니다. 당신은 보다 한층 나의 영역에 가까워졌습니다. 입에 의해서도 또 다른 두 가지 화합이 있습니다. 당신은 동자 상킷챠, 고행자 이시싱가, 그리고 장로 쿠마라캇사파가 수태한 것을 인정합니까?"

"존자여, 그렇습니다. 그것은 화합에 의한 것입니다."

"대왕이여, 배꼽을 문질러 수태한 동자 사마도 소년 만다브야도 세 가지 조건의 화합에 속하는 것으로 전자(입에 의해 수태한 동자 상킷챠 등)와 동일한 성질의 것입니다. 나는 여기서 그 이유를 밝힐 것입니다.

대왕이여, 고행자 두크라와 고행니 파리카 두 사람은 숲속에서 수행하는 자들이었습니다. 그들은 고독한 생활에 전념하고 최상의 도리를 탐구하고 고행의 위력에 의해 범천의 세계에 이르기까지 열중했습니다. 그때 천제 인드라는 조석으로 그들에게 봉사하고자 찾아왔습니다. 그는 그들에 대해 경애심을 갖고 고찰하고 미래에 있어서 그들의 두 눈은 함께 실명할 것을 알았습니다. 그들을 보고 그들에게 말했습니다.

'존자들이여! 내 말을 따르십시오. 당신네가 아들 하나를 낳으신다면 다행이겠습니다. 그 아이는 당신네의 시자겸 부양자가 될 것입니다.'

하지만 그들은 그의 말을 받아들이지 않았습니다.

'인드라여! 그만 두십시오. 그렇게 말씀하시면 안 됩니다.'

동정심이 깊고 사람에게 이익을 베풀고자 하는 천제 인드라는 두 번 세 번 거듭해서 그들에게 이렇게 말했습니다.

'존자들이여! 내 말에 따르십시오. 당신네가 아들 하나를 낳으신다면 다행이겠습니다. 그 아이는 당신네의 시자겸 부양자가 될 것입니다.'

그들은 세 번이나 이렇게 대답했습니다.

'인드라여! 그만 두십시오. 당신은 우리들에게 무익한 것을 권하지 말아 주십시오. 언젠가 이 몸이 파괴되지 않겠습니까. 파괴를 본질로 하는 이 몸은 파괴될 것입니다. 대지도 파괴되고 산마루의 바위도 파괴되고 허공도 파열되고 해와 달도 파괴될 때 우리들은 세간의 사상(사물)을 즐기지 못할 것입니다. 이후 당신은 우리들 앞에 오셔서는 안 됩니다. 만일 오신다면 〈당신은 확실히 무익한 것을 하는 자〉라고 다른 사람에게 인정되는 것입니다.'

그래서 천제 인드라는 그들의 마음을 잡을 수가 없자 외경하고 합장하여 다시금 이렇게 원했습니다.

'만일 내 말에 따를 수가 없다면 고행니가 월경기로 달

꽃(月華＝월경)이 있을 때 존자여! 당신은 오른손 엄지손가락으로 그녀의 배꼽을 문질러 주십시오. 그것에 의해 그녀는 임신할 것입니다. 이 배꼽을 문지르는 것에 의한 교법이야말로 수태의 원인입니다.'

'인드라여! 나는 당신의 말에 따를 수가 없습니다. 그 정도의 일로 우리들의 고행은 부서지지 않습니다. 아무튼 좋습니다'라고 승인했습니다. 그런데 그때 천계에 한 사람의 천자가 있었습니다. 그는 선행의 인을 거듭해서 쌓고 수명이 다한 사람이었습니다만 수명이 다했을 때 전륜왕의 가문에도 그의 원하는 대로 태어날 수 있는 자였습니다. 그때 천제 인드라는 그 천자에게 다가가 이렇게 말했습니다.

'지자여, 당신에게 태양이 빛났습니다. 목적달성의 태양이 온 것입니다. 일찍이 내가 당신을 위해 시자가 되어 갔던 즐거운 곳에 당신은 사실 것입니다. 적당한 집에 다시 태어나실 것입니다. 아름다운 부모에 의해 자랄 것입니다. 자, 내 말에 따르십시오.'

그는 간청했습니다. 두 번 세 번 머리 위에서 합장하고 간청했습니다. 그래서 그 천자는 이렇게 말했습니다.

'나 좀 보오. 당신이 재삼재사 반복하여 칭찬하는 그 집이란 어떻습니까?'

'고행자 두크라와 고행니 파리카가 머무는 집입니다.'

그는 그 말을 듣고 만족하여 승낙했습니다. 그리고 답했습니다.

'그대여! 맞습니다. 당신이 바라는 대로 된다면 더없이 좋은 일이지요. 그대여! 난생(알로 태어나는 생명), 혹은 태생(태로 태어나는 생명), 혹은 습생(습기에서 태어나는 생명), 혹은 화생(변화하여 태어나는 생명)에 의해 어떠한 가문에 태어나려고 한다 해도 나는 바라는 가문에 태어날 것이라 사색하고 있었습니다. 그대여! 나는 태생으로 태어나고 싶습니다.'

그때 천제 인드라는 출생을 계산한 뒤 고행자 두크라에게 말했습니다.

'몇 년 몇 월 몇 일경 고행니는 월경기이고 달꽃이 있을 것입니다. 존자여! 그때 당신은 오른손 엄지손가락으로 그녀의 배꼽을 문질러 주십시오.'

대왕이여, 그리고 그날에 고행니는 월경기이고 달꽃이 있었습니다. 또 천자는 거기에 와서 살고 있었습니다. 또 고행자는 오른손 엄지손가락으로 고행니의 배꼽을 문질렀습니다. 이와 같이 이들 세 가지 조건의 화합이 있었던 것입니다. 배꼽의 마촉(접촉하고 문지르는 행위)에 의해 고행니에게 성욕이 생겼는데 그 성욕은 배꼽의 마촉에 의해 이 고행니에게 생긴 것입니다. 그러나 당신은 세 가지 조건의 화합을 성교로만 생각해서는 안 됩니다. 놀이(애무)도 세 가지 조건의 화합이 될 수 있고, 얘기하는 것(Y담)도 세 가지 조건의 화합이 될 수 있고, 골몰하게 그에 대해 생각하는 것도 세 가지 조건의 화합이 될 수 있습니다. 이전까지 갖고 있던 성욕이 현재 일어나 마촉에 의해 세 가지 조건의 화합이 생기고 그 화합에 의해 수태가 있기 때문에 대왕이여, 성교하지 않는 경우에도 마촉에 의해 수태가 되는 것입니다.

대왕이여, 예를 들면 타고 있는 불은 접촉하지 않더라도 가까이에 있는 것의 냉기를 제거하는 것처럼 대왕이여, 그와 마찬가지로 성교하지 않는 경우에도 마촉에 의해 수태가 되는 것입니다.

대왕이여, 네 가지 힘에 의해 생명의 수태가 있습니다. 즉 업에 의해, 태에 의해, 가계에 의해, 청원에 의해서입니다. 그러나 그들 생명은 모두 업으로부터 나타난 것이고 업으로부터 생긴 것입니다.

대왕이여, 어떻게 해서 업에 의해 생명은 수태하는 것일까요? 대왕이여, 선의 바탕을 쌓은 생명들은 대가인 크샤트리야 가계, 대가인 바라문의 가계, 대가인 장자의 가계, 신들, 난생의 태, 태생의 태, 습생의 태, 화생의 태 가운데 각기 원하는 곳에 태어나는 것입니다.

대왕이여, 예를 들면 부자인 대재산가요 대부호로 막대한 금·은, 많은 재보, 가구들이 있고, 많은 곡류를 소유하고, 다수의 친족을 가진 사람이 있다고 합시다. 그가 하남(남자 하인), 하녀(여자 하인), 경작지, 목재, 마을, 지방, 어떤 것이라도 마음에 얻고 싶다고 바라는 바를 두 배 세 배의 값을 지불하고라도 살 수 있는 것처럼 대왕이여, 그와 마찬가지로 선의 바탕을 쌓은 생명들은 대가인 크샤트리야 가계, 대가인 바라문의 가계, 대가인 장자의 가계, 신들, 난생의 태, 태생의 태, 습생의 태, 화생의 태 가운데 각기 원하는 곳에 태어나는 것입니다. 이와 같이 업에 의해 생명은 수태합니다.

어떻게 하여 태에 의해 생명은 수태하는 것일까요? 대왕이여, 닭은 바람에 의해 수태합니다. 학은 우레에 의해 수태합니다. 모든 신은 수태에 의존하지 않습니다. 그들 수태에 의한 생명은 갖가지 방법에 의해 수태합니다.

대왕이여, 예를 들면 사람들은 갖가지 모습으로 지상에서 생활하고 있습니다. 어떤 사람들은 앞을 가리고, 어떤 사람들은 뒤를 가리고, 어떤 사람들은 발가벗고, 어떤 사람들은 머리를 깎고, 어떤 사람들은 흰옷을 입고, 어떤 사람들은 머리를 묶어 틀어올리고, 어떤 사람들은 머리를 깎고 황의(가사)를 입고, 어떤 사람들은 머리를 묶어 틀어올린 뒤 황의를 입고, 어떤 사람들은 고삐를 손에 들고 있습니다. 그들 모든 인간은 갖가지 모습으로 지상에서 생활하고 있습니다. 대왕이여, 그와 마찬가지로 그들 생명은 모두 갖가지 방법에 의해 수태하는 것입니다. 이와 같이 여러 가지 태에 의해 생명은 수태합니다.

어떻게 하여 가계에 의해 생명은 수태하는 것일까요? 대왕이여, 가계란 난생, 태생, 습생, 화생의 네 가지 가계를 말하는 것입니다. 만일 간다르바신이 어디서라도 난생의 가계에 태어났다면 그때 그것은 난생이 되고, 태생의 가계에 태어났다면 그때 그것은 태생이 되고, 습생의 가계에 태어났다면 그때 그것은 습생이 되고, 화생의 가계에 태어났다면 그때 그것은 화생이 됩니다. 각기 가계에 있어서 거기에 상응한 생명들이 태어나는 것입니다.

대왕이여, 예를 들면 어떤 수류나 조류라도 히말라야의 수메루 산에 가까이 가면 모두 그들은 자신의 색을 잃고 황금색이 되는 것처럼 대왕이여, 그와 마찬가지로 간다르바신이 어디서든지 난생의 태에 깃들어 고유의 자성을 잃고 난생이 되고, 태생이 되고, 습생이 되고, 화생이 되는 것입니다. 그와 같이 가계에 의해 생명은 수태합니다.

어떻게 해서 청원에 의해 생명은 수태하는 것일까요? 대왕이여, 여기에 자녀가 없고, 많은 재산이 있고, 신앙이 돈독하고, 계행을 지니고 덕이 있는 자로서 근검한 생활을 하는 집(사람)이 있습니다. 또 한편 선의 바탕을 쌓고 죽을 운명에 있는 한 천자가 있다고 합시다. 그때 천제 인드라는 그를 불쌍히 여겨 그 천자에게 향하여 청원했습니다.

'그대여! 당신은 이 집의 첫째 부인의 뱃속에 태어나고 싶다고 원하십시오.'

그(천자)는 이 청원에 의해 그 집에 태어나고 싶다고 원했습니다. 대왕이여, 예를 들면 복덕을 바라는 사람, 마음이 수련된 수행자에게 사람들이 청원하여 '이 사람이 온다면 집안 전체의 행복을 가져다 주는 것이 될 것이다'라고 하여 그 사람을 자기의 집에 태어나게 하는 것처럼 대왕이여, 그와 마찬가지로 천제 인드라는 그 천자에게 청원하여 그를 그의 집에 태어나게 한 것입니다. 그와 같이 청원에 의해 생명은 수태합니다.

대왕이여, 동자 사마는 천제 인드라에게 청하여 고행니

파리카의 뱃속에 들어갔습니다. 대왕이여, 동자 사마는 복덕의 행위를 짓고 부모는 계행을 지닌 덕있는 자였고 청원자는 유능한 자였습니다. 이들 세 사람(동자, 부모, 청원자)의 마음의 청원에 의해 동자 사마는 탄생했습니다.

대왕이여, 여기에 씨뿌리는 방법이 뛰어난 사람이 잘 갈아놓은 물이 충분한 논에 씨를 뿌렸다고 합시다. 그가 종자의 발육에 있어서 장해가 되는 것을 제거할 때 그것은 종자의 발육에 있어서 어떤 장해를 미칠까요?"

"존자여, 그렇지는 않습니다. 존자여, 방해를 받는 일이 없는 종자는 빠르게 발육할 것입니다."

"대왕이여, 그와 마찬가지로 동자 사마는 출생의 장해를 벗어나 세 사람 마음의 원에 의해 태어났습니다. 대왕이여, 당신은 일찍이 '선인들의 노여움에 의해 부유하고 번영하며 주민이 많은 어떤 큰 지방이 모두 파멸하였다'라고 하는 말을 들은 적이 있습니까?"

"존자여, 그렇습니다. 나는 들었습니다. 단다카의 숲, 멧쟈의 숲, 카링가의 숲, 마탕가의 숲은 모두 도시가 숲으로 변해버린 것입니다. 또 그들 모든 지방은 선인들의 노여움에 의해 파멸해버린 것입니다."

"대왕이여, 만일 그들의 노여움에 의해 번영했던 지방이 멸망하였다면 그들의 청정에 의해서는 대관절 어떤 것이 생겨났습니까?"

"존자여, 그렇습니다."

"대왕이여, 바로 그렇기 때문에 동자 사마는 세 사람의 강력한 마음의 청원에 의해 태어난 것입니다. 즉 '선인에 의해 창조되고, 신에 의해 창조되고, 복덕의 행위에 의해 창조되었다'라고 이와 같이 기억하여 주십시오. 대왕이여, 이들 세 사람의 천자는 천제 인드라에게 청원하여 좋은 가문에 태어났습니다. 세 사람이란 누구일까요? 동자 사마, 마하파나다왕, 쿠사왕으로서 이들 세 사람도 또한 보살이 되었습니다."

"존자 나가세나여, 수태는 잘 설명되고, 그 이유는 잘 논해졌고, 암흑이 광명이 되고, 실마리는 풀리고, 반대자의 논은 내던져졌습니다. 당신이 논한 바는 진실로 그대로라고 나는 인정합니다."

7. 붓다의 가르침의 존속과 멸진

"존자 나가세나여, 또 세존은 다음의 말씀을 설하셨습니다. '아난다여! 이제 올바른 가르침(정법)은 오백 년 동안만 존속할 것이다.'

그런데 또 붓다가 완전한 열반에 드셨을 때(죽음에 임했을 때) 수행자 수밧다가 물음을 던졌으므로 세존은 다음과 같이 말씀하셨습니다. '수밧다여! 이들 비구들이 올바르게 생활한다면 이 세상에 아라한이 없는 일은 없을 것이다.'

이것은 보충할 여지가 없는 말씀이고 이것은 완전무결한 말씀이고 이것은 결정적인 말씀입니다. 존자 나가세나여,

만일 여래가 '아난다여! 이제 올바른 가르침은 오백 년 동안만 존속할 것이다'라고 말씀하셨다면, '이 세상에 아라한이 없는 일은 없을 것이다'라고 하는 그 말씀은 허구입니다. 만약 여래가 '이 세상에 아라한이 없는 일은 없을 것이다'라고 말씀하셨다면, '아난다여! 이제 올바른 가르침은 오백 년 동안만 존속할 것이다'라는 그 말씀도 허구입니다.

이것도 또 양도논법의 물음입니다. 이것은 밀림보다도 더 빽빽하고, 유력자보다도 더 유력하고, 매듭보다도 더 단단히 맺혀 있습니다. 이것이 당신에게 제출된 것입니다. 여기서 당신은 대해 속으로 간 괴이한 물고기 마카라처럼 지식력이 굉장히 큼을 보여 주십시오."

"대왕이여, 세존은 이런 말씀을 하셨습니다. '아난다여! 이제 올바른 가르침은 오백 년 동안만 존속할 것이다.' 또 완전한 열반에 드셨을 때 수행자 수밧다에게 이렇게 말씀하셨습니다. '수밧다여! 이들 비구들이 올바르게 생활한다면 이 세상에 아라한이 없는 일은 없을 것이다.'

대왕이여, 그러나 세존의 이 말씀은 당신이 생각한 것과는 의의도 다르고 주장도 달리하고 있습니다. 한쪽은 붓다의 가르침의 존속기한이고 다른 쪽은 실천도를 설하여 보여주신 것이기 때문에 이들 양자는 서로 멀리 떨어져 있는 것입니다.

대왕이여, 예를 들면 하늘이 땅에서 멀리 떨어져 있고, 지옥이 하늘에서 멀리 떨어져 있고, 선이 불선에서 멀리 떨어져 있고, 즐거움이 괴로움에서 멀리 떨어져 있는 것처럼 대왕이여, 그와 마찬가지로 이들 양자는 서로 멀리 떨어져 있습니다.

대왕이여, 그러나 당신의 물음이 무익한 것이 되지는 않을 것입니다. 나는 그것을 본질에 연관시켜 당신에게 설할 것입니다. 세존이 '아난다여! 이제 올바른 가르침은 오백 년 동안만 존속할 것이다'라고 설하신 것은 올바른 가르침의 멸진(완전한 소멸)을 설하여 보여주시면서 금후 존속할 잔여기간을 한정시키셨습니다. 즉 '아난다여! 만일 비구니가 출가하지 않았다면 올바른 법은 일천 년 동안 존재할 것이다. 아난다여! 여인이 붓다가 설한 가르침과 규율에 있어서 출가하였기 때문에 아난다여! 이제 올바른 가르침은 오백 년 동안만 존속할 것이다'라고 말씀하셨기 때문입니다. 대왕이여, 세존이 이렇게 말씀하신 것은 올바른 가르침이 없어지는 것을 말씀하신 것입니까, 아니면 올바른 가르침을 터득하는 것을 질책하는 것입니까?"

"존자여, 그렇지 않습니다."

"대왕이여, 이미 잃어버린 것을 베풀어 보여주시고 나머지 것을 설하여 보여주시면서 올바른 가르침의 존속기한을 한정하신 것입니다.

대왕이여, 예를 들면 재산을 잃어버린 남자가 남은 재산 모두를 취해 '나의 재산은 이 정도만을 잃었습니다. 이것이 나머지입니다'라고 사람들에게 말하여 보여주는 것처럼 대왕이여, 그와 마찬가지로 세존은 이미 잃어버린 것을 베풀어 보여주시고 나머지 것을 설하여 보여주시면서 '아난 다여! 이제 올바른 가르침은 오백 년 동안만 존속할 것이 다'라고 신들과 인간들에게 설하셨습니다.

대왕이여, 그러나 세존이 '아난다여! 이제 올바른 가르침 은 오백 년 동안만 존속할 것이다'라고 말씀하신 것은 가 르침의 존속의 기한에 대한 것입니다. 또 완전한 열반에 드셨을 때 수행자 수밧다가 물음을 던졌으므로 '수밧다여! 이들 비구들이 올바르게 생활한다면 이 세상에 아라한이 없는 일은 없을 것이다'라고 붓다가 출가자들에게 베풀어 보여주시면서 말씀하신 것은 실천을 설하여 보이신 것입니 다. 그러나 당신은 실천을 설하여 보여주심과 올바른 가르 침의 존속기한을 같은 성질의 것으로 보신 것입니다. 그러 나 만일 당신이 원하신다면 나는 같은 성질의 것으로 설명 하겠습니다. 경건하게 잘 들으시고 주의를 기울여 주십시 오.

대왕이여, 예를 들면 못이 있어 새로운 물이 가득 차고, 가장자리까지 물이 넘치고, 크기가 제한되고, 주위에 제방 이 쌓여 있다고 합시다. 그 못이 마르지 않는 동안에 큰비 가 차례차례로 계속해서 내린다면 대왕이여, 그 못의 물은 더하여 없어져 버릴까요?"

"존자여, 그렇지 않습니다."

"대왕이여, 어째서입니까?"

"존자여, 비가 계속해서 내리기 때문입니다."

"대왕이여, 그와 마찬가지로 가장 훌륭한 승자(붓다)의 가르침인 올바른 가르침의 못은 올바른 행, 훌륭한 계행, 일상의 노력과 실천이라고 하는 오염되지 않은 신선한 물로 가득 채워지고, 물은 점점 차 최고의 하늘세계를 지배하고 있습니다. 만일 거기에 붓다의 아들(붓다의 제자)들이 올바른 행, 훌륭한 계행, 일상의 노력과 실천이라고 하는 비를 차례대로 계속하여 내리게 한다면 이 가장 뛰어난 승자의 가르침, 올바른 가르침의 못은 오래도록 영원한 기간 동안 존재할 것이고, 또 이 세상에 아라한이 없는 일은 없을 것입니다. 세존은 이런 의미에 있어서 '수밧다여! 이들 비구들이 올바로 생활한다면 이 세상에 아라한이 없는 일은 없을 것이다'라고 말씀하신 것입니다.

대왕이여, 또 예를 들면 커다란 불꽃이 타고 있을 때 사람들이 교대로 건조한 풀과 섶과 쇠똥을 던져 넣는다면 대왕이여, 그 불꽃은 꺼지겠습니까?"

"존자여, 그렇지 않습니다. 그 불꽃은 더욱더 타오르고 더욱더 빛날 것입니다."

"대왕이여, 그와 마찬가지로 가장 훌륭한 승자의 가르침은 올바른 행, 훌륭한 계행, 일상의 노력과 실천에 의해 일만의 세계에 빛날 것입니다.

대왕이여, 만일 또 그 위에 붓다의 아들들이 다섯 가지 정진해야 할 덕목[26]을 구비하고, 항상 게으르지 않게 정진하고, 계행·마음의 통일·지혜의 세 가지 원리(삼학)를 애호하여 학습하고, 선을 이루는 계행과 악을 짓지 않는 계행을 완전히 지킨다면 이 가장 뛰어난 승자의 가르침은 오래도록 장구한 기간 존재할 것이고, 이 세상에 아라한이 없는 일은 없을 것입니다. 따라서 세존은 이런 의미에서 '수밧다여! 이들 비구들이 올바르게 생활한다면 이 세상에 아라한이 없는 일은 없을 것이다'라고 말씀하신 것입니다.

대왕이여, 또 예를 들면 반들반들하고, 평평하고, 잘 다듬어져 있고, 광택이 있고, 그리고 먼지가 없는 거울을 부드럽고 정결하고 미세한 붉은색 마분으로 닦는다면 대왕이여, 그 거울의 표면에 때·더러움·먼지가 생길까요?"

"존자여, 그렇지 않습니다. 확실히 더욱더 깨끗할 것입니다."

"대왕이여, 그와 마찬가지로 가장 뛰어난 승자의 가르침은 본래 때가 없습니다. 번뇌의 때·먼지를 떠나 있습니다. 만일 붓다의 아들들이 올바른 행, 뛰어난 계행, 일상의 노력과 실천, 번뇌를 근절한 정화의 행에 의해 가장 뛰어난 승자의 가르침을 배운다면, 이 가장 뛰어난 승자의 가르침은 오래도록 장구한 기간 존재할 것이고 또 이 세상에 아라한이 없는 일은 없을 것입니다. 따라서 세존은 이런 의미에서 '수밧다여! 이들 비구들이 올바르게 생활한다면 이 세상에 아라한이 없는 일은 없을 것이다'라고 말씀하신 것입니다. 대왕이여, 스승(붓다)의 가르침은 실천을 근본으로 하고 실천을 마음의 진수로 하는 것입니다. 실천이 없어지지 않는 한 붓다의 가르침은 존재합니다."

"존자 나가세나여, 당신이 '올바른 가르침의 없어짐'이라고 말했는데 그 '올바른 가르침의 없어짐'이란 어떤 것입니까?"

"대왕이여, '이들 세 가지의 없어짐'이 있습니다. 세 가지란 무엇일까요. 즉 올바른 가르침의 중득이 없어지는 것, 올바른 가르침의 실천이 없어지는 것, 올바른 가르침의 특징이 없어지는 것입니다.

대왕이여, 올바른 가르침의 중득이 없어질 때는 곧잘 가르침을 실천하는 자는 있어도 그는 그 가르침을 터득할 수가 없습니다. 올바른 가르침의 실천이 없어질 때는 배워야 할 항목의 규율은 없어지고 올바른 가르침의 특징만이 존재합니다. 올바른 가르침의 특징이 없어질 때는 전통의 상속은 단절합니다. 대왕이여, 이것이 '이들 세 가지의 없어짐'입니다."

"존자 나가세나여, 당신에 의해 매우 심오한 물음은 잘 인식되고 해명되고 맺힌 매듭은 잘 풀렸습니다. 또 학파의 지도자 중 가장 뛰어난 분으로서 우왕과도 같은 당신을 만나 반대자의 설은 산산조각이 나고 타파되고 빛을 잃었습니다."

8. 모든 불선을 멸하신 전지자 붓다 : 업과 육체적 고락의 감수의 관계

"존자 나가세나여, 여래(붓다)는 모든 불선을 태워버리고 전지자가 되신 것입니까, 아니면 불선이 아직 남아 있는데 전지자가 되신 것입니까?”

"대왕이여, 세존(붓다)은 모든 불선을 태워버리고 전지자가 되신 것입니다. 세존에게는 불선의 나머지는 없습니다.”

"존자여, 여래의 몸에 일찍이 고통의 감각이 생긴 적은 없었습니까?”

"대왕이여, 일찍이 있었습니다. 라쟈가하(왕사성)에서 세존의 발이 돌의 파편으로 상처를 입으시고 혹은 이질에 걸리시고 또 몸에 부스럼이 났을 때 의사 지바카가 하제(내리는 약)를 쓰고, 또 풍병이 일어났을 때 시중을 드는 장로가 붓다를 위해 열탕(백비탕)을 구했습니다.”

"존자 나가세나여, 만일 여래가 모든 불선을 태워버리고 전지자가 되셨다면, '세존의 발이 돌의 파편으로 상처를 입으시고 혹은 이질과 설사에 걸리시고 또 몸에 부스럼이 났을 때 지바카가 하제를 쓰고, 또 풍병이 일어났을 때 시중을 드는 장로가 붓다를 위해 열탕을 구했다'고 하는 말은 허구입니다. 만일 여래의 발이 돌의 파편으로 상처를 입으시고 혹은 이질과 설사에 걸리시고 또 몸에 부스럼이 났을 때 지바카가 하제를 쓰고, 또 풍병이 일어났을 때 시중을 드는 장로가 붓다를 위해 열탕을 구했다고 한다면, '여래가 모든 불선을 태워버리고 전지자가 되셨다'라고 하는 말도 또한 허구입니다. 존자여, 불선의 업이 없다면 감각되는 것(여기서는 고통을 가리킴)은 존재하지 않습니다. 감각되는 모든 것은 업을 근본으로 하고 업에 의해서만 감각되는 것입니다. 이것도 또한 양도논법의 물음으로 이제 당신에게 제출되었습니다. 이것은 당신이 풀어야 할 것입니다."

"대왕이여, 실로 감각되는 모든 것(고통)은 업을 근본으로 하는 것은 아닙니다. 대왕이여, 여덟 가지 원인에 의해 감각되는 것(고통)이 생깁니다. 그들 원인에 의해 많은 사람들은 고통을 감수합니다. 여덟 가지란 무엇일까요?

대왕이여, 풍을 원인으로 하여 생겨나는 것에 의해서도 여기에 어떤 감각되는 것이 생깁니다. 대왕이여, 담즙을 원인으로 하여 생겨나는 것에 의해서도 여기에 어떤 감각되는 것이 생깁니다. 대왕이여, 가래를 원인으로 하여 생겨나는 것에 의해서도 여기에 어떤 감각되는 것이 생깁니다. 대왕이여, 이들 세 가지의 화합에서 생겨나는 것에 의해서도 여기에 어떤 감각되는 것이 생깁니다. 대왕이여, 계절의 변화에서 생겨나는 것에 의해서도 여기에 어떤 감각되는 것이 생깁니다. 대왕이여, 불규칙한 양생에서 생겨나는 것에 의해서도 여기에 어떤 감각되는 것이 생깁니다. 대왕이여, 격심한 상해에서 생겨나는 것에 의해서도 여기에 어떤 감각되는 것이 생깁니다. 대왕이여, 업보에 의해서도 여기에 어떤 감각되는 것이 생깁니다.

대왕이여, 이들 여덟 가지 원인에 의해 감각되는 것(고통)이 생깁니다. 이 가운데 무릇 '사람들을 고통스럽게 하는 것은 업이고 그들 사람들은 그 업 이외의 다른 원인을 인정하지 않는다'고 하는 그들의 말은 허구입니다."

"그러나 존자 나가세나여, 풍, 담즙, 가래 이들 세 가지의 화합, 계절의 변화, 불규칙한 양생, 격심한 상해에서 생기는 이들 일곱 가지 원인에 의해 생기는 고통도 결국 모두 업에 의해 나타나고 있는 것입니다."

"대왕이여, 만일 그들 모두가 실제 업을 원인으로 하는 병이라면 그들을 구별하는 특징은 존재하지 않는 것이 될 것입니다.

대왕이여, 풍이 동란(작용을 시작)할 때는 열 가지의 원인인 추위, 더위, 주림, 목마름, 과식, 장시간의 기립, 과로, 질주, 상해, 업보에 의해 동란하는 것입니다. 이 가운데 앞의 아홉 가지는 과거에도 미래에도 일어나지 않고 개인의 현재 생존에 있어서만 일어나는 것입니다. 그러므로 '모든 고통의 감각은 업에 의해서 일어난다'고 말씀하셔서는 안 됩니다.

대왕이여, 담즙이 동란할 때는 세 가지의 원인인 추위, 더위, 부적당한 음식물에 의해 동란하며, 가래가 동란할 때는 세 가지의 원인인 추위, 더위, 음식에 의해 동란합니다. 대왕이여, 이들 풍, 담즙, 가래는 노하거나 동란하고 혹은 혼합하면 각기 고통의 감각을 야기시킵니다. 대왕이여, 계절의 변화에서 생기는 감각은 업보의 결과를 낳지 않는 우연의 작용에 의해 생기는 것이고 업보에 의해 생기는 것입니다. 업보에서 생기는 감각은 전세에 있어서 지은 업에 의해 일어나는 것입니다.

대왕이여, 그러므로 업보에 의해 생기는 것은 적고 나머지의 것(우연의 작용에 의해 생기는 것)이 보다 많습니다.

여기서 어리석은 자가 '모든 것은 업보에서 생기는 것일 뿐이다'라고 말한다면 그것은 너무나도 지나친 말입니다. 어느 누구라도 붓다의 지혜가 없다면 그 업의 움직이는 범주를 결정할 수는 없습니다."

장로가 말을 이었다.

"대왕이여, 그런데 세존의 발이 돌의 파편으로 다치셨을 때 감각되어진 것(괴로움의 감수)은 풍을 원인으로 하여 생긴 것도 아니고, 담즙을 원인으로 하여 생긴 것도 아니고, 가래를 원인으로 하여 생긴 것도 아니고, 이들 세 가지의 화합에서 생긴 것도 아니고, 계절의 변화에서 생긴 것도 아니고, 불규칙한 양생에서 생긴 것도 아니고, 업보에서 생긴 것도 아닙니다. 그것은 격심한 상해에서 생긴 것이었습니다.

대왕이여, 왜냐하면 데바닷타는 몇백천 생 동안 여래에 대해서 증오하는 마음을 품고 있었습니다. 그는 그 증오심에 의해 크고 무거운 돌을 취하여 '붓다의 머리 위에 떨어뜨릴 것이다'라고 생각하고 던져버렸습니다. 그런데 그때 다른 두 개의 돌이 굴러와 그 돌이 아직 여래가 계신 곳에 이르기 전에 받아쳐 버렸습니다. 그 돌들의 충돌에 의해 돌의 파편이 부서져 세존의 발에 떨어져 피를 흘리게 된 것입니다. 대왕이여, 세존의 이 괴로움의 감각은 업보에서 생긴 것이든가 혹은 우연의 작용에서 생긴 것에 틀림이 없습니다. 그 이외의 다른 괴로움의 감각은 존재하지 않기 때문입니다.

대왕이여, 예를 들면 밭이 나쁘다든가 혹은 씨앗이 안 좋으면 종자는 발아하지 않는 것입니다. 그와 마찬가지로 대왕이여, 세존의 이 괴로움의 감각은 업보에서 생긴 것이든가 혹은 우연의 작용에서 생긴 것에 틀림이 없습니다. 그 이외의 다른 괴로움의 감각은 존재하지 않기 때문입니다.

대왕이여, 또 예를 들면 위가 안 좋다든가 아니면 음식물이 나쁘기 때문에 음식물은 소화되지 않는 것입니다. 그것과 마찬가지로 세존의 이 괴로움의 감각은 업보에서 생긴 것이든가 혹은 우연의 작용에서 생긴 것에 틀림이 없습니다. 그 이외의 다른 괴로움의 감각은 존재하지 않기 때문입니다.

대왕이여, 그러나 세존에게는 업보에서 생겨나는 감각은 존재하지 않습니다. 불규칙한 양생에서 생기는 감각도 존재하지 않습니다. 게다가 세존에게는 나머지 다른 여섯 가지 원인에서 생겨나는 것에 의한 감각도 일어나지 않습니다. 더욱이 그 감각에 의해 세존의 생명을 빼앗을 수는 없습니다.

대왕이여, 네 가지의 큰 요소로 구성되어 있는 몸에 있어서 쾌와 불쾌, 청정과 부정이라고 하는 감각이 떨어져 내린 것입니다. 대왕이여, 예를 들면 허공에 던져진 흙덩어리가 대지에 떨어질 경우 그 흙덩어리는 전세에 지은 업에 의해 대지에 떨어진 것일까요?"

"존자여, 그렇지는 않습니다. 대지에는 선과 불선의 업보를 감수하는 바의 원인은 존재하지 않습니다. 그 흙덩어리가 대지에 떨어지는 것은 전세의 업이 아니라 현재의 인에 의한 것입니다."

"대왕이여, 마치 여래는 대지와 같이 그렇게 보셔야 할 분입니다. 예를 들면 흙덩어리가 대지에 떨어지는 것은 전세에 지은 업에 의한 것이 아닌 것처럼 그와 마찬가지로 여래의 발에 그 돌의 파편이 떨어진 것은 전세에 지은 업에 의한 것이 아닙니다. 대왕이여, 또 예를 들면 사람들이 대지(논밭)를 간다든가 판다든가 할 경우 그 사람은 전세에 지은 업에 의해 대지를 갈고 파고 하겠습니까?"

"존자여, 그렇지 않습니다."

"대왕이여, 그와 마찬가지로 세존의 발에 떨어진 그 돌의 파편은 전세에 지은 업에 의해 세존의 발에 떨어진 것은 아닙니다.

대왕이여, 또 세존이 이질에 걸리셨다는 곳도 전세에 지은 업에 의한 것이 아니고 풍과 담즙과 가래의 세 가지 화합에 의해 생긴 것입니다. 대왕이여, 세존에게 어떤 육체적 병이 생기더라도 그 병은 붓다 자신의 업에서 생긴 것이 아니라 이들 여섯 가지 원인 중 어느 하나에서 생긴 것입니다.

대왕이여, 신들 중에서 최고자인 세존은 《상윳타니카야》 묘전 가운데 모리야, 시바카에 대한 해답에서 또 다음과 같이 말씀하셨습니다.

'시바카여! 담즙을 원인으로 하여 생겨나는 것에 의해서도 여기에 어떤 감각되어지는 것(고통)이 일어난다. 시바카여! 담즙을 원인으로 하여 생겨나는 것에 의해서도 여기에 어떤 감각되어지는 것이 일어난다고 하는 것을 그대 자신도 알아야 한다. 왜냐하면 시바카여! 담즙을 원인으로 하여 생겨나는 것에 의해서도 여기에 어떤 감각되어지는 것이 일어난다고 하는 것은 세간에 있어서도 진실로 인정되고 있기 때문이다.

시바카여! 그러나 수행자나 바라문들 가운데 〈개인이 감수하는 어떤 즐거움이라도 혹은 괴로움이라도 혹은 즐거움도 괴로움도 아닌 것이라도 모두 그것은 전세에 지은 업을 원인으로 하는 것이다〉라고 하는 이러한 논자, 이러한 견해를 가진 자가 있다. 이런 생각은 자기의 지식을 초월한 것이고 또 세간에 있어서 진실로써 인정되고 있는 바를 초월한 것이다. 그러므로 그들 수행자 바라문들에게 잘못이 있다고 나는 말한다.

시바카여! 가래를 원인으로 하여 생겨나는 것에 의해서도 여기에 어떤 감각되어지는 것(고통)이 일어난다. 시바카여! 세 가지의 화합에서 생겨나는 것에 의해서도 여기에 어떤 감각되어지는 것이 일어난다. 시바카여! 계절의 변화에서 생겨나는 것에 의해서도 여기에 어떤 감각되어지는 것이 일어난다. 시바카여! 불규칙한 양생에서 생겨나는 것에 의해서도 여기에 어떤 감각되어지는 것이 일어난다. 시바카여! 격심한 상해에서 생겨나는 것에 의해서도 여기에 어떤 감각되어지는 것이 일어난다. 시바카여! 업보에 의해서도 여기에 어떤 감각되어지는 것(고통)이 일어난다. 시바카여! 업보에 의해서도 여기에 어떤 감각되어지는 것(고통)이 일어난다고 하는 것을 그대 자신도 알아야 한다. 왜냐하면 시바카여! 업에 의해서 여기에 어떤 감각되어지는 것(고통)이 일어난다고 하는 것은 세간에 있어서도 진실로써 인정되고 있기 때문이다.

시바카여! 그러나 수행자나 바라문들 가운데 〈개인이 감수하는 어떤 즐거움이라도 혹은 괴로움이라도 혹은 즐거움도 괴로움도 아닌 것이라도 모두 그것은 전세에 지은 업을 원인으로 하는 것이다〉라고 하는 이러한 논자, 이러한 견해를 가진 자가 있다. 이런 생각은 자기 지식을 초월한 것이고 또 세간에 있어서 진실로써 인정되고 있는 바를 초월한 것이다. 그러므로 그들 수행자 바라문들에게 잘못이 있다고 나는 말한다.'

대왕이여, 바로 그렇기 때문에 모든 감각은 업보에서 생기는 것은 아닙니다. 대왕이여, '모든 불선을 태워버리고 나서 세존은 전지자가 되셨다'라고 하는 것을 사실로써 파악해야 합니다."

"잘 알았습니다, 존자 나가세나여. 당신이 논하신 바는 진실로 그대로라고 나는 인정합니다."

9. 붓다는 다시 수행을 필요로 하는가 : 명상의 특별한 이익

"존자 나가세나여, 당신들은 다음과 같이 말합니다.
'여래(붓다)에게 있어서 그가 닦아야 할 모든 것은 보리수 아래에서 이미 성취되었고, 여래에게는 다시 그 이상의 닦아야 할 것도 혹은 이미 닦은 것에 부가해야 할 것도 없다.'

그런데 붓다는 그 직후 석 달 동안 홀로 앉아 명상에 드셨음을 알고 있습니다. 존자 나가세나여, 여래에게 있어서 닦아야 할 모든 것이 보리수 아래에서 이미 성취되었고, 여래에게는 다시 그 이상의 닦아야 할 것도 혹은 이미 닦은 것에 부가해야 할 것도 없다고 한다면, '석 달 동안 홀로 앉아 명상에 드셨다'고 하는 말은 허구입니다.

만일 석 달 동안 홀로 앉아 명상에 드셨다면, 여래에게 있어서 닦아야 할 모든 것이 보리수 아래에서 이미 성취하였다고 하는 말은 허구입니다. 닦아야 할 바를 이미 성취한 자에게 있어서는 홀로 앉아 명상할 것은 없고 닦아야 할 바가 있는 자만이 홀로 앉아 명상할 것이 있습니다.

예를 들면 병든 사람에게는 의약이 필요하겠지만 병이 없는 사람에게는 어떠한 의약도 필요가 없고, 배고픈 사람에게는 음식물이 필요하겠지만 배고프지 않은 사람에게는 어떤 음식도 필요하지 않은 것처럼 존자 나가세나여, 그와 마찬가지로 닦아야 할 바를 이미 성취한 자에게 있어서는 홀로 앉아 명상할 것도 없고 닦아야 할 바가 있는 자만이 홀로 앉아 명상할 것이 있습니다. 이것도 또 양도논법의 물음으로 이제 당신에게 제출되었습니다. 이것은 당신이 풀어야 할 것입니다."

"대왕이여, 여래에게 있어서 닦아야 할 모든 것이 보리수 아래에서 이미 성취되었고, 여래에게는 다시 그 이상의 닦아야 할 것도 혹은 이미 닦은 것에 부가해야 할 것도 없습니다. 그러나 세존은 석 달 동안 홀로 앉아 명상에 드셨습니다. 모든 여래도 또 홀로 앉아 명상에 드시고 나서 전지자가 되셨습니다만 그는 그 선공덕을 회상하시면서 오히려 홀로 앉아 명상을 닦으셨습니다.

대왕이여, 예를 들면 어떤 사람이 왕으로부터 최고의 지위를 얻고 재산과 부를 받았으나 그는 그 좋은 공덕을 회상하면서 계속해서 왕에게 봉사하는 것처럼 대왕이여, 그와 마찬가지로 모든 여래도 또 홀로 앉아 명상에 드시고 나서 전지자가 되셨습니다만 그는 그 선공덕을 회상하시면서 오히려 홀로 앉아 명상을 닦으셨습니다.

대왕이여, 예를 들면 병들어 괴로워하고 중태에 빠진 사람이 의약을 복용하고 쾌유하였지만, 그 좋은 공덕을 회상하면서 계속해서 의약을 복용하는 것처럼 대왕이여, 그와 마찬가지로 모든 여래도 또 홀로 앉아 명상에 드시고 나서 전지자가 되셨습니다만, 그는 그 선공덕을 회상하시면서 오히려 홀로 앉아 명상을 닦으셨습니다.

대왕이여, 그런데 홀로 앉아 명상하신 특별한 이익은 스물여덟 가지나 있어서 모든 여래는 그들 공덕을 관찰하면서 명상을 닦으셨습니다. 스물여덟 가지의 특별한 이익이란 무엇일까요. 대왕이여, 여기서 홀로 앉아 명상하신 것은

(1) 명상하는 자를 수호하고
(2) 수명을 증대하고
(3) 체력을 부여하고
(4) 잘못이 생기는 것을 저지하고
(5) 불명예를 제거하고
(6) 명성을 얻게 하고
(7) 불만족을 제거하고
(8) 즐거움을 주고
(9) 공포를 제거하고
(10) 절대적 자신을 갖게 하고
(11) 게으름을 제거하고
(12) 정진을 내게 하고
(13) 탐심을 제거하고
(14) 분노를 제거하고
(15) 미망을 제거하고
(16) 교만을 없애고
(17) 성찰작용(의심)을 물리치고
(18) 마음을 순일하게 하고
(19) 마음의 작용(뜻)을 부드럽게 하고

(20) 기쁜 마음을 내게 하고

(21) 존경스럽고 엄숙하게 하고

(22) 이익을 내게 하고

(23) 존경을 받게 하고

(24) 기쁨을 얻게 하고

(25) 환희한 마음이 나게 하고

(26) 온갖 형성되는 것의 본성을 보게 하고

(27) 다음 세상에 다시 태어나는 일을 그치게 하고

(28) 모든 출가자의 지위를 부여하게 합니다.

대왕이여, 실로 이들의 스물여덟 가지가 홀로 앉아 명상하는 것의 특별한 이익이어서 모든 여래는 그들의 특별한 이익을 관찰하면서 홀로 앉아 명상하셨습니다.

대왕이여, 그러나 모든 여래는 고요하고 안락한 선정의 기쁨을 향수하려고 했기 때문에 사념을 그 목적에 확립하고 홀로 앉아 명상하셨던 것입니다. 대왕이여, 모든 여래는 네 가지 이유에 의해 홀로 앉아 명상하신 것입니다. 네 가지란 무엇일까요?

대왕이여, 안락하게 거주하기 위해서, 잘못됨이 없는 특별한 이익을 더하기 위해서, 남김없는 성스러운 곳으로의 통로를 위해서, 모든 붓다가 칭찬하고 기리고 찬양하고 감탄하는 바를 위해서 모든 여래는 홀로 앉아 명상하셨습니다.

대왕이여, 실로 이들 네 가지 이유에 의해 모든 여래는 홀로 앉아 명상하셨습니다. 대왕이여, 모든 여래는 이리하여 홀로 앉아 명상하셨습니다만 그것은 아직도 닦아야 할 것이 있기 때문도 아니고, 혹은 이미 이루어진 것에 부가하기 위한 것도 아니었습니다. 다만 모든 여래는 뛰어난 특별한 이익을 보시기 때문에 홀로 앉아 명상하시는 것입니다."

"훌륭하십니다. 존자 나가세나여, 당신이 논하신 바는 진실로 그대로라고 나는 인정합니다."

10. 신통력을 찬탄하는 이유

"존자 나가세나여, 또한 세존은 다음의 일을 설하셨습니다.

'아난다여! 실로 여래(붓다)에게는 네 가지 신통력의 근거가 수행되고, 학습되고, 많이 닦여지고, 숙달되고, 철저하게 탐구되고, 실행되고, 정통되고 잘 조련되었다. 아난다여! 여래는 만약 원한다면 한 겁 혹은 한 겁의 나머지 기간 이 세상에 머물 것이다.'

그런데 또 다음과 같이 설하셨습니다.

'앞으로 석 달이 지나 여래는 완전한 열반(죽음)에 들 것이다.'

존자 나가세나여, 만일 세존이 '실로 여래(붓다)에게는 네 가지 신통력의 근거가 수행되고, 학습되고, 많이 닦여지고, 숙달되고, 철저하게 탐구되고, 실행되고, 정통되고 잘 조련되었다. 아난다여! 여래는 만약 원한다면 한 겁 혹은 한 겁의 나머지 기간 이 세상에 머물 것이다'라고 말씀하셨다면, 석 달의 한정은 허구입니다. 만일 여래가 '앞으로 석 달이 지나 여래는 완전한 열반에 들 것이다'라고 말씀하셨다면, '아난다여! 실로 여래에게는 네 가지 신통력의 근거가 수행되고, 학습되고, 많이 닦여지고, 숙달되고, 철저하게 탐구되고, 실행되고, 정통되고 잘 조련되었다. 아난다여! 여래는 만약 원한다면 한 겁 혹은 한 겁의 나머지 기간 이 세상에 머물 것이다'라고 하신 말씀은 허구입니다. 왜냐하면 모든 여래는 이유없이 함부로 말씀하신 일은 없습니다. 모든 붓다는 허망한 말씀을 하지 않으십니다. 모든 세존은 진실의 말씀을 하십니다. 의심할 여지가 전혀 없는 말씀을 하시기 때문입니다.

이것도 또 매우 심오하고 정묘롭고 해명하기 어려운 양도논법의 물음입니다. 이것이 당신에게 제출되었습니다. 당신은 이 왜곡된 견해의 그물을 타파하여 한쪽에 놓고 반대자의 논을 타파하여 주십시오."

"대왕이여, 또한 세존은 다음의 일을 설하셨습니다.

'아난다여, 실로 여래에는 네 가지 신통력의 근거가 수행되고, 학습되고, 많이 닦여지고, 숙달되고, 철저하게 탐구되고, 실행되고, 정통되고 잘 조련되었다. 아난다여! 여래는 만약 원한다면 한 겁 혹은 한 겁의 나머지 기간 이 세상에 머물 것이다.' 그런데 여기서 석 달의 기한이 말씀되고 있습니다. 이 경우 그 겁이란 수명의 기간을 의미합니다. 대왕이여, 세존은 자기의 힘을 칭찬하면서 이와 같이 말씀하신 것입니다.

'아난다여! 실로 여래에게는 네 가지 신통력의 근거가 수행되고, 학습되고, 많이 닦여지고, 숙달되고, 철저하게 탐구되고, 실행되고, 정통되고 잘 조련되었다. 아난다여! 여래는 만약 원한다면 한 겁 혹은 한 겁의 나머지 기간 이 세상에 머물 것이다.'

대왕이여, 예를 들면 빨리 달리고 바람처럼 속력 있는 준마를 왕이 소유하고 있다고 합시다. 왕은 그 속력을 칭찬하여 시민, 지방민, 병사, 관리, 바라문, 장자, 근신들 한가운데서 이렇게 말할 것입니다. '경들이여! 나의 이 뛰어난 말은 만일 원한다면 바다를 그 주변으로 한 대지를 뛰어다녀 한순간에 여기로 돌아올 것이다.' 여기서 왕은 그 말이 빨리 달리는 것을 그 대중들에게 실제로 보여주지는 않았지만 말에게는 그 속력이 있고 또 이 말은 한순간에 바다를 그 주변으로 한 대지를 뛰어다닐 수가 있는 것입니다. 대왕이여, 그와 마찬가지로 세존은 자기의 신통력을 크게 칭찬하면서, 일찍이 세 가지 밝은 지혜와 여섯 가지 신통력[27]을 갖춘 아라한들, 때를 벗어나 번뇌를 남김없이 멸한 신들과 인간들 한가운데 앉아 이렇게 말씀하셨습니다.

'아난다여! 실로 여래에게는 네 가지 신통력의 근거가 수행되고, 학습되고, 많이 닦여지고, 숙달되고, 철저하게 탐구되고, 실행되고, 정통되고, 잘 조련되었다. 아난다여! 여

래는 만약 원한다면 한 겁 혹은 한 겁의 나머지 기간 이 세상에 머물 것이다.'

대왕이여, 그리고 세존에게는 그 신통력이 존재하고 또 세존은 신통력에 의해 한 겁 혹은 한 겁의 나머지 기간 이 세상에 머물 수가 있는 것입니다. 그러나 세존은 그 신통력을 대중들에게 보여주지 않으셨습니다. 대왕이여, 세존은 모든 생존의 욕구를 버린 사람이고 또 여래에게 있어서 모든 생존은 싫어해야 할 것으로써 배척되었습니다. 대왕이여, 또 세존은 다음과 같이 말씀하셨습니다.

'비구들이여! 마치 똥은 소량이라도 악취가 있는 것처럼 비구들이여! 그와 마찬가지로 생존은 잡을 수 없는 미미한 상태의 것이면서도 나는 칭찬하지 않는다. 가령 탁 하고 손가락을 퉁기는 한순간의 생존일지라도.'

대왕이여, 세존은 모든 종류의 생존을 똥과 같이 여기셨으면서도 그가 신통력을 갖추고 있는 이유로 모든 생존을 자유롭게 얻고 싶다고 하는 욕망과 탐욕을 품고 계셨겠습니까?"

"존자여, 그렇지는 않습니다."

"대왕이여, 바로 그렇기 때문에 세존이 이렇게 붓다의 사자후를 하신 것은 신통력을 크게 칭찬하기 위함이었던 것입니다."

"잘 알았습니다. 존자 나가세나여. 당신이 논한 바는 진실로 그대로라고 나는 인정합니다."

제 2 장

1. 교단규정의 폐기의 가부

"존자 나가세나여, 세존은 또 다음의 말씀을 설하셨습니다.

'비구들이여! 나는 통찰하는 지혜에 의해 가르침을 설하고 통찰하는 지혜에 의하지 않고 가르침을 설하는 일은 없다.'

그러나 또 한편 교단규율의 제정에 관하여 다음과 같이 말씀하셨습니다.

'아난다여! 나의 사후 교단이 원한다면 작고 하찮은 배워야 할 항목을 폐기하라.'

존자 나가세나여, 세존이 자기의 사후 작고 하찮은 배워야 할 항목을 폐기하게 한 것은 작고 하찮은 배워야 할 항목이 잘못되었기 때문입니까? 아니면 정당한 이유없이 사실을 모르고 제정된 것입니까? 존자 나가세나여, 만일 세존이 '비구들이여! 나는 통찰하는 지혜에 의해 가르침을 설하고 통찰하는 지혜에 의하지 않고 가르침을 설하는 일은 없다'라고 말씀하신 것이라면, '아난다여! 나의 사후 교단이 원한다면 작고 하찮은 배워야 할 항목을 폐기하라'고 하신 말씀은 허구입니다. 만일 여래가 교단규율의 규정에 관하여 '아난다여! 나의 사후 교단이 원한다면 작고 하찮은 배워야 할 항목을 폐기하라'고 말씀하신 것이라면, '비구들이여! 나는 통찰하는 지혜에 의해 가르침을 설하고 통찰하는 지혜에 의하지 않고 가르침을 설하는 일은 없다'라고 하는 그 말도 또한 허구입니다.

이것도 또 양도논법의 물음이고 정교하고 정묘하고 매우 교묘하고 매우 깊고 매우 심오하여 해명하기 어려운 것입니다. 이것이 당신에게 제출되었습니다. 당신은 지식의 힘이 넓고 큼을 보여주십시오."

"대왕이여, 세존은 또 다음의 말씀을 설하셨습니다.

'비구들이여! 나는 통찰하는 지혜에 의해 가르침을 설하고 통찰하는 지혜에 의하지 않고 가르침을 설하는 일은 없다.'

그러나 한편 교단규율의 제정에 관하여 다음과 같이 말씀하셨습니다.

'아난다여! 나의 사후 교단이 원한다면 작고 하찮은 배워야 할 항목을 폐기하라.'

대왕이여, 그러나 여래는 '나의 사후 나의 제자들이 폐기를 하고자 할 때 작고 하찮은 배워야 할 항목을 폐기할 것인가. 아니면 유지보존할 것인가'하고 비구들을 시험하여 그 말씀을 하신 것입니다.

　대왕이여, 예를 들면 전륜왕이 그의 아이들에게 '사랑하는 아들들아! 이 큰 지역은 실로 모든 방향으로 펼쳐져 있고 바다로 둘러싸여 있다. 사랑하는 아들들아! 그 정도 군대로 나라를 보존하는 일은 어렵다. 사랑하는 아들들아! 자, 너희들은 나의 사후 각 변경의 지방을 버려라'고 말했다고 합시다. 대왕이여, 그러나 그들 왕자들은 부왕의 사후 이미 수중에 있는 그들 모든 각 변경의 지방을 버리겠습니까?"

　"존자여, 그렇지는 않습니다. 존자여, 통치자들은 일반인들보다도 더 탐욕스럽습니다. 왕자들은 정권욕 때문에 부왕의 그것보다도 다시 두 배 세 배의 지역을 정복할 것입니다. 어떻게 그들이 이미 수중에 있는 지역을 버리겠습니까?"

　"대왕이여, 그와 마찬가지로 여래는 '아난다여! 나의 사후 교단이 원한다면 작고 하찮은 배워야 할 항목을 폐기하라'고 이와 같이 비구들에게 시험하여 말씀하신 것입니다. 대왕이여, 붓다의 제자들은 고통으로부터의 해탈을 위해 붓다의 가르침을 지키려고 하는 욕구 때문에 다시 백오십 가지 배워야 할 항목을 지킬 것입니다. 본래 제정된 배워야 할 항목을 폐기하겠습니까?"

　"존자 나가세나여, 세존이 '작고 하찮은 배워야 할 항목'이라고 말씀하신 것에 대하여 '그들 작고 배워야 할 항목이란 무엇인가. 그들 하찮은 배워야 할 항목이란 무엇인가' 하고 사람들은 이 점에 있어서 당혹하고 의심을 내고 의문을 일으키고 의혹에 빠진 것입니다."

"대왕이여, 작고 배워야 할 항목이란 신체적 행위에 의한 가벼운 죄의 규정이고, 하찮은 배워야 할 항목이란 언어에 의한 가벼운 죄의 규정입니다. 이들 두 가지가 작고 하찮은 배워야 할 항목입니다. 대왕이여, 옛날 장로들도 이것에 관하여 의심을 내고 교법을 확정하는 회의를 할 때 그들도 일치하지는 않았습니다. 세존은 이미 이 문제가 일어날 것이라고 하는 것을 예견하고 계셨던 것입니다."

"존자 나가세나여, 오랫동안 감추어져 있던 승자(붓다)의 비밀이 오늘에야 바야흐로 세상에 나타나고 그리고 분명하게 되었습니다."

2. 스승의 주먹

"존자 나가세나여, 또 세존은 다음의 말씀을 설하셨습니다.

'아난다여! 다타가타(여래·붓다의 이칭, 완전한 인격자의 뜻)의 모든 가르침에 있어서는 몰래 감추어 놓고 가르치지 않는 스승의 주먹은 존재하지 않는다.'

그러나 한편 장로 말룽캬풋타가 물음을 던졌는데 붓다는 대답하지 않으셨습니다. 존자 나가세나여, 이 문제는 붓다가 해답을 모르고 계셨던 때문이든가 혹은 몰래 감추어둔 것에 의한 것이든가의 두 가지가 있습니다. 그 어느 쪽에 바탕을 두신 것일까요?

존자 나가세나여, 만일 세존이 '아난다여! 다타가타의 모든 가르침에 있어서는 몰래 감추어 놓고 가르치지 않는 스승의 주먹은 존재하지 않는다'라고 말씀하셨다면, 붓다는 해답을 알고 계시지 않았기 때문에 장로 말룽캬풋타에 대하여 대답하지 않으신 것입니다. 만일 붓다가 해답을 알고 있으면서 대답하지 않으셨다면, 다타가타의 모든 가르침에 있어서 스승의 주먹은 존재하는 것입니다.

이것도 또 양도논법의 물음으로 당신에게 제출되었습니다. 이것은 당신이 해명해야 하는 것입니다."

"대왕이여, 세존은 진실로 다음과 같이 말씀하셨습니다.

'아난다여! 다타가타의 모든 가르침에 있어서는 몰래 감추어 놓고 가르치지 않는 스승의 주먹은 존재하지 않는다.'

그러나 장로 말룽캬풋타가 던진 물음은 붓다에 의해 해답되지 않았습니다. 그러나 그것은 붓다가 알고 있지 않았기 때문도 아니고 몰래 감추어 두었기 때문도 아닙니다. 대왕이여, 이들 네 가지 물음의 해답이 있습니다. 네 가지란 무엇일까요?

(1) 결정적으로 해답되어질 물음
(2) 분석하는 데서 해답되어질 물음

(3) 반문에 의해 해답되어질 물음
(4) 해답이 방치되어야 할 물음

대왕이여, 결정적으로 해답되어질 물음이란 어떤 것일까요? '온갖 형상은 무상한 것입니까' 하는 물음은 결정적으로 해답되어질 물음입니다. '감수작용은 무상한 것입니까', '표상작용은 무상한 것입니까', '형성작용은 무상한 것입니까', '식별작용은 무상한 것입니까' 하는 것은 결정적으로 해답되어질 물음입니다.

분석하는 데서 해답되어질 물음이란 어떤 것일까요? '이리하여 무상한 것은 형상인가' 하는 물음은 분석하는 데서 해답되어질 물음입니다. '이리하여 무상한 것은 감수작용인가', '이리하여 무상한 것은 표상작용인가', '이리하여 무상한 것은 형성작용인가', '이리하여 무상한 것은 식별작용인가' 하는 물음은 분석하는 데서 해답되어질 물음입니다.

반문에 의해 해답되어질 물음이란 어떤 것일까요? '왜 눈에 의해 모든 사물을 식별하는가' 하는 이 물음은 반문에 의해 해답되어질 물음입니다.

해답이 방치되어야 할 물음이란 어떤 것일까요? '세계는 상주하는 것인가'라고 하는 것은 해답이 방치되어야 할 물음입니다. '세계는 상주하지 않는 것인가', '세계는 유한한 것인가', '세계는 무한한 것인가', '세계는 유한하기도 하고 무한하기도 한 것인가', '세계는 유한하지도 않고 또 무한하지도 않은 것인가', '영혼과 신체는 동일한 것인가',

'영혼과 신체는 다른 것인가', '다타가타는 사후에 존재하는가', '다타가타는 사후에 존재하지 않는 것인가', '다타가타는 사후에 존재하기도 하고 또 존재하지 않기도 하는가', '다타가타는 사후에 존재하는 것도 아니고 또 존재하지 않는 것도 아닌가' 라고 하는 이 물음은 해답이 방치되어야 할 물음입니다.

대왕이여, 세존은 장로 말룽캬풋타가 던진 그 방치되어야 할 물음에 해답하지 않으신 것입니다. 그렇다면 그 물음은 어떤 이유에서 방치되어야 하는 것일까요? 그것에 대답해야 할 원인 혹은 이유가 존재하지 않기 때문입니다. 그러므로 그 물음은 방치되어야 할 것입니다. 무릇 모든 세존들에게는 이유 없고 원인 없는 발언은 존재하지 않기 때문입니다."

"잘 알았습니다. 존자 나가세나여. 당신이 논하신 바는 진실로 그대로라고 나는 인정합니다."

3. 죽음의 공포

"존자 나가세나여, 세존은 또 다음의 말씀을 설하셨습니다.

'모든 생명은 칼과 곤장의 벌을 두려워하고 모든 생명은 죽음을 두려워한다.' 그러면서 또 붓다는 이렇게 말씀하셨습니다.

'아라한은 모든 두려움을 초월하였다.'

존자 나가세나여, 아라한은 칼과 곤장에 대한 공포 때문에 두려워합니까, 아니면 지옥에 떨어진 생명들이 지옥에서 살라지고, 볶이고, 지져지고, 태워지고, 그 타오르는 화염의 대지옥으로부터 도망치려고 할 때(지옥에서의 죽음) 죽음을 두려워합니까.

존자 나가세나여, 만일 세존이 '모든 생명은 칼과 곤장의 벌을 두려워하고 죽음을 두려워한다'라고 말씀하셨다면, '아라한은 모든 두려움을 초월하였다'라고 하는 말은 허구입니다. 만일 세존이 '아라한은 모든 두려움을 초월하였다'라고 말씀하셨다면, '모든 생명은 칼과 곤장의 벌을 두려워하고 죽음을 두려워한다'라고 하는 말도 또한 허구입니다.

이것도 또 양도논법의 물음으로 당신에게 제출되었습니다. 이것은 당신이 해명해야 할 것입니다."

"대왕이여, '모든 생명은 칼과 곤장의 벌을 두려워하고 죽음을 두려워한다'라는 이 말은 아라한에 관하여 세존이 말씀하신 것은 아닙니다. 그 진술에 있어서 아라한은 제외되어 있는 것입니다. 왜냐하면 아라한에게는 공포의 원인이 제거되어 있기 때문입니다. 대왕이여, 살아 있는 온갖 생명들에게 있어서 번뇌가 있는 자, 또 극단적으로 자아의 견해에 사로잡혀 있는 자, 또 즐거움과 괴로움 속에 부침하고 있는 자, 이들 생명들에 관하여 세존은 '모든 생명은 칼과 곤장의 벌을 두려워하고 죽음을 두려워한다'고 말씀하신 것입니다.

대왕이여, 아라한에게 있어서 모든 윤회의 생존은 끊어지고, 생을 바탕으로 얽히는 태는 파괴되고, 다음 세상에서 생을 맺는 일은 단절되고, 생존을 지탱하는 번뇌의 갈빗대는 부러지고, 온갖 생존으로의 집착은 제거되고, 온갖 형성력은 근절되고, 선과 불선의 사상(법)은 소멸되고, 무지는 단멸되고, 식별작용은 거기서 새롭게 생겨나는 종자가 없는 것으로 되고, 모든 번뇌는 불타버리고, 여덟 가지 세간적 존재방식은 초월되었습니다. 그렇기 때문에 아라한은 온갖 공포에 의해 전율하는 일이 없는 것입니다.

대왕이여, 예를 들면 왕에게 네 사람의 대신이 있다고 합시다. 그들은 충실하고 명성이 있고 신임받고 대권을 담당할 지위에 서 있다고 합시다. 그런데 어떤 위급한 사태가 생겼을 때 왕은 나라 안에 사는 모든 사람들에게 '모든 사람들은 다 짐에게 조세를 바치라. 경들 네 사람의 대신은 이 위급한 사태에 대하여 대처하라'고 명령했을 경우, 대왕이여, 그들 네 사람의 대신에게 조세를 납부해야 하는 두려움 때문에 전율이 생기겠습니까?"

"존자여, 그렇지 않습니다."

"대왕이여, 어떤 이유에 의해서입니까?"

"존자여, 그들 네 사람의 대신은 왕에 의해 최상의 지위에 놓여진 자들입니다. 그들에게 과세는 없고 그들은 납세의 의무로부터 떠난 자들입니다. 그들 이외의 다른 사람들에게 '모든 사람들은 다 짐에게 조세를 바치라'고 왕이 명한 것입니다."

"대왕이여, 그와 마찬가지로 이 말은 세존이 아라한에 대하여 말씀하신 것은 아닙니다. 그 진술에 있어서 아라한은 제외되어 있는 것입니다. 왜냐하면 아라한에게는 공포의 원인이 제거되어 있기 때문입니다. 대왕이여, 모든 살아 있는 온갖 것들에게 있어서 번뇌가 있는 자, 또 극단적으로 자아의 견해에 사로잡혀 있는 자, 또 즐거움과 괴로움 속에 부침하고 있는 자, 이들 생명들에 관하여 세존은 '모든 생명은 칼과 곤장의 벌을 두려워하고 죽음을 두려워한다'고 말씀하신 것입니다. 그렇기 때문에 아라한은 온갖 두려움에 의해 전율하는 일이 없는 것입니다."

"존자 나가세나여, '모든 생명'이라는 말은 남음이 있다고 하는 것이 아니고 남음이 없다는 말입니다. 여기서 이 말을 명확히 하기 위해 그 이상의 근거를 나에게 말씀해 주십시오."

"대왕이여, 예를 들면 한 마을에 있어서 촌장이 포고자(전령)에게 '자, 포고자여! 마을에 사는 촌민 모두를 급히 내 밑으로 모이게 하시오'라고 명했다고 합시다. 그때 포고자는 '촌장이여! 분부대로 거행하겠습니다' 하고 승낙한 뒤 마을 중앙에 서서 '마을에 사는 촌민 모두는 급히 촌장 밑으로 집합하시오'라고 세 번 부를 것입니다. 그래서 그들 마을 촌민들은 포고자의 말에 따라 집합하고 그리고 그는 촌장을 향하여 '촌장이여! 모든 촌민은 다 모였습니다. 당신의 해야 할 일을 하십시오'라고 보고합니다.

제2장
311

대왕이여, 그런데 그 촌장은 호주들을 집합시키려고 모든 촌민에게 다 모이라고 명한 것입니다. 그러나 그들 촌민은 명을 받았으면서도 모두 다 모인 것은 아닙니다. 호주만 모인 것입니다. 그리고 촌장은 '우리 촌민은 이것뿐이다'며 그대로 승인합니다. 그런데 그 밖에 오지 않은 자는 더 많습니다. 즉 부인, 남자, 하녀, 하인, 고용인, 사용자, 촌민, 병자, 황소, 물소, 양, 산양, 개, 닭(기타 등등)입니다. 오지 않은 모든 것은 계산하지 않고 호주들만에 한하여 '모두들 모이시오'라고 명한 것입니다.

대왕이여, 그와 마찬가지로 이 말은 세존이 아라한에 대하여 말씀하신 것은 아닙니다. 그 진술에 있어서 아라한은 제외되어 있는 것입니다. 왜냐하면 아라한에게는 공포의 원인이 제거되어 있기 때문입니다. 대왕이여, 모든 살아 있는 온갖 것들에게 있어서 번뇌가 있는 자, 또 극단적으로 자아의 견해에 사로잡혀 있는 자, 또 즐거움과 괴로움 속에 부침하고 있는 자, 이들 생명들에 대하여 세존은 '모든 생명은 칼과 곤장의 벌을 두려워하고 죽음을 두려워한다'고 말씀하신 것입니다. 그렇기 때문에 아라한은 온갖 두려움에 의해 전율하는 일이 없는 것입니다.

대왕이여, 말에는 표현의 꼬리가 붙고 그 의미로도 설명의 꼬리가 붙는 것이 있습니다. 말에는 표현의 꼬리가 붙으나 그 의미로는 설명의 꼬리가 붙지 않는 것이 있습니다. 말에는 표현의 꼬리가 붙지 않았는데 그 의미로는 설명의 꼬리가 붙는 게 있습니다. 말에는 표현의 꼬리가 붙

지 않고 그 의미로도 설명의 꼬리가 붙지 않는 것이 있습
니다. 여러 가지 경우에 있어서 그 의미는 인정되어야 합
니다.

　대왕이여, 의미는 다음의 다섯 가지 종류의 방법에 의해
인정되어야 합니다. 즉, 인용구에서, 내용에서, 스승의 전수
에서, 헤아림에서, 근거의 타당성에서입니다.

　그 가운데 인용구란 숫타(붓다가 설한 경전)를 의미합니
다. 내용이란 숫타의 의미 내용에 적합한 것입니다. 스승의
전수란 스승의 말씀이고, 헤아림이란 자기의 견해이며, 근
거의 타당성이란 이들 네 가지가 결합한 바의 근거입니다.
대왕이여, 이들 다섯 가지 근거에 의해 의미는 인정되어야
합니다. 이와 같이 하여 이 물음은 잘 해결된 것입니다."

　"존자 나가세나여, 그렇군요. 그대로라고 나는 그것을 인
정합니다. 아라한은 이 진술에 있어서는 제외되어 있군요.
또 두려움을 품고 있는 것은 아라한 이외의 다른 사람들이
군요. 그러나 지옥에 떨어진 중생들은 지옥에 있어서 괴롭
고 · 격심하고 · 아픈 감각을 감수하면서, 모든 수족이라든
가 관절은 불타고, 그 얼굴은 일그러지고, 동정을 호소하
고, 괴로움의 눈물을 흘리고, 비탄하고, 통곡하고, 참을 수
없는 괴로움에 정복되고, 피난할 곳이 없고, 원조가 없고,
의지할 곳이 없는 자가 되어 있습니다. 헤아릴 수 없는 근
심으로 고뇌하고 · 극악하며, 저하된 생존을 받는 몸이 되
어 전적으로 근심과 고통을 운명으로 짊어지고, 뜨겁고 ·
치열하고 · 고통스럽고 · 잔혹한 불에 태워지고, 공포를 머

금어 소름끼치는 비명과 고함을 지르고, 여섯 가지(여섯 방위)의 뒤얽힌 불꽃은 점점 좁혀 들어오고 있습니다. 그들이 자그마치 백 요자나의 거리에서 급속히 확산되어 오는 참담한 화염의 대지옥에서 벗어나려고 할 때 그들은 죽음을 두려워하겠습니까?"

"그렇습니다. 대왕이여."

"존자 나가세나여, 지옥은 전적으로 고통만이 감수되어 지는 곳이 아닙니까? 그런데 그들 지옥에 떨어진 중생들이 전적으로 고통만이 감수되어지는 대지옥에서 벗어나려고 할 때 어째서 죽음을 두려워합니까? 죽음은 고통으로부터 그들을 구원하는 것인데 어째서 그들은 지옥에서 즐거워합니까?"

"대왕이여, 그들 지옥에 떨어진 중생들은 지옥에 있어서 즐거워하는 것은 아닙니다. 그들은 지옥으로부터 벗어나려고 하는 것입니다. 대왕이여, 그들에게 두려움이 생기는 것은 죽음의 위력입니다."

"존자 나가세나여, 지옥의 고통으로부터 벗어나려고 하는 자들에게 사멸에 대한 공포가 생긴다고 하는 것을 나는 전혀 믿지 않습니다. 존자 나가세나여, 그들이 원한 생존을 얻는다고 하는 것은 기뻐해야 할 일입니다. 사례로써 나를 납득시켜 주십시오"

"대왕이여, 죽음이란 이 네 가지 진리를 보지 못한 사람들이 두려움을 품게 되는 근거입니다. 이 사람들은 그 근거에 대하여 두려워 전율합니다. 대왕이여, 흑사(뱀의 일종)

를 두려워하는 자는 죽음을 두려워하기 때문에 흑사를 두려워하는 것입니다. 또 코끼리를 두려워하는 자는 죽음을 두려워하기 때문에 코끼리를 두려워하는 것입니다. 또 호랑이를 두려워하는 자는 죽음을 두려워하기 때문에 호랑이를 두려워하는 것입니다. 또 표범을 두려워하는 자는 죽음을 두려워하기 때문에 표범을 두려워하는 것입니다. 또 곰을 두려워하는 자는 죽음을 두려워하기 때문에 곰을 두려워하는 것입니다. 또 하이에나를 두려워하는 자는 죽음을 두려워하기 때문에 하이에나를 두려워하는 것입니다. 또 물소를 두려워하는 자는 죽음을 두려워하기 때문에 물소를 두려워하는 것입니다. 또 소를 두려워하는 자는 죽음을 두려워하기 때문에 소를 두려워하는 것입니다. 또 물을 두려워하는 자는 죽음을 두려워하기 때문에 물을 두려워하는 것입니다. 또 그루터기를 두려워하는 자는 죽음을 두려워하기 때문에 그루터기를 두려워하는 것입니다. 또 가시를 두려워하는 자는 죽음을 두려워하기 때문에 가시를 두려워하는 것입니다. 또 칼을 두려워하는 자는 죽음을 두려워하기 때문에 칼을 두려워하는 것입니다.

대왕이여, 이것은 죽음의 참된 본성의 위력입니다. 그 참된 본성의 위력에 의해 번뇌를 지닌 사람들은 죽음을 두려워합니다. 대왕이여, 지옥에 떨어진 사람들도 지옥으로부터 벗어나려고 갈망하지만 죽음을 두려워합니다.

대왕이여, 예를 들면 어떤 사람이 몸에 등창이 생겼다고 합시다. 그 병환에 괴로워하고 있는 그는 불행으로부터 벗어나고자 의사, 외과의를 찾을 것입니다. 의사, 외과의는 그의 의뢰를 승낙하고 그의 병환을 제거하기 위해 의료기구를 준비시킵니다. 해부도를 예리하게 하고, 부식침을 불속에 넣어 달구고, 알칼리 세척액에 혼합하기 위해 어떤 약을 섭석(약 빻는 절구) 위에 놓고 갈게 합니다. 대왕이여, 예리한 해부도로 절개하고, 한 쌍의 부식침으로 태우고, 알칼리 세척액을 주입하는 것에 의해 그 환자에게 공포가 생깁니까?"

"존자여, 그렇습니다."

"대왕이여, 이와 같이 그 병환으로부터 벗어나려고 하는 환자도 괴로움의 감수에 대한 두려움으로 공포가 생깁니다. 대왕이여, 그와 마찬가지로 지옥에 떨어진 사람들도 지옥으로부터 벗어나려고 갈망하지만 죽음의 두려움에서 공포가 생깁니다. 대왕이여, 예를 들면 어떤 사람이 국사범의 죄로 사슬에 묶여 감옥에 갇혔는데 석방을 원하고 있다고 합시다. 그를 왕이 석방시키려고 생각하고 불러낸다고 합시다. 대왕이여, 그 국사범이 '나는 나쁜 일을 저질렀다'고 알고 있다면 왕과 접견하고 두려움을 내겠습니까?"

"존자여, 그렇습니다."

"대왕이여, 이와 같이 석방을 원하고 있는 국사범도 왕에 대한 두려움에서 공포가 생깁니다. 대왕이여, 그와 마찬가지로 지옥에 떨어진 사람들도 지옥으로부터 벗어나려고 갈망하지만 죽음의 두려움에서 공포가 생깁니다."

"존자여, 좀더 나를 승복시킬 그 이상의 사례를 설하여 주십시오."

"대왕이여, 예를 들면 어떤 사람이 독을 품은 뱀에게 물려 그 독 때문에 쓰러졌다 일어서고 엎치락뒤치락한다고 합시다. 그때 다른 남자가 효력있는 주문에 의해 독을 품은 뱀을 유인하여 독을 빨아내게 할 것입니다. 대왕이여, 그 독을 품은 뱀이 물렸던 사람을 치료하기 위해 가까이 다가올 때 그 뱀에 물린 사람은 뱀에 대하여 공포를 일으키겠습니까?"

"존자여, 그렇습니다."

"대왕이여, 이와 같이 뱀에 물렸던 사람을 치료하기 위해 뱀이 가까이 다가올 때도 그 사람은 공포를 일으킵니다. 대왕이여, 그와 마찬가지로 지옥에 떨어진 사람들도 지옥으로부터 벗어나려고 할 때도 죽음에 대한 두려움에서 공포를 낳습니다. 대왕이여, 죽음은 모든 중생들이 좋아하지 않는 것입니다. 그러므로 지옥에 떨어진 사람들도 지옥으로부터 벗어나려고 할 때 죽음을 두려워하는 것입니다."

"훌륭하십니다. 존자 나가세나여, 당신이 논하신 바는 진실로 그대로라고 나는 인정합니다."

4. 호주(護呪)의 효과

"존자 나가세나여, 세존은 또 다음의 시구를 설하였습니다.

허공에 있어도 바다 속에 있어도
산골짜기로 깊숙이 들어가더라도
거기에 머물러 죽음의 신의 올가미로부터 벗어날
그러한 지점은 세계 속에 없다.

그러나 또 세존은 호주(몸을 보호하는 주문, 파릿타)를 설
하셨습니다. 즉 라타나 숫타, 칸다 파릿타, 모라 파릿타, 다
잣가 파릿타, 아타나티야 파릿타, 앙굴리마라 파릿타입니
다.

존자 나가세나여, 만일 사람이 허공을 가더라도 바다 속
을 가더라도, 또는 궁궐, 초가집, 동굴, 바위 틈바구니, 골짜
기, 깊은 산속으로 가더라도 죽음의 신의 올가미에서 벗어
나지 않는다면, 호주를 외는 것은 허구입니다. 만일 호주를
외는 것에 의해 죽음의 신의 올가미에서 벗어난다면 '허공
에 있어도, 바다 속에 있어도, 산골짜기로 깊숙이 들어가더
라도 거기에 머물러 죽음의 신의 올가미로부터 벗어날 그
러한 지점은 세계 속에 없다'고 하는 그 말씀도 허구입니
다.

이것도 또한 양도논법의 물음이고 매듭보다도 더 단단히
얽혀 있습니다. 이것은 당신이 해명해야 할 것입니다."

"대왕이여, 세존은 또 다음의 시구를 설하셨습니다.

허공에 있어도 바다 속에 있어도
산골짜기로 깊숙이 들어가더라도

거기에 머물러 죽음의 신의 올가미로부터 벗어날
그러한 지점은 세계 속에 없다.

그러나 또 세존은 호주를 설하셨습니다. 그렇지만 그것
(호주의 가르침)은 수명에 아직 남음이 있고 나이가 넉넉하
고 악업이 생길 지장이 없는 자에 대한 것입니다. 대왕이
여, 수명이 다한 자를 오래오래 살게 하는 의식 혹은 인위
적 방법은 존재하지 않습니다.
대왕이여, 예를 들면 말라죽고, 메마르고, 건조하고, 수액
이 없고, 생명력을 잃은 수목에게 수천 통의 물을 부어준
다 하더라도 생기 있게 되지는 않습니다. 또 싹을 내는 어
린 눈을 돋게 할 수는 없을 것입니다. 대왕이여, 그와 마찬
가지로 의약이나 호주의 근행(정진)에 의해 수명이 다한
자를 오래오래 살게 하는 의식 혹은 인위적 방법은 존재하
지 않습니다. 대왕이여, 지상에 존재하는 온갖 약초와 의약
도 수명이 다한 자에게는 도움이 되지 않습니다. 대왕이여,
호주는 수명에 아직 남음이 있고 나이가 넉넉하고 악업이
생길 지장이 없는 자를 지키고 보호합니다. 세존은 그런
사람들을 위해 호주를 설하셨습니다.
대왕이여, 예를 들면 농부는 곡식이 여물고 낟알과 줄기
가 말랐을 때는 물을 대지 않아 수확에 대비하나, 낟알이
아직 익지 않고 구름처럼 암흑색을 띠고 풋풋함이 넘칠 때
는 물을 충분히 대어줌으로써 곡식을 자라게 합니다. 대왕
이여, 그와 마찬가지로 수명이 다한 자에게는 의약이나 호

주를 쓰는 일은 멈춰지고 그치게 되는 것입니다. 그러나 수명에 아직 남음이 있고 나이가 넉넉한 모든 사람들을 위해 호주라든가 의약의 필요성이 역설되고 그 사람은 호주나 의약을 쓰는 것에 의해 이익을 얻는 것입니다."

"존자 나가세나여, 만일 수명이 다한 자가 죽고 수명이 아직 다하지 않는 자가 생명을 이어간다면 호주나 의약은 무익한 것이 되겠습니다그려."

"대왕이여, 그러면 일찍이 당신은 어떠한 병이라도 의약에 의해 회복한 것을 보신 일이 있으십니까?"

"존자여, 그렇습니다. 몇백 가지 병이 의약에 의해 회복된 사례를 보았습니다."

"대왕이여, 그렇다면 '호주나 의약은 무익한 것이 되겠습니다그려'라고 하는 그 말은 허구가 될 것입니다."

"존자 나가세나여, 의사의 처방에 따라 환자가 의약을 마시고 바르고 그 처방에 의해 병을 회복한 것을 나는 보았습니다."

"대왕이여, 또 호주를 외는 사람들의 음성이 들리는데 그 혀는 마르고 심장은 겨우 움직이고 숨은 헐떡거립니다. 그 호주를 외는 것에 의해 모든 병은 진정되고 온갖 재난은 흩어집니다. 대왕이여, 또 일찍이 당신은 독사에게 물린 사람은 누구나 주문에 의해 독을 제거하고 혹은 해독제로 독을 뽑아내어 상하로 뿜어내고 있는 것을 본 적이 있습니까?"

"존자여, 그렇습니다. 그것은 오늘날에도 세상에서 행해지고 있습니다."

"대왕이여, 그러면 '호주나 의약은 무익한 것이 되겠습니다그려'라고 하는 말은 허구입니다. 대왕이여, 왜냐하면 호주가 어떤 사람에 의해 외워질 때 독사는 그를 물려고 해도 물지 못하고 연 입은 다뭅니다. 도적들이 휘두르던 몽둥이도 도움이 되지 못합니다. 그 도적은 몽둥이를 내던지고 그를 친절하게 대합니다. 사나운 코끼리도 그를 만나면 정지합니다. 타오르던 커다란 불꽃도 그에게 가까워지면 소멸합니다. 그가 먹은 하라하라 독도 변하여 아가다 약이 되고 또는 음식으로 변합니다. 그를 죽이려 생각하는 사람도 그에게 접근하면 변하여 노예처럼 됩니다. 그가 던진 올가미도 그를 체포하지 못합니다.

대왕이여, 또 일찍이 당신은 호주를 받은 공작에 대해서는 칠백 년 동안 사냥꾼이 올가미로 유인할 수가 없었는데 그러나 호주를 받지 않았을 경우 그날 곧바로 올가미로 유인할 수 있었다고 하는 것을 들은 적이 있습니까?"

"존자여, 그렇습니다. 들었습니다. 그 이야기는 신들과 인간 세계에서 유명하게 되어 있습니다."

"대왕이여, 그렇다면 '호주나 의약은 무익한 것이 되겠습니다그려'라고 하는 그 말은 허구입니다. 대왕이여, 또 일찍이 당신은 다음 얘기를 들은 적이 있습니까? '귀신 다나바는 그의 아내를 수호하려고 그녀를 상자 안에 넣고 그것을 삼켜 위 속에 집어넣고 매우 소중하게 간직했습니다. 그때 마법사가 다나바 입으로 들어가 그녀와 즐겼습니다.

다나바는 그것을 알았을 때 상자를 토해 뚜껑을 열었습니다. 뚜껑이 열리자마자 마법사는 도망하고자 하는 곳으로 달아났습니다' 라고."

"존자여, 그렇습니다. 들었습니다. 그 이야기도 또 신들과 인간세계에서 유명합니다."

"대왕이여, 그 마법사는 호주의 힘에 의해 포박을 벗어난 것이 아닙니까?"

"존자여, 그렇습니다."

"대왕이여, 그렇다면 호주의 힘은 틀림없이 존재합니다. 대왕이여, 일찍이 당신은 '어떤 마법사가 베나레스왕의 궁전에서 왕비와 불륜을 범하고 체포되었으나 잠깐 사이에 주력의 힘에 의해 보이지 않게 되었다'고 하는 얘기를 들은 적이 있습니까?"

"존자여, 그렇습니다. 들었습니다."

"대왕이여, 그 마법사는 호주의 힘에 의해 포박을 벗어난 것이 아닙니까?"

"존자여, 그렇습니다."

"대왕이여, 그렇다면 호주의 힘은 존재합니다."

"존자 나가세나여, 호주는 모든 사람을 수호합니까?"

"대왕이여, 어떤 자는 수호하고 어떤 자는 수호하지 않습니다."

"존자 나가세나여, 그렇다면 호주는 반드시 도움이 되는 것만은 아니군요."

"대왕이여, 음식물은 모든 사람들에 대해서 그 생명을

수호합니까?"

"존자여, 어떤 자는 수호하고 어떤 자는 수호하지 않습니다."

"어째서입니까?"

"존자여, 어떤 자가 같은 음식물을 과식하고 콜레라에 걸려 죽었기 때문입니다."

"대왕이여, 그렇다면 음식물은 모든 사람들에 대해서 그 생명을 수호하지 않습니다그려."

"존자 나가세나여, 음식물은 두 가지 이유에 의해 생명을 앗아갑니다. 혹은 과식에 의해서고 혹은 소화력의 미약에 의해서입니다. 존자 나가세나여, 수명을 주는 음식물도 악용하는 데 따라 생명을 앗아가기 때문입니다."

"대왕이여, 그와 마찬가지로 호주는 어떤 자는 수호하고 어떤 자는 수호하지 않습니다. 대왕이여, 세 가지 이유에 의해 호주는 어떤 자를 수호하지 않습니다. 즉, 악업으로부터 생긴 장애에 의해, 번뇌로부터 생긴 장애에 의해, 불신에 의해서입니다.

대왕이여, 살아 있는 온갖 것들을 잘 수호하는 호주는 그들 자신이 지은 악의 행위에 의해 수호의 힘을 잃는 것입니다.

대왕이여, 예를 들면 어머니가 그녀의 태에 깃들었던 아이를 자애로써 보육하고 주의해서 낳습니다. 아이가 태어난 다음에는 부정한 똥, 오줌, 때, 콧물 등을 닦아주고 가장 뛰어나고 가장 좋은 향료를 바릅니다. 다른 아이들이 그 아이를 욕한다든가 혹은 때린다든가 하면 어머니는 흥분하여 그를 붙잡아 남편이 있는 곳으로 끌고 갑니다. 그러나 만일 그녀의 아이가 짓궂은 장난으로 올바르지 못하다면 거기서 그녀는 그를 막대기나 몽둥이, 무릎, 주먹으로 때리고 다그칩니다. 대왕이여, 그렇다 하더라도 그의 모친은 그(다른 아이)를 잡아 끌고 남편이 있는 곳으로 데려가겠습니까?"

"존자여, 그렇지 않습니다."

"대왕이여, 어째서입니까?"

"존자여, 자기 아들이 스스로 범한 죄이기 때문입니다."

"대왕이여, 그와 마찬가지로 살아 있는 온갖 것들을 잘 수호하는 호주도 그들 자신이 지은 죄 때문에 그를 수호한다고 하는 결실을 맺지 못하는 것입니다."

"잘 알겠습니다. 존자 나가세나여, 물음은 잘 해결되었습니다. 밀림은 깨끗이 베이고 개간되고, 암흑은 광명이 되고, 잘못된 견해의 그물은 잘 풀렸습니다. 학파의 지도자 가운데 가장 뛰어난 자이신 당신을 만남으로."

5. 보시에 관한 네 가지 장애

"존자 나가세나여, 당신들은 말합니다.

'여래는 의복, 음식물, 침구와 좌구, 병에 도움이 되는 약의 네 가지 필수품을 받아 쓰는 분이다.'

그러나 또 이렇게도 말합니다.

'여래가 팡챠사라라는 바라문촌에 탁발을 하기 위해 들어가셨을 때 아무것도 얻지 못하고 마치 씻은듯한 발우를 들고 돌아오셨다.'

존자 나가세나여, 만일 여래는 의복, 음식물, 침구와 좌구, 병에 도움이 되는 약의 네 가지 필수품을 받아 쓰는 분이라면, '그(여래)가 팡챠사라라는 바라문촌에 탁발을 하기 위해 들어가셨을 때 아무것도 얻지 못하고 마치 씻은듯한 발우를 들고 돌아오셨다'라고 하는 말은 잘못입니다. 만일 그가 팡챠사라 바라문촌에 탁발을 하기 위해 들어가셨을 때 아무것도 얻지 못하고 마치 씻은듯한 발우를 들고 돌아오셨다면, '여래는 의복, 음식물, 침구와 좌구, 병에 도움이 되는 약의 네 가지 필수품을 받아 쓰는 분이다'라고 하는 말도 또한 잘못입니다.

이것도 또한 풀기 어려운 양도논법의 물음으로 당신에게 제출되었습니다. 이것은 당신이 해명해야 할 것입니다."

"대왕이여, 여래는 의복, 음식물, 침구와 좌구, 병에 도움이 되는 약의 네 가지 필수품을 받아 쓰는 분입니다. 그러나 또 그 분은 팡챠사라 바라문촌에 탁발을 하기 위해 들어가셨을 때 아무것도 얻지 못하고 마치 씻은듯한 발우를 들고 돌아오셨습니다. 그러나 그것은 악마 마라의 소행에 의한 것입니다."

"존자 나가세나여, 그렇다면 세존이 헤아릴 수 없는 세월 동안 쌓은 선은 그 날로 끝난 것입니까? 이제 출현한 악마 마라 때문에 그 선의 위력이나 영향력이 폐쇄된 것입니까? 존자 나가세나여, 만약 그렇다고 한다면 그 일에 있어서 '선보다도 불선(악)은 강력하다. 붓다의 힘보다도 마라의 힘이 강하다'라고 하는 두 가지 점에서 비난이 일어날 게 틀림없습니다. 당신의 말대로라면 가령 나무의 뿌리보다도 그 나무의 위쪽이 무겁고, 공덕이 충만한 자보다도 악인이 강력함에 틀림이 없습니다."

"대왕이여, 그것만으로 선보다도 불선은 강력하고, 붓다의 힘보다도 마라의 힘이 강하다고는 말할 수 없습니다. 여기에 대해서도 또 사례를 보여드리고 싶습니다. 대왕이여, 예를 들면 어떤 사람이 전륜왕을 위해 꿀 또는 꿀로 만든 음식 또는 다른 진상물을 지참한다고 합시다. 그는 그것에 대하여 왕의 문지기가 '여봐! 지금은 왕을 알현할때가 아니야. 그러니 왕이 너를 벌하기 전에 너의 진상물을 갖고 어서 돌아가'라고 이렇게 말할 것입니다. 그 사람은 거기서 채찍으로 맞을 벌의 두려움으로 공포에 떨면서 그 진상물을 갖고 될 수 있는 한 빨리 돌아갈 것입니다.

대왕이여, 그러나 그 전륜왕은 진상물이 정해진 때를 빗나가 싸가지고 되돌아갔다고 하는 그 이유만으로 문지기보다도 미약한 힘을 지닌 자라고 말할 수 있겠습니까? 또 혹은 왕은 다른 어떠한 진상물도 받을 수 없을까요?"

"존자여, 그렇지는 않습니다. 그 문지기는 질투하는 성질때문에 왕에게 바치는 진상물을 배척한 것입니다. 그런데 다른 문에서는 백천 배에 달한 진상물이 왕에게로 들어올 것입니다.”

“대왕이여, 그와 마찬가지로 악마 마라는 질투의 성질 때문에 팡챠사라촌의 바라문과 가장들을 수중에 넣은 것입니다. 그런데 다른 몇백 몇천의 신들은 불사의 힘을 부여하는 하늘의 영양소를 손에 들고 세존(붓다)에게 다가와 세존께 그 영양소를 올리려고 세존에게 합장하고 예배하면서 섰습니다.”

“존자 나가세나여, 그것은 그렇습니다. 세간에 있어서 최상의 사람인 세존은 네 가지 필수품을 쉽게 얻는 방법을 알고 계셨습니다. 실로 세존은 신들이나 사람들의 바람에 의해 네 가지 필수품을 향수하셨습니다. 그러나 세존에게 음식물을 보시하는 것을 방해하려는 마라의 의향은 달성된 셈입니다.

존자여, 이것에 대하여 나의 의혹은 가시지 않았습니다. 나는 그것에 대하여 의심을 내고 주저하는 마음을 일으키고 있습니다. 왜냐하면 공양을 받는 데 어울리는 분, 올바로 깨달은 분, 신들과 인간 속에서 가장 높으신 분, 사람들 가운데서 가장 존귀한 분, 가장 훌륭한 선과 복을 지니신 분, 타에 비등할 수 없는 분, 비교할 수 없는 분, 남과 대비될 수 없는 분이신 여래가 공양을 받는 것에 대해서 마라가 하열하고 비열하고 열소하고 사악하고 하천한 방해를 한 것에 관하여 나의 마음은 만족하지 않기 때문입니다.”

“대왕이여, 보시물의 방해에 네 가지가 있습니다.

(1) 특정한 사람을 지정하지 않은 보시물의 방해
(2) 어떤 사람을 위해 지정한 보시물의 방해
(3) 이미 준비된 보시물의 방해
(4) 보시물의 향수(받아 씀)의 방해

특정한 사람을 지정하지 않은 보시물의 방해란, 어느 누구도 지정하지 않고 아직 보지 못하고 준비된 보시물에 대해서 어떤 자가 '다른 사람에게 베풀어 뭘 하려고'라고 하여 방해를 합니다. 이것이 특정한 사람을 지정하지 않은 보시물의 방해입니다. 또 어떤 사람을 위해 지정한 보시물의 방해란 무엇일까요? 여기 어떤 사람을 지시하고 지정하여 음식물이 준비되어 있습니다. 이것에 대해서 누군가가 방해를 하는 것입니다. 이것이 지정된 보시물의 방해입니다. 이미 준비된 보시물의 방해란 무엇일까요? 여기에 이미 준비되어 있고 아직 향수되지 않은 보시물에 대하여 어떤 자가 방해를 합니다. 이것이 이미 준비된 보시물의 방해입니다. 보시물의 향수의 방해란 무엇일까요? 여기에 이미 보시된 물건을 향수하는 것에 대하여 어떤 자가 방해를 합니다. 이것이 보시물의 향수의 방해입니다.

대왕이여, 이것이 네 가지 방해입니다. 그러나 악마 마라가 팡챠사라촌의 바라문이나 가장들을 수중에 집어넣은 것은 그것이 세존의 보시물을 향수하는 것을 방해하는 것도 아니고, 세존을 위해 이미 준비된 보시물에 방해를 한 것도 아니고, 세존을 위해 지정된 보시물에 방해를 한 것도 아니고, 그것은 아직 오지 않고 도착하지 않고 아직 그 보시를 향수하는 사람을 보지 않은 특정한 사람을 지정하지 않은 보시물에 방해를 한 것입니다. 그것은 다만 세존 한 분만이 아니라 마침 그때 팡챠사라촌으로 나간 자는 모두 그 날 음식물을 얻을 수 없었던 것입니다.

대왕이여, 하늘세계, 마구니세계, 범천세계를 포함한 세계에 있어서 수행자나 바라문 계급 그리고 신들과 인간들 가운데서 세존을 위해 지정된 보시물에 방해를 하고, 이미 준비된 보시물에 방해를 하고, 보시물을 향수하는 것을 방해하는 자를 나는 보지 못했습니다. 만일 어떤 자가 질투하여 세존을 위해 지정되고 준비된 보시물에 방해를 하고, 세존의 보시물의 향수에 방해를 한다면 그의 머리는 백 내지는 천 부분으로 부서질 것입니다.

대왕이여, 여래에게는 어떠한 사람에 의해서도 이들 네 가지의 저해할 수 없는 특성이 있습니다. 네 가지란 무엇일까요. 첫째, 대왕이여, 세존을 위해 지정되고 준비된 보시물은 어떤 사람에 의해서도 방해할 수는 없습니다. 둘째, 대왕이여, 세존을 둘러싼 1심의 빛은 어떤 사람에 의해서도 방해될 수는 없습니다. 셋째, 대왕이여, 세존의 모두를 아는 지혜보배는 어떤 사람에 의해서도 방해될 수는 없습니다. 넷째, 대왕이여, 세존의 생명은 어떤 사람에 의해서도 방해될 수는 없습니다.

대왕이여, 실로 여래에게 있어서 어떤 사람에 의해서도 저해될 수 없는 네 가지 특성이 있습니다. 대왕이여, 이들 모든 특성이야말로 동일한 본질이며, 손상되지 않고, 동요되지 않고, 다른 사람들로부터 산란되지 않고, 다른 작용에 의해 변화를 받지 않는 것입니다.

대왕이여, 그런데 악마 마라는 스스로의 자태를 사람들에게 보이지 않고 잠복하여 팡챠사라촌의 바라문이나 가장들을 수중에 넣었습니다. 대왕이여, 예를 들면 왕의 험악한 변경지방에 도적이 자태를 보이지 않고 잠복하여 도로를 위협한다고 합시다. 그러나 만일 왕이 그들 도적을 발견했을 때 과연 그들 도적은 안전할 수 있을까요?"

"존자여, 그렇지는 않습니다. 왕은 그의 머리를 도끼로 백 내지는 천으로 분쇄할 것입니다."

"대왕이여, 그와 마찬가지로 악마 마라는 자태를 사람들에게 보이지 않고 잠복하여 팡챠사라촌의 바라문이나 가장들을 수중에 넣었습니다. 대왕이여, 예를 들면 또 남편을 가진 부인이 모습을 드러내지 않고 다른 남자에게 몸을 맡겼다고 합시다. 대왕이여, 그와 마찬가지로 악마 마라는 자태를 사람들에게 보이지 않고 잠복하여 팡챠사라촌의 바라문이나 가장들을 수중에 넣었습니다. 대왕이여, 만일 부인이 남편의 면전에서 다른 남자를 따라갔다면 과연 그 부인은 안전할 수 있을까요?"

"존자여, 그렇지 않습니다. 존자여, 남편은 그녀를 죽일 것입니다. 아니면 때리고 결박하고 노예로 삼을 것입니다."

"대왕이여, 그와 마찬가지로 악마 마라는 자태를 사람들에게 보이지 않고 잠복하여 팡챠사라촌의 바라문이나 가장들을 수중에 넣었습니다. 대왕이여, 만일 악마 마라가 세존을 위해 지정된 보시물에 방해를 하고, 이미 준비된 보시물에 방해를 하고, 보시물을 향수하는 것을 방해한다면 그의 머리는 백 내지는 천으로 분쇄될 것입니다."

"존자 나가세나여, 그와 마찬가지로 악마 마라는 도적의 소행을 흉내낸 것입니다. 악마 마라는 잠복하여 팡차사라 촌의 바라문이나 가장들을 수중에 넣었습니다. 존자여, 만일 악마 마라가 세존을 위해 지정된 보시물에 방해를 하고, 이미 준비된 보시물에 방해를 하고, 보시물을 향수하는 것을 방해한다면 그의 머리는 백 내지는 천으로 분쇄될 것입니다. 아니면 그의 몸은 한 줌의 왕겨처럼 사방으로 흩날렸을 것입니다."

"잘 알았습니다. 존자 나가세나여, 당신이 논하신 바는 진실로 그대로라고 나는 인정합니다."

6. 범죄의 동기론

"존자 나가세나여, 당신들은 '모르고 살생을 하는 자는 누구든지 알고 살생을 하는 자보다도 한층 중대한 악행을 범한다'라고 말합니다. 그런데 또 세존이 교당의 규율을 제정함에 있어서 '모르고 저지른 자에게는 죄를 범함이 없다'라고 말씀하셨습니다.

존자 나가세나여, 만일 모르고 살생을 하는 자는 누구든지 알고 살생을 하는 자보다도 한층 중대한 악행을 범하는 것이라면, '모르고 저지른 자에게는 죄를 범함이 없다'라고 한 그 말씀은 허구입니다. 만약 모르고 저지른 자에게는 죄를 범함이 없다고 한다면 '모르고 살생을 하는 자는 누구든지 알고 살생을 하는 자보다도 한층 중대한 악행을 범한다'라고 하는 그 말도 또 허구입니다.

이것도 또한 터득하기 어렵고 초탈하기 어려운 양도논법의 물음으로 당신에게 제출되었습니다. 이것은 당신이 해결해야 하는 것입니다."

"대왕이여, 세존은 진실로 이렇게 말씀하셨습니다.

'모르고 살생을 하는 자는 누구든지 알고 살생을 하는 자보다도 한층 중대한 악행을 범한다.'

그런데 또 교당의 규율을 제정함에 있어서 세존은 '모르고 저지른 자에게는 죄를 범함이 없다'라고 말씀하셨습니다. 그것에 대하여 이 두 가지에는 상위가 있는 것입니다. 무엇이 그 의미의 상위일까요? 대왕이여, 일의 좋고 나쁨을 깨닫지 않고 죄를 범한 것이 있고, 일의 좋고 나쁨을 깨닫고 죄를 범한 것이 있습니다.

대왕이여, 이 '일의 좋고 나쁨을 깨닫지 않고 죄를 범한 것'에 관하여 세존은 '모르고 저지른 자에게는 죄를 범함이 없다'고 말씀하신 것입니다."

"잘 알았습니다, 존자 나가세나여. 당신의 논하신 바는 진실로 그대로라고 나는 인정합니다."

7. 아집

"존자 나가세나여, 세존은 다음의 말씀을 설하셨습니다. '아난다여! 실로 여래는 〈나는 비구교단을 지도하리라〉라든가 혹은 〈비구교단은 나를 지시자로 여긴다〉라고 생각지 않는다.'

그런데 또 세존은 미륵의 본성을 명확히 하실 때, '그(미륵)는 몇천 명의 비구교단을 지도할 것이다. 이를테면 내가 지금 몇천 명의 비구교단을 지도하는 것처럼'이라고 설하셨습니다.

존자 나가세나여, 만일 세존이 '아난다여! 실로 여래는 〈나는 비구교단을 지도하리라〉라든가 혹은 〈비구교단은 나를 지시자로 여긴다〉라고 생각지 않는다' 라고 말해진 것이라면, '나는 몇천 명의 비구교단을 지도한다' 라고 붓다가 말씀하신 그 말은 허구입니다. 또한 만일 세존이 '이를테면 내가 지금 몇천 명의 비구교단을 지도하는 것처럼'이라고 말씀하신 것이라면, '아난다여! 실로 여래는 〈나는 비구교단을 지도하리라〉라든가 혹은 〈비구교단은 나를 지시자로 여긴다〉라고 생각지 않는다' 라고 하는 말씀도 또 허구입니다.

이것도 또 양도논법의 물음으로 당신에게 제출되었습니다. 이것은 당신이 해명해야 할 것입니다."

"대왕이여, 세존은 진실로 다음의 말씀을 설하셨습니다.

'아난다여! 실로 여래는 〈나는 비구교단을 지도하리라〉라 든가 혹은 〈비구교단은 나를 지시자로 여긴다〉라고 생각지 않는다.'

그런데 또 세존은 미륵의 본성을 명확히 하실 때, '그는 몇천 명의 비구교단을 지도할 것이다. 이를테면 내가 지금 몇천 명의 비구교단을 지도하는 것처럼'이라고 설하셨습니다.

대왕이여, 그러나 당신이 제출한 이 물음에 있어서 하나의 어구의 의의는 설명할 여지가 있는 것이고 다른 하나는 설명할 여지가 없는 명백한 사실입니다. 대왕이여, 여래는 대중에게 따라가는 분이 아니고 대중이 여래에게 따라가는 것입니다. 대왕이여, '나'라 하고 '나의 것'이라 하는 것은 이것은 세속제(세속적 진리)일 뿐 제일의제(출세간적 진리)는 아닙니다. 대왕이여, 여래는 애착을 떠나고 집착을 떠나셨습니다. 여래에게는 '나의 것'이라는 고집마저도 존재하지 않습니다. 다만 다른 사람들을 위해 의지처가 되고 있습니다.

대왕이여, 예를 들면 대지는 지상에 안주하는 중생들의 안주처이고 거주입니다. 그리고 그들 중생들은 지상에 의존하고 있습니다만 그러나 대지에게는 '이들 중생들은 나의 것이다'라고 하는 애집은 없습니다. 대왕이여, 그와 마찬가지로 여래는 중생들의 안주처이고 거주입니다. 그리고 그들 중생들은 여래에게 의존하고 있습니다만 그러나 여래에게는 '이들 중생들은 나의 것이다'라고 하는 애집은 없습니다.

대왕이여, 또 예를 들면 큰 구름이 비를 내릴 때 풀·나무·동물·인간을 생육하고, 성장시키고, 그들의 존속을 유지하고, 그리고 그들 중생들은 모두 비에 의해 생장하고 발육하지만 그러나 큰 구름에게는 '이들 중생들은 나의 것이다'라고 하는 애집은 없습니다. 대왕이여, 그와 마찬가지로 여래는 모든 중생들에게 좋은 가르침을 깨닫게 하고 좋은 가르침에 있어서 그들을 유지하고 그리고 이들 중생들은 모두 큰 스승(붓다)에 의해 삶을 영위하지만 그러나 여래에게는 '이들 중생들은 나의 것이다'라고 하는 애집은 없습니다. 그것은 왜일까요? 아집이 끊겨져 있기 때문입니다."

"잘 알았습니다. 존자 나가세나여, 물음은 많은 사례에 의해 잘 풀렸습니다. 깊은 연못은 맑아지고, 매듭은 제거되고, 밀림은 베어지고, 암흑은 광명이 되고, 반대자의 논은 부서지고, 승자(붓다)의 아들들에게 지혜의 눈이 생겼습니다."

8. 상가의 분열

"존자 나가세나여, 당신들은 '여래는 그의 대중이 분열할 수 없는 바의 지도자였다'라고 말합니다. 그런데 또 당신들은 '데바닷타의 일격에 오백 명의 비구는 분열하였다'

라고 말합니다.

　존자 나가세나여, 만일 여래가 그의 대중이 분열할 수 없는 바의 지도자였다면, '데바닷타의 일격에 오백 명의 비구는 분열하였다'라고 하는 그 말은 허구입니다. 만일 데바닷타의 일격에 오백 명의 비구는 분열한 것이라면 '여래는 그의 대중이 분열할 수 없는 바의 지도자였다'라고 하는 그 말도 또한 허구입니다.

　이것도 또 양도논법의 물음으로 당신에게 제출되었습니다. 그것은 매우 깊어 풀기 어렵고 매듭보다도 더 단단하게 얽혀 있습니다. 이것에 대하여 이 세상 사람들은 눈이 가려지고 감겨지고 방해받고 차단되고 덮여 있습니다. 이것에 대하여 당신은 반대자의 모든 설에 대하여 당신의 지혜력을 보여 주십시오."

　"대왕이여, 여래는 그의 대중이 분열할 수 없는 바의 지도자이십니다. 그러나 또 데바닷타의 일격에 오백 명의 비구는 분열하였습니다. 그러나 그것은 파괴자의 힘에 의한 것입니다.

　대왕이여, 생각하건대 파괴자가 존재할 때는 분열되지 않는 것은 없기 때문입니다. 파괴자가 존재할 때에는 어머니도 아들과 헤어지고, 아들도 어머니와 헤어지고, 아버지도 자녀와 헤어지고, 자녀도 아버지와 헤어지고, 형제도 자매와 헤어지고, 자매도 형제와 헤어지고, 벗도 벗과 헤어지고, 갖가지 제목으로 조립되었던 배도 파도의 힘에 부딪혀 파괴되고, 감미로운 과실을 주렁주렁 매달았던 수목도 바람의 격한 힘에 부딪혀 부러지고, 양질의 황금도 동과 분리됩니다.

대왕이여, 그러나 '여래는 그의 대중이 분열할 수 없는 바의 지도자이다'라고 하는 말은 지자들의 의도도 아니고 모든 붓다들의 의향도 아니고 현자들의 욕구도 아닙니다. 그리고 그 말에 대해서는 근거가 있고 그 근거에 의해 '여래는 그의 대중이 분열할 수 없는 바의 지도자다'라고 말해집니다. 그 근거란 무엇일까요?

대왕이여, 여래가 사람에게 대해서 보여주신 인색함, 혹은 불친절한 언어, 혹은 불이익을 주는 행, 혹은 사람들과 같은 일을 하지 않는다고 하는 어떠한 것으로든 불선의 행위를 보여주신 경우에도 붓다의 대중이 분열하였다고 하는 것을 일찍이 들은 적이 없습니다. 이 근거에 의해 여래는 '그의 대중이 분열할 수 없는 바의 지도자였다'라고 말해집니다.

대왕이여, 당신은 또 다음의 말씀을 아셔야 합니다. 아홉 부류의 붓다의 말씀(가르침) 가운데 있어서 이 근거, 그것에 기초하여 이루어진 보살의 행위가 여래의 대중을 분열시켰다고 생각되는 것이 뭔가 있습니까?"

"존자여, 하나도 없습니다. 그런 일은 세간에 있어서 발견되지 않았고 또 듣지도 못했습니다. 훌륭하십니다, 존자 나가세나여. 당신이 논하신 바는 진실로 그대로라고 나는 인정합니다."

제3장

1. 비구의 스물두 가지 자격

"존자 나가세나여, 또 세존은 다음의 말씀을 설하셨습니다.

'바셋타여! 실로 진리의 가르침은 현재에 있어서도 미래에 있어서도 사람들 가운데서 가장 뛰어난 것이다.'

그런데 그대 비구들에 의하면 재가의 신자로서 '성자의 흐름에 들어간 위'를 얻어 악한 생존에로의 윤회를 끊고 지견에 도달한 사람이라도, 붓다의 가르침을 겨우 안 정도의 출가자들로서 성자의 위에 이르지 못하고 아직 범부의 위에 있는 비구 혹은 사미에게 인사를 드리고 그들에게 경의를 나타내어 자리에서 일어나야 합니다.

존자 나가세나여, 만일 세존이 '바셋타여! 실로 진리의 가르침은 현재에 있어서도 미래에 있어서도 사람들 가운데서 가장 뛰어난 것이다'라고 말씀하신 것이라면, '재가의 신자로서 성자의 흐름에 들어간 위를 얻어 악한 생존에로의 윤회를 끊고 지견에 도달한 사람이라도, 붓다의 가르침을 겨우 안 정도의 출가자들로서 성자의 위에 이르지 못하고 아직 범부의 위에 있는 비구 혹은 사미에게 인사를 드리고 그들에게 경의를 나타내어 자리에서 일어나야 한다'고 하는 그 말은 허구입니다. 만일 '재가의 신자로서 성자의 흐름에 들어간 위를 얻어 악한 생존에로의 윤회를 끊고 지견에 도달한 사람이라도, 붓다의 가르침을 겨우 안 정도의 출가자들로서 성자의 위에 이르지 못하고 아직 범부의 위에 있는 비구 혹은 사미에게 인사를 드리고 그들에게 경의를 나타내어 자리에서 일어나야 한다'고 한다면, '바셋타여! 실로 진리의 가르침은 현재에 있어서도 미래에 있어서도 사람들 가운데서 가장 뛰어난 것이다' 라고 하는 그 말도 또 허구입니다.

이것도 또 양도논법의 물음으로 당신에게 제출되었습니다. 이것은 당신이 해명해야 할 것입니다."

"대왕이여, 세존은 진실로 다음의 말씀을 설하셨습니다. '바셋타여! 실로 진리의 가르침은 현재에 있어서도 미래에 있어서도 사람들 가운데서 가장 뛰어난 것이다.'

그런데 또 재가의 신자로서 '성자의 흐름에 들어간 위'를 얻어 악한 생존에로의 윤회를 끊고 지견에 도달한 사람이라도, 붓다의 가르침을 겨우 안 정도의 출가자들로서 성자의 위에 이르지 못하고 아직 범부의 위에 있는 비구 혹은 사미에게 인사를 드리고 그들에게 경의를 나타내어 자

리에서 일어나야 합니다. 그러나 이 경우에는 이유가 있습
니다. 그 이유는 무엇일까요?

대왕이여, 실로 출가자로서 출가자다운 이는 스무 가지
특성과 두 가지 특징이 있고 그것에 의해 출가자는 인사를
받고, 일어나 맞게 되고, 존경되고, 공양을 받을 만한 가치
가 있습니다. 무엇이 출가자를 출가자답게 하는 스무 가지
특성과 두 가지 특징일까요?

　(1) 가장 뛰어난 길들임(자제)
　(2) 최상의 자기 통제
　(3) 올바른 행위
　(4) 올바른 위의(몸가짐)를 지니는 것
　(5) 언행을 삼가는 것
　(6) 감관의 제어(율의)
　(7) 인내
　(8) 부드러움과 화합
　(9) 홀로 삶의 실천
　(10) 홀로 삶의 애호
　(11) 홀로 앉아 사유함
　(12) 죄과에 대한 부끄러움과 뉘우침
　(13) 정진
　(14) 방자하거나 게으르지 않음(열심)
　(15) 학습을 엄격히 지킴
　(16) 경전의 독송

(17) 질문

(18) 계행 등을 기뻐함

(19) 무집착

(20) 배워야 할 덕목의 성취

　（이상은 출가자의 출가자다운 스무 가지 특성임）

(21) 승복, 가사를 걸침

(22) 삭발

　（이상 두 가지는 출가자의 외적 특징임）

　대왕이여, 실로 이것들이 출가자를 출가자답게 하는 스무 가지 특성과 두 가지 외적 특징입니다. 비구는 이들 특성을 지키고 생활합니다. 비구는 그들 덕목의 부족함 없고 원만하고 완전하고 완비함에 의해 그 이상 배워야 할 것이 없는 경지, 즉 아라한의 경지에 들어가고 지상에 있어서 최고의 위에 달합니다.

　'그는 아라한의 위에 가까웠다. 나는 아직 그렇지 않다'고 하여 일반 재가의 신자로서 '성자의 흐름에 들어간 위'의 사람이 범부의 위에 있는 비구에게 인사를 드리고 그들에게 경의를 나타내어 자리에서 일어나는 것은 그들에게 있어서 어울립니다.

　'그는 번뇌의 누출을 멸진한 자와 교류하고 있다. 그런데 그러한 교류는 나에게는 없다'고 하여 일반 재가의 신자로서 '성자의 흐름에 들어간 위'의 사람이 범부의 위에 있는 비구에게 인사를 드리고 그들에게 경의를 나타내어 자리에서 일어나는 것은 그들에게 있어서 어울립니다.

'그는 최상의 대중(상가의 사람들)과 교류하고 있다. 그런데 나는 그러한 상태에 놓여 있지 않다'고 하여 일반 재가의 신자로서 '성자의 흐름에 들어간 위'의 사람이 범부의 위에 있는 비구에게 인사를 드리고 그들에게 경의를 나타내어 자리에서 일어나는 것은 어울립니다.

'그는 규율의 조문의 독송을 들을 수가 있다. 그런데 나는 그것을 들을 수가 없다'고 하여 일반 재가의 신자로서 '성자의 흐름에 들어간 위'의 사람이 범부의 위에 있는 비구에게 인사를 드리고 그들에게 경의를 나타내어 자리에서 일어나는 것은 어울립니다.

'그는 다른 사람을 출가시키고 완비된 계(구족계)를 받게 하고 숭자(붓다)의 가르침을 중대시킬 수가 있다. 그런데 나는 이 한 가지도 이룰 수가 없다'고 하여 일반 재가의 신자로서 '성자의 흐름에 들어간 위'의 사람이 범부의 위에 있는 비구에게 인사를 드리고 그들에게 경의를 나타내어 자리에서 일어나는 것은 그들에게 있어서 어울립니다.

'그는 헤아려 알 수 없는 많은 배워야 할 덕목을 완전하게 실행한다. 그런데 나는 그것들을 행하지 않는다'라고 하여 일반 재가의 신자로서 '성자의 흐름에 들어간 위'의 사람이 범부의 위에 있는 비구에게 인사를 드리고 그들에게 경의를 나타내어 자리에서 일어나는 것은 어울립니다.

'그는 출가자의 외적 특징을 갖추고 붓다의 의도를 실천하고 있다. 그런데 나는 그 외적 특징을 보이는 일에서 멀어져 있다'고 하여 일반 재가의 신자로서 '성자의 흐름에 들어간 위'의 사람이 범부의 위에 있는 비구에게 인사를 드리고 그들에게 경의를 나타내어 자리에서 일어나는 것은 어울립니다.

'그는 손톱·몸의 털·머리카락·수염이 자라는 대로 버려둔 채 기름을 바르지 않고, 장식을 하지 않고, 계행의 향을 바르고 있다. 그런데 나는 장식이나 장엄하는 것을 좋아한다'고 하여 일반 재가의 신자로서 '성자의 흐름에 들어간 위'의 사람이 범부의 위에 있는 비구에게 인사를 드리고 그들에게 경의를 나타내어 자리에서 일어나는 것은 어울립니다.

대왕이여, 다시 또 '무릇 출가자다운 스무 가지 특성과 두 가지 외적 특징의 이들 모든 것은 비구들 속에 있다. 게다가 그들은 그것들을 유지 보존하고 남도 그것에 대해 배우게 한다. 그런데 나는 그 전승의 가르침(아함)도 배워야 할 덕목도 없다'고 하여 일반 재가의 신자로서 '성자의 흐름에 들어간 위'의 사람이 범부의 위에 있는 비구에게 인사를 드리고 그들에게 경의를 나타내어 자리에서 일어나는 것은 어울립니다.

대왕이여, 다시 또 예를 들면 왕자가 바라문 밑에서 학문을 배우고 왕족의 의무를 익힙니다. 훗날 그는 관정하여 왕이 되었을 때 그 바라문을 '이 분은 나의 교사다'라고 하여 인사를 드리고 경의를 나타내어 자리에서 일어납니다. 대왕이여, 그와 마찬가지로 '비구는 교사며 가르침의 전지자(전승하는 자)다'라고 하여 일반 재가의 신자로서 '성자의 흐름에 들어간 위'의 사람이 범부의 위에 있는 비구에게 인사를 드리고 그들에게 경의를 나타내어 자리에서 일어나는 것은 어울립니다.

대왕이여, 다시 또 다음의 방법에 의해서도 비구의 지위가 위대하고 남과 견줄 수가 없으며 광대한 것임을 아십시오. 대왕이여, 만일 재가의 신자로서 '성자의 흐름에 들어간 위'를 얻은 사람이 아라한의 위를 체득한다면 그는 그 날로 완전한 죽음(열반)을 맞이할 것인가, 아니면 비구의 상태에 이를 것인가 그 어느 쪽입니다. 그에게는 이 두 가지 길만이 있고 다른 결과는 없는 것입니다. 대왕이여, 왜냐하면 그 출가상태는 움직일 수 없고 숭고하기 때문입니다. 이것이 비구의 경지입니다."

"존자 나가세나여, 심오한 뜻이 있는 물음은 유력하고 빼어난 지혜있는 당신에 의해 잘 풀렸습니다. 당신처럼 지혜있는 사람을 제쳐두고 다른 어떤 사람도 이 물음을 이렇게 풀 수는 없습니다."

2. 붓다의 지도이념

"존자 나가세나여, 당신들은 '여래는 모든 중생들로부터 불이익을 멀리하게 하고 그들에게 이익을 준다'고 말합니다. 또 그대들은 '여래의 불꽃의 비유 교설이 설해졌을 때 육십 명의 비구는 입에서 뜨거운 피를 토했다'고 말합니다.

존자여, 여래가 불꽃의 비유를 설하신 것에 의해 붓다는 육십 명의 비구에게서 불이익을 멀리하게 하고 그들에게 이익을 주신 것입니다. 존자 나가세나여, 만일 여래가 모든 중생들로부터 불이익을 멀리하게 하고 그들에게 이익을 준다면, '불꽃의 비유의 교설이 설해졌을 때 육십 명의 비구는 입에서 뜨거운 피를 토했다'고 하는 말은 허구입니다. 만일 불꽃의 비유의 교설이 설해졌을 때 육십 명의 비구는 입에서 뜨거운 피를 토했다고 한다면, '여래는 모든 중생들로부터 불이익을 멀리하게 하고 그들에게 이익을 준다'고 하는 그 말도 또한 허구임에 틀림없습니다. 이것도 또 양도논법의 물음으로 당신에게 제출되었습니다. 이것은 당신이 해명해야 하는 것입니다."

"대왕이여, 여래는 모든 중생들로부터 불이익을 멀리하게 하고 그들에게 이익을 주십니다. 그런데 불꽃의 비유 교설이 설해졌을 때 육십 명의 비구는 입에서 뜨거운 피를 토했습니다. 그러나 그것은 여래의 가해에 의한 것이 아니고 그들 자신이 저지른 짓에 의한 것입니다."

"존자 나가세나여, 만일 여래가 불꽃의 비유 교설을 설하지 않으셨다면 그들은 입에서 뜨거운 피를 토했을까요?"

"대왕이여, 그렇지는 않습니다. 그들 올바르지 못한 수행자가 여래의 교설을 듣고 몸에 열뇌를 낳고 그 열뇌에 의해 그들은 입에서 뜨거운 피를 토한 것입니다."

"존자 나가세나여, 그렇다면 여래가 설하신 그 가르침에 의해 그들은 입에서 뜨거운 피를 토한 것입니다. 그 경우 여래야말로 그들을 파멸에 이르게 한 동력인(원동력)입니다.

존자 나가세나여, 예를 들면 뱀이 개미굴 속에 들어갔다고 합시다. 그때 어떤 남자가 흙이 필요하여 개미집을 허물고 흙을 운반해낼 것입니다. 그가 흙을 운반해 내는 것에 의해 개미굴의 구멍을 막게 된다면 뱀은 숨을 쉴 수가 없어 죽을 것입니다. 존자여! 그 뱀은 이 남자가 한 짓에 의해 죽게 된 게 아니겠습니까?"

"대왕이여, 그렇습니다."

"존자 나가세나여, 그와 마찬가지로 그 경우 여래야말로 그를 파멸에 이르게 한 동력인입니다."

"대왕이여, 여래는 가르침을 설할 때 사랑과 미움, 좋고 싫은 감정에 의해 설하지 않고 모든 감정을 떠나서 가르침을 설하십니다. 이와 같이 여래가 가르침을 설할 때 바른 가르침을 실천하는 사람들은 진리를 깨달을 수 있지만 그렇지 못한 사람들은 악의 생존으로 떨어집니다.

대왕이여, 예를 들면 어떤 남자가 망고나무, 잠부나무 혹은 마두카나무를 흔들 때 단단히 붙어 있는 과실은 떨어지지 않고 나무에 매달려 있을 것입니다만 꼭지가 썩어 잘 붙어 있지 않은 과실은 떨어질 것입니다. 대왕이여, 그와 마찬가지로 여래가 가르침을 설할 때는 사랑과 미움, 좋고 싫음의 감정에 의해 설하지 않고 모든 감정을 떠나서 가르침을 설합니다. 이와 같이 여래가 가르침을 설할 때 바른 가르침을 실천하는 사람들은 진리를 깨달을 수 있지만 그렇지 못한 사람들은 악의 생존으로 떨어집니다.

대왕이여, 다시 또 예를 들면 농부가 곡물을 수확하기 위해 밭을 간다고 합시다. 그가 밭을 갈 때 몇백 천의 풀이 사멸합니다. 대왕이여, 그와 마찬가지로 여래가 가르침을 설할 때 사랑과 미움, 좋고 싫음의 감정에 의해 설하지 않고 모든 감정을 떠나서 가르침을 설합니다. 이와 같이 여래가 가르침을 설할 때 바른 가르침을 실천하는 사람들은 진리를 깨달을 수 있지만 그렇지 못한 사람들은 풀처럼 사멸합니다.

대왕이여, 다시 또 예를 들면 사람들이 단맛을 얻기 위해 감자를 기계에 넣고 압축한다고 합시다. 그들이 감자를 압축할 때 그 기계의 입에 들어간 벌레도 압축됩니다. 대왕이여, 그와 마찬가지로 여래는 그 마음이 성숙한 사람들을 깨닫게 하기 위해 가르침의 기계로 그들을 압축합니다. 그 경우 그렇지 못한 사람들은 벌레처럼 죽습니다."

"존자 나가세나여, 그들 육십 명의 비구들은 그 설법에 의해 악의 생존으로 떨어진 게 아닙니까?"

"대왕이여, 그러면 대공(뛰어난 목수)이 재목을 바라보고만 있다면 그는 재목을 반듯하게 하여 사용하기 쉽도록 할 수 있을까요?"

"존자여, 그렇지 않습니다. 존자여, 깎아낼 곳은 깎아내고 다듬을 곳은 다듬고 이와 같이 하여 이 대공은 재목을 반듯하게 하여 사용하기 쉽도록 하는 것입니다."

"대왕이여, 그와 마찬가지로 여래가 설법을 듣는 회중을 다만 바라보고 계시기만 한다면 바르게 받아들이는 사람들을 깨닫게 할 수는 없습니다. 그렇지 않고 그릇되게 실천하는 사람들을 멀리하고 이들 바르게 받아들이는 사람들을 깨닫게 하는 것입니다. 대왕이여, 그러나 그들 잘못 실천하는 사람들은 스스로 지은 행위에 의해 악의 생존으로 떨어집니다.

대왕이여, 예를 들면 파초, 대나무, 암노새가 자기에게서 생긴 것에 의해 멸하는 것처럼 대왕이여, 그와 마찬가지로 그들 잘못 실천하는 사람들은 스스로 지은 행위에 의해 악의 생존으로 떨어집니다.

대왕이여, 또 예를 들면 도적이 자기가 지은 행위에 의해 눈을 도려내고 꼬챙이나 창에 찔리고 나아가서는 목을 베는 형벌에 처해지는 것처럼 대왕이여, 그와 마찬가지로 그들 잘못 실천하는 사람들은 스스로 지은 행위에 의해 멸하고 승자(붓다)의 가르침으로부터 타락합니다. 대왕이여, 그 육십 명의 비구가 입에서 뜨거운 피를 토한 것은 세존(붓다)이 하신 행위 그것에 의한 것이 아니고 다른 사람이 지은 행위에 의한 것도 아닙니다. 다만 자기가 저지른 행위 그것에 의한 것입니다.

대왕이여, 예를 들면 어떤 사람이 모든 사람들에게 장생불사의 음식을 주었다고 합시다. 그는 그 장생불사의 음식을 먹고 무병장수하고 모든 병고로부터 벗어나게 될 것입니다. 그러나 다른 어떤 사람은 그것을 먹고 소화를 시키지 못했기 때문에 죽음에 이를 것입니다. 대왕이여, 장생불사의 음식을 준 사람은 그 보시의 원인에 있어서 뭔가 잘못을 저지른 것일까요?"

"존자여, 그렇지 않습니다."

"대왕이여, 그와 마찬가지로 여래는 일만의 신들과 인간들 세계에 장생불사의 교법의 보시를 하셨습니다. 그리고 모든 유능한 사람은 불사의 교법에 의해 깨닫지만 모든 무능한 자는 불사의 교법에 의해 파멸하고 타락합니다. 대왕이여, 음식물은 모든 중생들의 생명을 수호합니다. 어떤 자는 그것을 먹고 콜레라에 걸려 죽습니다. 대왕이여, 음식물을 보시하는 자는 그 보시의 원인에 의해 뭔가 잘못을 저지른 것일까요?"

"존자여, 그렇지는 않습니다."

"대왕이여, 그와 마찬가지로 여래는 일만의 신들과 인간들 세계에 장생불사의 교법의 보시를 하셨습니다. 그리고 모든 유능한 사람은 불사의 교법에 의해 깨닫지만 모든 무능한 자는 불사의 교법에 의해 파멸하고 타락합니다."

"잘 알았습니다. 존자 나가세나여. 당신이 논한 바는 진실로 그대로라고 나는 인정합니다."

3. 붓다의 음부(음마장상)[28]

"존자 나가세나여, 여래는 또 다음의 시구를 설하셨습니다.

몸을 자제하는 것은 훌륭하고
말을 자제하는 것은 훌륭하고
뜻을 자제하는 것은 훌륭하고
모든 곳에 있어서 자제하는 것은 훌륭하다.

그런데 또 여래는 사부대중 한가운데 앉아 신들과 인간들 앞에서 세라 바라문에게 남근을 가리운 음부를 보이셨습니다.

존자 나가세나여, 만일 세존이 '몸을 자제하는 것은 훌륭하고, 말을 자제하는 것은 훌륭하고, 뜻을 자제하는 것은 훌륭하고, 모든 곳에 있어서 자제하는 것은 훌륭하다'라고 말씀하셨다면, '세라 바라문에게 남근을 가리운 음부를 보이셨다'고 하는 말은 허구입니다. 만일 붓다가 세라 바라문에게 남근을 가리운 음부를 보이셨다면, '몸을 자제하는 것은 훌륭하고, 말을 자제하는 것은 훌륭하고, 뜻을 자제하는 것은 훌륭하고, 모든 곳에 있어서 자제하는 것은 훌륭하다'라고 하신 그 말씀도 또한 허구입니다.

이것도 또한 양도논법의 물음으로 당신에게 제출되었습

니다. 이것은 당신이 해결해야 하는 것입니다."

"대왕이여, 세존은 또 '몸을 자제하는 것은 훌륭하고, 말을 자제하는 것은 훌륭하고, 뜻을 자제하는 것은 훌륭하고, 모든 곳에 있어서 자제하는 것은 훌륭하다'고 설하셨습니다. 그런데 세라 바라문에게 남근을 가리운 음부를 보이셨습니다. 대왕이여, 어느 것이든 여래에 대해 의심이 생기는 자에게는 세존은 그를 깨닫게 하기 위해 신통으로 그것과 비슷한 신체의 모습을 보이시지만 그만이 붓다의 신통변화를 보는 것입니다."

"존자 나가세나여, 회중 가운데 있는 한 사람만이 음부를 보고 나머지 사람들은 그곳에 있으면서 보지 못한다고 하는 말을 누가 믿습니까? 자, 나에게 그럴 경우의 사례를 보여주십시오. 사례를 갖고 나를 납득시켜 주십시오."

"대왕이여, 당신은 일찍이 이전에 어떤 병자가 친척이나 친구들에게 둘러싸였음을 들은 적이 있습니까?"

"존자여, 그렇습니다."

"대왕이여, 그 병자가 느끼는 고통의 감각을 사람들도 느낍니까?"

"존자여, 그렇지는 않습니다. 존자여, 그 병자 자신만이 고통을 느끼는 것입니다."

"대왕이여, 그와 마찬가지로 어느 것이든 여래에 대해 의심이 생기는 자에게는 세존은 그를 깨닫게 하기 위해 신통으로 그것과 비슷한 신체의 모습을 보이시지만 그만이 그의 신통변화를 보는 것입니다."

"존자 나가세나여, 다른 사람에게는 보이지 않는 것을 한 사람에게만 보인다고 하는 이 지극히 어려운 일을 세존은 하셨습니다."

"대왕이여, 세존은 음부를 보이신 것이 아니고 신통변화에 의해 그것과 비슷한 모습을 보이신 것입니다."

"존자여, 가령 사람에게 붓다의 음부와 비슷한 모습을 보였을 때도 사람은 그것을 보자마자 음부를 실로 보았다고 하는 확신을 얻을 것입니다."

"대왕이여, 그러나 여래는 깨닫게 해야 할 사람들을 깨닫게 하기 위해 지극히 어려운 일을 하셨습니다. 대왕이여, 만일 여래가 갖가지 활동(신통변화 등)을 하지 않으셨다면 깨닫게 해야 할 사람들을 깨닫게 하지 못했을 것입니다. 대왕이여, 그러나 여래는 깨닫게 해야 할 사람들을 깨닫게 하는 방법을 알고 계시기 때문에 여래는 깨닫게 해야 할 사람들을 깨닫게 하는 방법에 의해 깨닫게 해야 할 사람들을 깨닫게 하는 것입니다.

대왕이여, 예를 들면 외과의가 병을 치료하는 여러 가지 의약을 갖고 병자를 치료한다고 합시다. 즉 토해야 할 자에게는 토하게 하고, 배설해야 할 자에게는 배설하게 하고, 기름을 발라주어야 할 자에게는 기름을 바르고, 연고를 발라주어야 할 자에게는 연고를 바릅니다. 대왕이여, 그와 마찬가지로 여래는 깨닫게 해야 할 사람들을 깨닫게 하는 여러 가지 수행법에 의해 깨닫게 하는 것입니다.

대왕이여, 다시 또 예를 들면 난산의 부인이 사람에게

보여서는 안 될 음부를 의사에게 보이는 것처럼 대왕이여, 그와 마찬가지로 여래는 깨닫게 해야 할 사람들을 깨닫게 하기 위해 사람들에게 보여서는 안 될 음부와 비슷한 모습을 신통력에 의해 보이신 것입니다. 대왕이여, 사람에게는 다른 사람에게 보여서는 안 된다고 하는 곳은 없습니다. 대왕이여, 만일 누구라도 세존의 심장을 보고 깨달을 수만 있다면 세존은 방법에 의해 그에게 심장을 보이실 것입니다. 대왕이여, 여래는 방법을 아시는 분이고 가르치고 인도함에 뛰어난 분입니다.

대왕이여, 여래는 장로 난다의 애착심을 아시고 '이에 의해 이 양가의 아들은 깨달을 것이다'라고 살피시어 그를 삼십삼천계에 데리고 가 천녀를 보이신 것이 아닙니까? 그리고 이 양가의 아들은 이 방법에 의해 깨달음을 얻었습니다. 대왕이여, 왜냐하면 여래는 청정한 모습을 몹시 싫어하게 하는 여러 가지 방법으로, 그로 하여금 '청정한 모습은 실은 부정한 모습에 지나지 않는다'고 하는 것을 깨닫게 하기 위해 구족천녀(비둘기의 발을 한 천녀)들을 보이셨던 것입니다. 이와 같이 여래는 방법을 알고 가르침과 인도함에 있어서 뛰어난 분입니다.

대왕이여, 다시 또 여래는 츄라판타카가 형으로부터 쫓겨나 고뇌하고 있을 때 다가가 '이것에 의해 이 양가의 아들은 깨달을 것이다'라고 사무쳐 아시고 아름다운 천 조각을 보여주셨습니다. 거기서 이 양가의 아들은 그것에 의해 승자(붓다)의 가르침에 통달했습니다. 이와 같이 여래는 방법을 알고 가르침과 인도함에 있어서 뛰어난 분입니다.

대왕이여, 다시 또 여래는 바라문인 모가라쟝이 세 번씩이나 물었으나 '이렇게 내가 대답하지 않으면 이 양가의 아들의 교만은 그칠 것이다. 교만이 그치면 진리의 바른 관찰이 이루어질 것이다'라고 사무쳐 아시고 두 번의 물음까지는 답하지 않으셨습니다. 그리고 그것에 의해 이 양가의 아들은 교만을 그치고 교만이 그쳤기 때문에 이 바라문은 여섯 가지 신통에 있어서 자재를 얻었습니다. 이와 같이 여래는 방법을 알고 가르침과 인도함에 있어서 뛰어난 분입니다."

"참으로 훌륭하십니다. 존자 나가세나여. 물음은 갖가지 사례에 의해 잘 해결되었습니다. 밀림은 환하게 열리고, 암흑은 광명으로 화했고, 매듭은 풀렸고, 반대자의 설은 파척되고, 당신에 의해 승자(붓다)의 아들들에게 지혜의 눈이 생겼습니다."

4. 스승의 말씀

"존자 나가세나여, 또 법의 장군 사리풋타 장로는 다음의 말씀을 설하셨습니다.

'벗이여! 여래는 말솜씨를 삼가는 일이 완벽하다. 여래가 〈내가 말하는 이것을 다른 사람은 알아서는 안 된다〉라고 하여 경계하는 것과 같은 잘못된 말투는 여래에게는 존재

하지 않습니다.'

그런데 또 '여래는 장로 수딘나 카란다풋타가 범한 죄에 관하여 교단추방죄를 제정하셨을 때 매우 거친 말투로 그를 바보 같은 놈이라고 하는 말로 부르셨습니다.' 그리고 그 어리석은 놈이라고 하는 말 때문에 그 장로는 스승을 두려워하고 구시렁구시렁대면서 성스러운 도를 깨달을 수가 없었던 것입니다.

존자 나가세나여, 만일 여래는 말솜씨를 삼가는 일이 완벽하고 잘못된 말솜씨가 여래에게는 존재하지 않는다면, '여래는 장로 수딘나 카란다풋타가 범한 죄에 관하여 교단추방죄를 제정하셨을 때 매우 거친 말투로 그를 바보 같은 놈이라고 하는 말로 부르셨습니다' 라고 하는 그 말은 허구입니다. 만일 세존이 여래는 장로 수딘나 카란다풋타가 범한 죄에 관하여 교단추방죄를 제정하셨을 때 매우 거친 말투로 그를 바보 같은 놈이라고 하는 말로 부르셨다면, '벗이여! 여래는 말솜씨를 삼가는 일이 완벽하다. 여래가 〈내가 말하는 이것을 다른 사람은 알아서는 안 된다〉라고 하여 경계하는 것과 같은 잘못된 말투는 여래에게는 존재하지 않습니다' 라고 하는 그 말도 또한 허구입니다.

이것도 또 양도논법의 물음으로 당신에게 제출되었습니다. 이것은 당신이 해명해야 하는 것입니다."

"대왕이여, 진실로 법의 장군 사리풋타 장로는 다음의 말씀을 설하셨습니다.

'벗이여! 여래는 말솜씨를 삼가는 일이 완벽하다. 여래가

〈내가 말하는 이것을 다른 사람은 알아서는 안 된다〉라고 하여 경계하는 것과 같은 잘못된 말투는 여래에게는 존재하지 않습니다.'

그런데 또 장로 수딘나 카란다풋타가 범한 죄에 관하여 교단추방죄를 제정하셨을 때 여래는 매우 거친 말투로 그를 바보 같은 놈이라고 부르셨습니다. 그러나 그것은 붓다가 품었던 악심에 의한 것이 아니고 노여움에 의한 것도 아닙니다. 수딘나의 있는 그대로의 특성에 의해 그렇게 부른 것입니다. 이 경우 '있는 그대로의 특성'이란 무엇일까요? 대왕이여, 모든 사람이 우리들의 생존에 있어서 네 가지 진리를 올바로 관찰하지 않는다면 그에게 있어서 인간으로 태어난 것은 허무한 것이고 어떤 일을 이루고자 하더라도 결과는 기대한 것과 다르게 나타납니다. 그렇기 때문에 사람은 '바보 같은 놈'이라 말해지는 것입니다. 대왕이여, 따라서 세존이 장로 수딘나 카란다풋타의 본성을 상징한 말씀으로써 그를 '바보 같은 놈'이라 부르신 것입니다. 사실에 바탕을 두지 않은 말씀으로 부르신 것은 아닙니다."

"존자 나가세나여, 무릇 다른 사람을 질책하여 그 사람의 본성을 말하는 자에 대하여 나는 1카하파나(소액의 화폐단위)의 벌금을 물렸습니다. 왜냐하면 사실에 바탕을 두고 있지만 보통의 말투를 쓰지 않고 질책하는 한 그는 죄를 범한 것입니다."

"대왕이여, 또 당신은 일찍이 사람이 범죄자에 대하여

인사하고 경의를 나타내어 자리에서 일어나고 존경하고 혹은 선물을 한다고 하는 얘기를 들으신 일이 있습니까?"

"존자여, 들은 적이 없습니다. 어떠한 이유 어떠한 곳에서 범죄가 행해지더라도 범죄자는 질책할 필요가 있고 견책을 받습니다. 오히려 사람들은 목을 베고 고문을 가하고 결박하고 죽이고 재산을 몰수하고 추방할 것입니다."

"대왕이여, 그러면 세존은 해야 할 일만을 하시고 하지 말아야 할 것은 하지 않으신 것입니까?"

"존자 나가세나여, 해야 할 것을 하는 데도 적당히 그리고 쾌적하게 해야 합니다. 존자 나가세나여, 신들이나 인간 세계의 중생들은 여래의 말씀을 듣는 것만으로 참괴(지난 일을 부끄러워하며 앞으로 다시는 죄를 짓지 않겠다는 것)하고, 여래를 뵙고는 다시 참괴하고, 여래 가까이에서 시중드는 것으로 한층 그렇게 해야 할 것입니다."

"대왕이여, 몸이 좋지 않고 결함투성이인 병자에 대해서 의사는 병자가 좋아하는 것을 약으로 줍니까?"

"존자여, 그렇지 않습니다. 병을 낫게 하려고 그 의사는 강한 약을 줍니다."

"대왕이여, 그와 마찬가지로 여래는 모든 번뇌의 병을 진정시키기 위해 교계(가르침)를 줍니다. 대왕이여, 여래의 말씀은 설사 거칠더라도 사람들을 진정시키고 순종하게 합니다.

대왕이여, 예를 들면 끓는 물이 부드럽게 할 수 있는 것은 어떤 것이나 부드럽게 하고 유연하게 하는 것처럼 대왕이여, 그와 마찬가지로 여래의 말씀은 가령 거칠더라도 이익이 있고 사랑을 수반하고 있습니다.

대왕이여, 예를 들면 아버지의 말씀은 아이들에게 있어서 이익이 있고 사랑을 수반하는 것처럼. 대왕이여, 그와 마찬가지로 여래의 말씀은 가령 거칠더라도 이익이 있고 사랑을 수반하고 있습니다. 대왕이여, 여래의 말씀은 가령 거칠더라도 사람들의 번뇌를 끊습니다.

대왕이여, 예를 들면 악취가 나는 쇠똥이나 아주 더러운 약이라도 이것을 복용하면 사람들의 병을 낫게 하는 것처럼 대왕이여, 그와 마찬가지로 여래의 말씀은 가령 거칠더라도 이익이 있고 사랑을 수반하고 있습니다.

대왕이여, 예를 들면 솜뭉치가 비록 많은 양이라도 사람의 몸에 떨어졌을 때 고통을 일으키지 않는 것처럼 대왕이여, 그와 마찬가지로 여래의 말씀은 가령 거칠더라도 어떤 사람에게도 고통을 낳지 않습니다."

"존자 나가세나여, 많은 사례에 의해 물음이 잘 해결되었습니다. 훌륭하십니다. 당신이 논하신 바는 진실로 그대로라고 나는 인정합니다."

5. 세간의 말

"존자 나가세나여, 여래는 또 다음의 시구를 설하셨습니다.

바라문이여!
의식이 없어 사람의 말이 납득되지 않는다.
이 의식이 없는 파라사 나무에 대하여
힘써 정진하고 항상 방일하지 않은 그대는
무엇 때문에 기거의 안온함을 묻고 있는가?

그런데 또 설하셨습니다.

그리하여 판다나 나무도 곧바로 소리쳤다.
바라드바쟈여,
나도 또한 말할 수 있으니
내가 말하는 바를 들으시라.

존자 나가세나여, 만일 '바라문이여! 의식이 없어 사람의
말이 납득되지 않는다. 이 의식이 없는 파라사 나무에 대
하여 힘써 정진하고 항상 방일하지 않은 그대는 무엇 때문
에 기거의 안온함을 묻고 있는가?'라고 하여 수목이 의식
없는 것이라면, '그리하여 판다나 나무도 곧바로 소리쳤다.
바라드바쟈여! 나도 또한 말할 수 있으니 내가 말하는 바
를 들으시라'라고 하는 그 말은 허구입니다. 만일 판다나
나무가 '그리하여 판다나 나무도 곧바로 소리쳤다. 바라드
바쟈여! 나도 또한 말할 수 있으니 내가 말하는 바를 들으
시라'라고 하여 나무에도 의식이 있다고 한다면 '바라문이
여! 의식이 없어 사람의 말이 납득되지 않는다. 이 의식이

없는 파라사 나무에 대하여 힘써 정진하고 항상 방일하지 않은 그대는 무엇 때문에 기거의 안온함을 묻고 있는가?' 라고 하는 그 말도 또한 허구입니다.

이것도 또 양도논법의 물음으로 당신에게 제출되었습니다. 이것은 당신이 해명해야 하는 것입니다."

"대왕이여, 진실로 세존은 이렇게 말씀하셨습니다. '바라문이여! 의식이 없어 사람의 말이 납득되지 않는다. 이 의식이 없는 파라사 나무에 대하여 힘써 정진하고 항상 방일하지 않은 그대는 무엇 때문에 기거의 안온함을 묻고 있는가?' 그런데 또 '그리하여 판다나 나무도 곧바로 소리쳤다. 바라드바쟈여! 나도 또한 말할 수 있으니 내가 말하는 바를 들으시라' 라고도 설하셨습니다. 즉 전자는 수목은 의식이 없음을 말씀하신 것이고, 후자는 판다나 나무가 바라드바쟈와 대화했다는 말씀입니다.

그러나 '대화했다' 는 이 말씀은 세간의 호칭에 의해 말해지는 것입니다. 대왕이여, 의식이 없는 나무에게 대화한다고 하는 것은 존재하지 않습니다. 그런데 여기서 '수목' 이라고 하는 것은 그 나무에 깃들어 있는 수신과 동의어입니다. '수목이 대화한다'고 하는 것도 이것은 세간에 있어서 거짓 이름에 지나지 않습니다.

대왕이여, 예를 들면 곡물을 가득 실은 수레를 '곡물 수레' 라고 사람들은 보통 부릅니다. 그러나 그것은 곡물로 만들어진 수레가 아니고 목재로 만들어진 수레입니다. 그러나 그 수레에 곡물이 가득 실려 있기 때문에 '곡물 수레'라고 사람들은 보통 부릅니다. 대왕이여, 그와 마찬가지로 수목은 대화하지 않습니다. 수목은 의식이 없는 것입니다. 그러나 여기서 '수목'이라고 하는 것은 그 나무에 깃들어 있는 수신과 동의어입니다. '수목이 대화한다'고 하는 것도 이것은 세간에 있어서 거짓 이름에 지나지 않습니다.

대왕이여, 또 예를 들면 요구르트를 뒤섞고 있을 때 '우유를 휘젓고 있다'고 사람들은 보통 말합니다. 그가 뒤섞고 있는 것은 우유는 아닙니다. 그는 요구르트를 뒤섞으면서 '우유를 휘젓고 있다'고 부르는 것입니다. 대왕이여, 그와 마찬가지로 수목은 대화하지 않습니다. 수목은 의식이 없는 것입니다. 그러나 여기서 '수목'이라고 하는 것은 그 나무에 깃들어 있는 수신과 동의어입니다. '수목이 대화한다'고 하는 것도 이것은 세간에 있어서 거짓 이름에 지나지 않습니다.

대왕이여, 또 예를 들면 아직 존재하지 않은 것을 완성하려고 하는 자가 '나는 아직 존재하지 않는 것을 완성합니다'라고 사람들은 보통 말합니다. '여지껏 없었던 것을 이미 성취한 것이다'라고 일반적으로 말합니다. 이와 같이 이(언어)는 세간의 호칭입니다. 대왕이여, 그와 마찬가지로 수목은 대화하지 않습니다. 수목은 의식이 없는 것입니다. 그러나 여기서 '수목'이라고 하는 것은 그 나무에 깃들어 있는 수신과 동의어입니다. '수목이 대화한다'고 하는 것도 이것은 세간에 있어서 거짓 이름에 지나지 않습니다.

대왕이여, 여래도 또 사람들이 응용하고 있는 그 세간의 호칭에 의해 사람들에게 진리를 보이시는 것입니다."

"잘 알았습니다. 존자 나가세나여, 당신이 논하신 바는 진실로 그대로라고 나는 인정합니다."

6. 최후의 공양

"존자 나가세나여, 교법의 결집을 한 장로들은 다음의 시구를 설하셨습니다.

이렇게 나는 들었다.
붓다는 단야공(대장장이) 춘다가 공양한
음식을 드시고 나서
격심한 고통으로 죽음에 이르는
병에 걸리셨다.

그런데 또 그 뒤에 세존은, '아난다여! 이들 두 번에 베풀어진 음식물은 모두 같고 똑같은 과와 똑같은 보의 결과를 낳는 것이다. 다른 사람이 베푼 음식물보다도 훨씬 큰 결과가 있고 게다가 큰 공덕이 있다'라고 설하셨습니다.
존자 나가세나여, 만일 춘다가 공양한 음식을 드시고 나서 세존에게 중병이 생기고 죽음에 이르는 격심한 고통의 느낌이 생긴 것이라고 한다면, '이들 두 번에 베풀어진 음식물은 모두 같고 똑같은 과와 똑같은 보의 결과를 낳는 것이다. 다른 사람이 베푼 음식물보다도 훨씬 큰 결과가 있고 게다가 큰 공덕이 있다'라고 하는 그 말씀은 허구입니다. 만약 이들 두 번에 베풀어진 음식물은 모두 같고 똑같은 과와 똑같은 보의 결과를 낳는 것이다. 다른 사람이 베푼 음식물보다도 훨씬 큰 결과가 있고 게다가 큰 공덕이 있다고 한다면 '춘다가 공양한 음식을 드시고 나서 세존에게 중병이 생기고 죽음에 이르는 격심한 고통의 느낌이 생긴 것이다'라고 하는 그 말씀도 또한 허구입니다.

존자 나가세나여, 그 베풀어진 음식물은 독으로 변했기 때문에 큰 결과가 있는 것입니까, 병이 나게 했기 때문에 큰 결과가 있는 것입니까? 이 세상의 생존을 지속하는 수명을 지멸시켰기 때문에 큰 결과가 있는 것입니까, 세존의 생명을 빼앗았기 때문에 큰 결과가 있는 것입니까? 반대자의 설을 조복하기 위해 그 이유를 나에게 말씀해 주십시오. 이것에 관하여 사람들은 '붓다가 식탐이 많아 과식하여 설사병에 걸리셨다'고 의심하고 있습니다.

이것도 또 양도논법의 물음이고 당신에게 제출되었습니다. 이것은 당신이 해명해야 하는 것입니다."

"대왕이여, 교법의 결집을 한 장로들은 진실로 다음의 시구를 설하셨습니다.

이렇게 나는 들었다.
붓다가 단야공(대장장이) 춘다가 공양한

음식을 드시고 나서
격심한 고통으로 죽음에 이르는
병에 걸리셨다.

그런데 또 그 뒤에 세존은, '아난다여! 이들 두 번에 베풀어진 음식물은 모두 같고 똑같은 과와 똑같은 보의 결과를 낳는 것이다. 다른 사람이 베푼 음식물보다도 훨씬 큰 결과가 있고 게다가 큰 공덕이 있다. 무엇이 두 번에 베풀어진 음식인가? 첫째, 여래가 그것을 드시고 나서 위없는 올바른 깨달음을 깨닫게 되었을 때에 베풀어진 음식물. 둘째, 여래가 그것을 드시고 나서 다시 태어나는 일이 없는 열반의 경지에 있어서 완전한 열반을 달성하게 되었을 때에 베풀어진 음식물. 이들 두 번에 베풀어진 음식물은 모두 같고 똑같은 과와 똑같은 보의 결과를 낳는 것이다' 라고 설하셨습니다. 왜냐하면 그 베풀어진 음식에는 많은 이익과 공덕이 있기 때문입니다.

대왕이여, 신들은 '이것은 세존의 최후에 베풀어진 음식물이다' 라고 생각하여 환성을 올리고 기뻐하고 하늘의 영양소를 춘다가 올리는 버섯 속에 뿌렸습니다. 그러나 그 음식물은 충분히 삶아졌고 입맛에 맞게 조리되고 맛이 좋고 위의 소화를 부드럽게 하는 것이었습니다. 대왕이여, 그 음식물을 섭취하신 것에 의해 뭔가 전에는 없던 병이 세존에게 새롭게 생긴 것은 아닙니다. 대왕이여, 그런 것이 아니고 세존의 몸이 자연히 쇠약해지고 수명의 형성력이 다했을 때 생긴 병이 점점 더해진 까닭입니다.

대왕이여, 예를 들면 자연히 타고 있는 불에 다른 연료를 넣었을 때 점점 타오르는 것처럼 대왕이여, 그와 마찬가지로 세존의 몸이 자연히 쇠약해지고 수명의 형성력이 다했을 때 생긴 병이 점점 더해진 것입니다.

대왕이여, 또 예를 들면 자연히 흐르고 있는 흐름이 큰 비가 내렸을 때 점점 격류하다가 대하가 되는 것처럼 대왕이여, 그와 마찬가지로 세존의 몸이 자연히 쇠약해지고 수명의 형성력이 다했을 때 생긴 병이 점점 더해진 것입니다.

대왕이여, 또 예를 들면 자연히 불러 있는 뱃속에 다른 것을 더 먹었을 때 그 뱃속이 점점 팽창하는 것처럼 대왕이여, 그와 마찬가지로 세존의 몸이 자연히 쇠약해지고 수명의 형성력이 다했을 때 생긴 병이 점점 더해진 것입니다.

대왕이여, 그 베풀어진 음식물에 죄가 있는 것은 아닙니다. 또 거기에 죄를 돌릴 수는 없습니다."

"존자 나가세나여, 어떤 이유에 의해 이들 두 번에 베풀어진 음식물은 모두 같고 똑같은 과와 똑같은 보의 결과를 낳는 것이고 다른 사람이 베푼 음식물보다도 훨씬 큰 결과가 있고 게다가 큰 공덕이 있는 것입니까?"

"대왕이여, '진리의 계속적인 추리와 사유의 경지에 들어가는 것'에 의해 이들 두 번에 베풀어진 음식물은 모두 같고 똑같은 과와 똑같은 보의 결과를 낳는 것이고 다른 사람이 베푼 음식물보다도 훨씬 큰 결과가 있고 게다가 큰 공덕이 있는 것입니다."

"존자 나가세나여, 어떠한 '진리의 계속적인 추리와 사유의 경지에 들어가는 것'에 의해 이들 두 번에 베풀어진 음식물은 모두 같고 똑같은 과와 똑같은 보의 결과를 낳는 것이고 다른 사람이 베푼 음식물보다도 훨씬 큰 결과가 있고 게다가 큰 공덕이 있는 것입니까?"

"대왕이여, '아홉 가지 차제로써 닦여지는 선정'에 역과 순의 두 가지 방법으로 들어가는 것에 의해 이들 두 번에 베풀어진 음식물은 모두 같고 똑같은 과와 똑같은 보의 결과를 낳는 것이고 다른 사람이 베푼 음식물보다도 훨씬 큰 결과가 있고 게다가 큰 공덕이 있는 것입니다."

"존자 나가세나여, 여래는 겨우 이틀 동안에 깊이 '아홉 가지 차제로써 닦여지는 선정'에 역과 순의 두 가지 방법으로 들어간 것입니까?"

"대왕이여, 그렇습니다."

"훌륭한 일입니다, 존자 나가세나여. 세상에서 드문 일입니다, 존자 나가세나여. 이 붓다의 공덕을 낳는 복밭에 올려진 어떠한 것과도 견줄 수 없고, 더 나을 수 없는 보시도 이들 두 번에 베풀어진 음식물에 비교할 수는 없습니다. 훌륭한 일입니다, 존자 나가세나여. 세상에서 드문 일입니다, 존자 나가세나여. '아홉 가지 차제로써 닦여지는 선정'은 위대하고 게다가 실로 '아홉 가지 차제로써 닦여지는 선정'에 의해 보시가 다른 보시보다도 한층 큰 결과가 있고 게다가 큰 공덕이 있음은 잘 알았습니다. 존자 나가세나여, 당신이 논하신 바는 진실로 그대로라고 나는 인정합니다."

7. 사리 공양

"존자 나가세나여, 또 세존은 다음의 말씀을 설하셨습니다.
'아난다여! 여래의 사리(유골) 공양에 의해 너희들 자신이 방해되어서는 안 된다.' 그런데 또 붓다는 시구로써 설하셨습니다.

공양받아야 할 분(붓다)의
그 사리를 공양하라.
이와 같이 하는 자들은
이 인간계에서 하늘에 태어나리라.

존자 나가세나여, 만일 여래가 '아난다여! 여래의 사리 공양에 의해 너희들 자신이 방해되어서는 안 된다' 라고 말씀하셨다면 '공양받아야 할 분의 사리를 공양하라. 이와 같이 하는 자들은 이 인간계에서 하늘에 태어나리라' 라고 하는 말은 허구입니다. 만약에 여래가 '공양받아야 할 분의 사리를 공양하라. 이와 같이 하는 자들은 이 인간계에서 하늘에 태어나리라'고 설하신 것이라면 '아난다여! 여래의 사리 공양에 의해 너희들 자신이 방해되어서는 안 된다'라고 하신 말씀도 허구입니다.

이것도 또 양도논법의 물음이고 당신에게 제출되었습니다. 이것은 당신이 해명해야 하는 것입니다."

"대왕이여, 세존은 진실로 다음의 말씀을 설하셨습니다.

'아난다여! 여래의 사리 공양에 의해 너희들 자신이 방해되어서는 안 된다.' 그런데 또 붓다는 시구로써 설하셨습니다.

공양받아야 할 분(붓다)의
그 사리를 공양하라.
이와 같이 하는 자들은
이 인간계에서 하늘에 태어나리라.

그러나 대왕이여, '아난다여! 여래의 사리 공양에 의해 너희들 자신이 방해되어서는 안 된다'라고 하신 것은 모든 사람들에 관하여 말씀하신 것이 아니고 승자(붓다)의 아들(제자)들에게 관해서만 말씀하신 것입니다. 대왕이여, 왜냐하면 승자의 아들들에게 있어서 이 공양하는 것은 그들의 본래 임무는 아니기 때문입니다. 모든 형성된 것의 사유, 올바른 주의, 네 가지 전념의 집중에 바탕한 관찰, 명상의 대상의 정수를 파악하는 것, 번뇌와의 싸움, 진실의의 획득에 오로지 경주하는 것, 이것들이 승자의 아들들이 해야 할 일입니다. 공양은 붓다의 제자 이외의 다른 신들이나 인간들이 해야 하는 것입니다.

대왕이여, 예를 들면 코끼리, 말, 수레, 활, 검, 서예, 수학의 학문과 크샤트리야만의 감추어진 비밀경전, 전해오는 이야기, 사색, 전술, 용병술의 학습은 지상에 있어서 모든 왕자가 닦아야 하는 것입니다. 경작, 상업, 목장은 크샤트리야 왕자 이외의 다른 많은 바이샤(서민)나 수드라(노예)가 해야 하는 일입니다. 대왕이여, 그와 마찬가지로 승자의 아들들에게 있어서 이 공양하는 것은 그들의 본래 임무는 아니기 때문입니다. 모든 형성된 것의 사유, 올바른 주의, 네 가지 전념의 집중에 바탕한 관찰, 명상의 대상의 정수를 파악하는 것, 번뇌와의 싸움, 진실의의 획득에 오로지 경주하는 것, 이것들이 승자의 아들들이 해야 할 일입니다. 공양은 붓다의 제자 이외의 다른 신들이나 인간들이 해야 하는 것입니다.

대왕이여, 또 예를 들면 《리그베다》, 《야주르베다》, 《사마베다》, 《아타르바베다》, 위인의 관상, 옛 전설, 어휘, 의궤, 음운론, 어원론, 문법, 어법론, 전조점(조짐을 통해 미리 알아내는 미래에의 점술), 꿈의 판단, 점상, 베다의 여섯 가지 보조학과,[29] 월식, 일식, 숫카(라루 : 천신의 이름)와 라후(악귀의 이름 : 아수라)의 비행, 달과 그 유성과의 전쟁, 신들이 울리는 북소리, 유성의 충돌, 유성의 낙하, 지진, 하늘의 불꽃, 번개, 땅의 불꽃, 천문학, 유물론, 개에 의한 점, 사슴에 의한 점, 중간(우주공간)의 점, 혼합의 점, 새의 지저귐 등의 학문은 바라문 청년들이 해야 하는 것입니다. 대왕이여, 그와 마찬가지로 승자의 아들들에게 있어서 이 공양하는 것은 그들의 본래 임무는 아니기 때문입니다. 모든 형성된 것의 사유, 올바른 주의, 네 가지 전념의 집중에 바탕한 관찰, 명상의 대상의 정수를 파악하는 것, 번뇌와의 싸움, 진실의의 획득에 오로지 경주하는 것, 이것들이 승자의 아들들이 해야 할 일입니다. 공양은 붓다의 제자 이외의 다른 신들이나 인간들이 해야 하는 것입니다.

대왕이여, 그러므로 여래는 '이들 본래 임무가 아닌 것에 전념해서는 안 된다. 본래 임무에 전심전력하라'고 하는 의미로 '아난다여! 여래의 사리 공양에 의해 너희들 자신이 방해되어서는 안 된다'라고 하신 것입니다. 대왕이여, 만일 여래가 이렇게 말씀하지 않으셨다면 비구들은 자기의 발우도 옷도 몸에서 떼어 그것들로써 붓다에게 공양을 했을 것입니다."

"잘 알았습니다. 존자 나가세나여. 당신이 논하신 바는 진실로 그대로라고 나는 인정합니다."

8. 데바닷타의 악행

"존자 나가세나여, 당신들은 '여래가 대지를 걸을 때 대지는 의식이 없지만 낮은 곳은 높게 하고 높은 곳은 낮게 하여 평탄하게 한다'고 말합니다. 그런데 또 '세존의 발이 돌의 파편에 의해 다쳤다'고 말합니다.

세존의 발에 떨어진 돌의 파편은 왜 세존의 발을 피해가지 않았을까요? 존자 나가세나여, 만일 세존이 대지를 밟을 때 대지는 의식이 없지만 낮은 곳은 높게 하고 높은 곳은 낮게 하여 평탄하게 한다면 '세존의 발이 돌의 파편에 의해 다쳤다'라고 하는 말은 허구입니다. 만일 세존의 발이 돌의 파편에 의해 다쳤다고 한다면, '세존이 대지를 밟을 때 대지는 의식이 없지만 낮은 곳은 높게 하고 높은 곳은 낮게 하여 평탄하게 한다'고 하는 말도 또한 허구입니다.

이것도 또 양도논법의 물음으로 당신에게 제출되었습니다. 이것은 당신이 해명해야 하는 것입니다."

"대왕이여, 세존이 대지를 밟을 때 대지는 의식이 없지만 낮은 곳은 높게 하고 높은 곳은 낮게 하여 평탄하게 한다고 하는 말은 진실입니다. 그런데 또 세존의 발이 돌의 파편에 의해 다치셨습니다. 그러나 그 돌의 파편은 자기의 본성에 의해 떨어진 것은 아닙니다. 데바닷타의 책략에 의해 떨어진 것입니다.

대왕이여, 데바닷타는 몇백천 생 동안 세존에 대하여 증오하는 마음을 품어왔습니다. 그는 그 증오에 의해 높은 집채만한 큰 돌을 '세존의 머리 위에 떨어뜨려야지' 생각하고 던졌습니다. 그런데 그때 두 개의 돌이 땅 속에서 솟아나와 그 돌을 막았습니다. 거기서 돌들의 충돌에 의해 큰 돌에서 파편들이 떨어져 나와 여기저기 떨어질 때 세존의 발에 떨어진 것입니다."

"존자 나가세나여, 그렇지만 마치 두 개의 돌이 큰 돌을 막은 것처럼 그와 같이 파편도 또한 두 개의 돌로 막았어야 합니다."

"대왕이여, 이 경우 어떤 것은 막을 수 있었지만 어떤 것은 옆으로 새고 흐르고 소실되어 버렸습니다.

대왕이여, 예를 들면 물은 손으로 잡을 수는 있습니다만 손가락 사이로 새고 흐르고 소실되어 버리며 우유, 버터, 꿀, 버터기름, 기름, 생선국물, 고깃국물은 손으로 잡을 수는 있습니다만 손가락 사이로 새고 흐르고 소실되어 버리는 것처럼 대왕이여, 그와 마찬가지로 막기 위해 가까이 간 두 개의 돌과 충돌하여 큰 돌에서 파편이 부서져 나오고 그리고 그것들이 여기저기 떨어질 때 세존의 발에 떨어진 것입니다.

대왕이여, 또 예를 들면 매끄럽고 정묘하고 미세하고 먼지 같은 모래는 줌으로 쥘 수는 있습니다만 손가락 사이로 새고 흐르고 소실되어 버리는 것처럼 대왕이여, 그와 마찬가지로 막기 위해 가까이 간 두 개의 돌과 충돌하여 큰 돌에서 파편이 부서져 나오고 그리고 그것들이 여기저기 떨어질 때 세존의 발에 떨어진 것입니다.

대왕이여, 또 예를 들면 한 줌의 밥이 입에 들어가기는 합니다만 이 경우 어떤 것은 입가에 새고 흐르고 소실되어 버리는 것처럼 대왕이여, 그와 마찬가지로 막기 위해 가까이 간 두 개의 돌과 충돌하여 큰 돌에서 파편이 부서져 나와 여기저기 떨어질 때 세존의 발에 떨어진 것입니다."

"그것은 그렇습니다, 존자 나가세나여. 두 개의 돌에 의해 큰 돌은 잘 막혔을 것입니다. 그러나 마치 대지가 붓다에게 존경을 표하는 것처럼 파편도 또한 붓다를 존경해야 합니다."

"대왕이여, 이들 열두 명의 사람들은 붓다를 존경하지 않습니다. 어떠어떠한 것이 열두 명의 사람일까요?

욕심이 많은 자는 바로 그 욕심 때문에, 화를 잘 내는 자는 분노 때문에, 어리석은 자는 어리석음 때문에, 거만한 자는 교만함 때문에, 덕이 없는 자는 발탁되는 일이 없기 때문에, 완고한 자는 순종하지 않기 때문에, 비천한 자는 비천한 본성 때문에, 떠벌이는 자는 허영심 때문에, 사악한 자는 사물에 인색하기 때문에, 고통받는 자는 다시 고통받게 할 일(복수) 때문에, 탐욕하는 자는 탐욕에 정복되어 있기 때문에, 너무 바쁜 자는 이익을 산출하는 일 때문에 붓다를 존경하지 않습니다.

대왕이여, 두 개의 돌이 큰 돌과 충돌하여 큰 돌에서 파편이 부서져 나오고 그리고 그것들이 여기저기 떨어질 때 세존의 발에도 떨어진 것입니다.

대왕이여, 예를 들면 매끄럽고 정묘하고 미세하고 먼지 같은 모래는 주먹으로 쥘 수는 있습니다만 손가락 사이로 새고 흐르고 소실되어 버리는 것처럼 대왕이여, 그와 마찬가지로 막기 위해 가까이 간 두 개의 돌과 충돌하여 큰 돌에서 파편이 부서져 나와 여기저기 떨어질 때 세존의 발에 떨어진 것입니다. 대왕이여, 만일 그 파편이 큰 돌에서 분리되지 않았다면 두 개의 돌이 그 파편도 막았을 것입니다.

대왕이여, 그러나 이들 파편은 지상에도 머물지 않고 공중에도 머물지 않고 두 개의 돌이 큰 돌과 충돌한 세력에 의해 부서지고 방향을 잃고 여기저기 떨어질 때 세존의 발에 떨어진 것입니다.

대왕이여, 또 예를 들면 회오리바람에 의해 공중으로 올라간 마른 잎사귀가 방향을 잃고 여기저기 떨어지는 것처럼 대왕이여, 그와 마찬가지로 이들 파편은 큰 돌과 충돌한 세력에 의해 부서지고 방향을 잃고 여기저기 떨어질 때 세존의 발에 떨어진 것입니다. 대왕이여, 그러나 그들 파편이 세존의 발에 떨어진 것에 의해 배은망덕하고 사악무도한 데바닷타가 지옥에서 고통을 받기에 이르른 것입니다."

"잘 알았습니다. 존자 나가세나여. 당신이 논하신 바는 진실로 그대로라고 나는 인정합니다."

9. 도인

"존자 나가세나여, 세존은 또 이를 말씀하셨습니다.
'모든 번뇌의 더러움을 완전히 멸함에 의해 도인[30]이 된다.'

그러나 또 세존은 '네 가지 덕목을 구비한 사람, 그 사람을 세간에 있어서 도인이라 한다'고 설하였습니다.

여기서 이들 네 가지 덕목이란 인내하고, 음식을 조절하고, 애착을 떠나고, 아무것도 소유하지 않는 것입니다. 그러나 이들 네 가지 모두는 더러움이 완전히 다 없어지지 않은 것으로 번뇌를 갖고 있는 자에게만 있는 것입니다. 존자 나가세나여, 만일 모든 번뇌의 더러움을 완전히 멸함에 의해 도인이 된다면, '네 가지의 덕목을 구비한 사람, 그 사람을 세간에 있어서 도인이라 한다'라고 하는 그 말은 허구입니다. 만일 '네 가지의 덕목을 구비한 사람, 그 사람을 세간에 있어서 도인'이라 한다면, '모든 번뇌의 더러움을 완전히 멸함에 의해 도인이 된다'고 하는 그 말도 또한 허구입니다.

이것도 또 양도논법의 물음으로 당신에게 제출되었습니다. 이것은 당신이 해명해야 하는 것입니다."

"대왕이여, 세존은 참으로 이를 말씀하셨습니다.

'모든 번뇌의 더러움을 완전히 멸함에 의해 도인이 된다.'

그러나 또 세존은 '네 가지의 덕목을 구비한 사람, 그 사람을 세간에 있어서 도인이라 한다'고 설하였습니다.

대왕이여, '네 가지의 덕목을 구비한 사람, 그 사람을 세간에 있어서 도인이라 한다'는 말씀은 각각 사람의 특성에 관하여 설하신 것입니다. 그런데 전자의 '모든 번뇌의 더러움을 완전히 멸함에 의해 도인이 된다'고 하는 말씀은 낱낱의 정의를 남김없이 포함한 포괄적 말씀입니다. 대왕이여, 그러나 무릇 번뇌의 지멸을 위해 수행하는 모든 도인에게 하나하나 비교하면 번뇌의 더러움을 다 멸한 도인이 제일이라 말합니다.

대왕이여, 예를 들면 온갖 땅에서 나는 꽃이나 물에서 나는 꽃 가운데 밧시카(여덟 겹의 꽃잎을 가진 재스민)가 제일이라고 말해집니다. 나머지 온갖 꽃은 모두 단순한 꽃입니다. 그러나 그들을 하나하나 비교하면 밧시카야말로 사람들이 보다 한층 애호하고 즐깁니다. 대왕이여, 그와 마찬가지로 무릇 번뇌의 지멸을 위해 수행하는 모든 도인에게 하나하나 비교하면 번뇌의 더러움을 다 멸한 도인이 제일이라 말해집니다.

대왕이여, 또 예를 들면 모든 곡물 가운데 쌀은 제일이라 일컬어지고 쌀 이외의 나머지 여러 가지 곡류는 몸을 기르는 음식물입니다만 그들을 하나하나 비교하면 쌀이야말로 제일이라 일컬어집니다. 대왕이여, 그와 마찬가지로 무릇 번뇌의 지멸을 위해 수행하는 모든 도인에게 하나하나 비교하면 번뇌의 더러움을 다 멸한 도인이 제일이라 말해집니다."

"잘 알았습니다. 존자 나가세나여. 당신이 논하신 바는 진실로 그대로라고 나는 인정합니다."

10. 진리를 사랑하기 때문에

"존자 나가세나여, 세존은 또 다음의 말씀을 설하셨습니다.

'비구들이여! 다른 사람이 나(붓다)를 혹은 진리의 가르침을 혹은 상가를 찬미하는 말을 하더라도 너희들은 그것에 대해 기뻐하고 즐거워하고 크게 마음에 만족해서는 안 된다.'

그런데 또 여래는 세라 바라문이 있는 그대로 찬미하는 말을 했을 때 기뻐하고 즐거워하고 크게 마음에 만족하여 다시 한층 자기(붓다)의 미덕을 다음의 시구로 칭찬하고 찬양하셨습니다.

세라여, 나는 왕이니라.
위없는 진리의 왕이니라.
나는 진리의 가르침에 의해
바퀴를 굴리노라.
반전되지 않는 바퀴를 굴리노라.

존자 나가세나여, 만일 세존이 '비구들이여! 다른 사람이 나를 혹은 진리의 가르침을 혹은 상가를 찬미하는 말을 하더라도 너희들은 그것에 대해 기뻐하고 즐거워하고 크게 마음에 만족해서는 안 된다'라고 말씀하신 것이라면, '세라 바라문이 있는 그대로 찬미하는 말을 했을 때 기뻐하고 즐거워하고 크게 마음에 만족하여 다시 한층 자기의 미덕을 다음의 시구로 칭찬하고 찬양하셨습니다'라고 하는 말은 허구입니다. 만일 세라 바라문이 있는 그대로 찬미하는 말을 했을 때 붓다가 기뻐하고 즐거워하고 크게 마음에 만족하여 다시 한층 자기의 미덕을 다음의 시구로 칭찬하고 찬양하신 것이라면, '비구들이여! 다른 사람이 나를 혹은 진리의 가르침을 혹은 상가를 찬미하는 말을 하더라도 너희들은 그것에 대해 기뻐하고 즐거워하고 크게 마음에 만족해서는 안 된다'라고 하신 그 말씀도 또한 허구입니다.

이것도 또 양도논법의 물음으로 당신에게 제출되었습니다. 이것은 당신이 해명해야 하는 것입니다."

"대왕이여, 세존은 참으로 다음의 말씀을 설하셨습니다.

'비구들이여! 다른 사람이 나를 혹은 진리의 가르침을 혹은 상가를 찬미하는 말을 하더라도 너희들은 그것에 대해 기뻐하고 즐거워하고 크게 마음에 만족해서는 안 된다.'

그런데 또 세라 바라문이 있는 그대로 찬미하는 말을 했을 때 붓다는 다시 한층 자기의 미덕을 다음의 시구로 칭찬하고 찬양하셨습니다.

세라여, 나는 왕이니라.
위없는 진리의 왕이니라.
나는 진리의 가르침에 의해
바퀴를 굴리노라.
반전되지 않는 바퀴를 굴리노라.

대왕이여, 전자는 세존이 본래의 허망하지 않은 여래의

진실한 진리의 자성, 특질, 특상을 분명하게 보이시고자 '비구들이여! 다른 사람이 나를 혹은 진리의 가르침을 혹은 상가를 찬미하는 말을 하더라도 너희들은 그것에 대해 기뻐하고 즐거워하고 크게 마음에 만족해서는 안 된다'라고 설하신 것입니다. 또 세라 바라문이 있는 그대로 찬미하는 말을 했을 때 세존이 다시 한층 자기의 미덕을 다음의 시구로 칭찬하고 찬양하여 '세라여, 나는 왕이니라. 위없는 진리의 왕이니라. 나는 진리의 가르침에 의해 바퀴를 굴리노라. 반전되지 않는 바퀴를 굴리노라'라고 말씀하신 것은 붓다 자신의 이익을 위한 것이 아니고, 명성을 위한 것이 아니고, 무리를 짓기 위한 것이 아니고, 제자를 얻고자 하기 위한 것이 아니고 실로 '이렇게 해서 이 사람(세라 바라문)과 삼백 명의 바라문 청년은 진리의 올바른 관찰에 도달할 것이다'라고 아시고 연민과 자비와 다른 사람의 이익을 헤아린다고 하는 견지에 의해 말씀하신 것입니다. 이와 같이 하여 붓다는 다시 한층 붓다 자신의 미덕을 칭찬하고 찬양하여 '세라여, 나는 왕이니라. 위없는 진리의 왕이니라. 나는 진리의 가르침에 의해 바퀴를 굴리노라. 반전되지 않는 바퀴를 굴리노라'라고 말씀하신 것입니다."

"잘 알았습니다. 존자 나가세나여. 당신이 논하신 바는 진실로 그대로라고 나는 인정합니다."

11. 절복의 의의

"존자 나가세나여, 또 세존은 다음의 시구를 설하셨습니다.

이 세상에서 남을 해치지 말라.
남을 기쁘게 하고 친절하게 하라.

그런데 또 이렇게 말씀하셨습니다.

절복해야 할 자는 절복할 가치가 있고
섭수해야 할 자는 섭수할 가치가 있다.

존자 나가세나여, 절복(악인이나 악법을 위력, 설법, 기도로 꺾어 불법을 따르게 하는 것으로 중생교화의 한 방법. 조복보다는 뜻이 강함)이란 손을 자르고, 발을 자르고, 때리고, 묶고, 고문을 가하고, 사형에 처하고, 생명의 존속을 끊는 것입니다. 따라서 이 말은 세존에게 전혀 어울리지 않고 또 세존은 이 말씀을 입에 담는다는 것 자체가 어울리지 않습니다.

존자 나가세나여, 만일 세존이 '이 세상에서 남을 해치지 말라. 남을 기쁘게 하고 친절하게 하라'고 말씀하신 것이라면, '절복해야 할 자는 절복할 가치가 있고 섭수해야 할 자는 섭수할 가치가 있다'라고 하신 그 말씀은 허구입니다. 만일 여래가 '절복해야 할 자는 절복할 가치가 있고 섭수해야 할 자는 섭수할 가치가 있다'라고 말씀하셨다면, '이 세상에서 남을 해치지 말라. 남을 기쁘게 하고 친절하게 하라'고 하는 그 말씀도 또한 허구입니다.

이것도 또 양도논법의 물음으로 당신에게 제출되었습니다. 이것은 당신이 해명해야 하는 것입니다."

"대왕이여, 세존은 참으로 다음의 말씀을 설하셨습니다.

이 세상에서 남을 해치지 말라.
남을 기쁘게 하고 친절하게 하라.

그런데 또 이렇게 말씀하셨습니다.

절복해야 할 자는 절복할 가치가 있고
섭수해야 할 자는 섭수할 가치가 있다.

'이 세상에서 남을 해치지 말라. 남을 기쁘게 하고 친절하게 하라'란 말씀은 시인하신 것이고 이것은 교계이며 이것은 진리를 설하여 보이신 것입니다.

대왕이여, 왜냐하면 진리는 해치지 않음을 특질로 하기 때문입니다. 이 제1의 시구는 진리의 본성을 보이신 말씀입니다. 대왕이여, 그러나 '절복해야 할 자는 절복할 가치가 있고 섭수해야 할 자는 섭수할 가치가 있다'라고 말씀하신 것은 다음과 같은 의미에서입니다.

대왕이여, 교만심은 절복되어야 하고, 비하심은 칭찬(섭수)되어야 하고, 불선심은 절복되어야 하고, 선심은 칭찬되어야 합니다. 올바른 주의가 없는 것은 절복되어야 하고, 올바른 주의는 칭찬되어야 하고, 올바르지 않은 행을 하는 자는 절복되어야 하고, 바른 행은 칭찬되어야 합니다. 성스럽지 않은 자는 절복되어야 하고, 성스러운 자는 칭찬되어야 하고, 도적은 절복되어야 하고, 훔치지 않는 자는 칭찬되어야 하기 때문입니다."

"존자 나가세나여, 그것은 그럴 것입니다. 그러나 지금 당신은 나의 논점에 귀착하였습니다. 내가 물으려고 하는 나의 문제에 도달한 것입니다. 왜냐하면 존자 나가세나여, 도적은 어떻게 해서 절복자에 의해 절복되어야 하는 것입니까?"

"대왕이여, 도적은 절복자에 의해 이렇게 절복되어야 합니다. 꾸짖어야 할 자를 꾸짖고, 처벌해야 할 자를 처벌하고, 추방해야 할 자를 추방하고, 결박해야 할 자를 결박하고, 사형에 처해야 할 자를 사형에 처하는 것입니다."

"존자 나가세나여, 그렇다면 도적을 사형한다고 하는 것은 모든 여래에 의해 시인되었습니까?"

"대왕이여, 그렇지 않습니다."

"그렇다면 왜 모든 여래는 도적이 교계(가르치고 경계하여 인도함)되어야 할 자라고 시인하셨습니까?"

"대왕이여, 무릇 사형에 처해지는 자는 모든 여래의 시인에 의해 사형에 처해지는 것은 아닙니다. 스스로가 지은 행위에 의해 사형에 처해지는 것입니다. 대왕이여, 그러나 사려있는 사람이 붓다에게서 진리의 교계를 받고 있습니다만 그러나 죄없고 허물없는 통행자를 붙잡아 죽일 수가 있겠습니까?"

"존자여, 그렇지 않습니다."

"대왕이여, 그것은 어째서입니까?"

"존자여, 그 통행자에게는 아무런 죄가 없기 때문입니다."

"대왕이여, 그와 마찬가지로 도적은 모든 여래의 시인에 의해 사형에 처해지는 것이 아니고 스스로가 지은 행위에 의해 그는 죽는 것입니다. 이것에 대해 교계자가 뭔가 잘못을 저질렀습니까?"

"존자여, 그렇지 않습니다."

"대왕이여, 그러면 모든 여래의 교계는 올바른 교계입니다."

"잘 알았습니다. 존자 나가세나여. 당신이 논하신 바는 진실로 그대로라고 나는 인정합니다."

12. 붓다의 노여움

"존자 나가세나여, 또 세존은 다음의 말씀을 설하셨습니다.

'나는 노여워하는 일이 없고 마음의 완고하고 미혹함을 떠났다.'

그런데 또 여래는 장로 사리풋타와 목갈라나를 비구 회중과 함께 설법하는 자리에서 퇴장시키셨습니다.

존자 나가세나여, 여래는 노하여 회중을 퇴장시키신 것입니까? 아니면 만족하여 회중을 퇴장시키신 것입니까? 어떻습니까? 이 이유를 나에게 알려 주십시오. 존자 나가세나여, 만약에 노하여 회중을 퇴장시키신 것이라면, 여래는 노여움을 아직 끊지 않은 분입니다. 만약 만족하여 회중을 퇴장시키신 것이라면, 붓다는 근거없는 것에 대하여 사실을 알지 않고 퇴장시키신 것입니다.

이것도 또 양도논법의 물음으로 당신에게 제출되었습니다. 이것은 당신이 해명해야 하는 것입니다."

"대왕이여, 세존은 참으로 다음의 말씀을 설하셨습니다.

'나는 노여워하는 일이 없고 마음의 완고하고 미혹함을 떠났다.'

그러나 붓다가 장로 사리풋타와 목갈라나를 비구 회중과 함께 설법하는 자리에서 퇴장시키신 것은 노여움에 의한 것은 아닙니다.

대왕이여, 여기에 한 남자가 있다고 합시다. 대지 위에 있는 나무의 뿌리, 혹은 자른 그루터기, 혹은 돌, 혹은 모래, 혹은 평탄하지 않은 땅 때문에 걸려 넘어졌을 때 대왕이여, 대지는 노여워서 그를 쓰러뜨린 것입니까?"

"존자여, 그렇지 않습니다. 대지에는 노여움이 없거니와 기쁨도 없습니다. 대지는 사랑과 미움, 좋고 나쁨으로부터 완전히 벗어나 있습니다. 그는 자신의 부주의로 걸려 넘어진 것입니다."

"대왕이여, 그와 마찬가지로 여래는 노여움도 없고 기쁨도 없습니다. 공양을 받을 가치있는 분, 올바로 깨달은 분인 모든 여래는 사랑과 미움, 좋고 나쁨으로부터 완전히 벗어나 있습니다. 그리고 그들은 자신들이 지은 행위에 의해, 자기의 죄에 의해 퇴장된 것입니다.

대왕이여, 또 예를 들면 대해는 죽은 시체와 공존하는 일이 없고 대해 중에 있는 죽은 시체를 신속히 밀어내어 해안에 쳐올리는 것처럼 대왕이여, 대해는 노여워 그 죽은 시체를 밀어낸 것일까요?"

"존자여, 그렇지는 않습니다. 대해에는 노여움이 없거니와 기쁨도 없습니다. 대해는 사랑과 미움, 좋고 나쁨으로부터 완전히 벗어나 있습니다."

"대왕이여, 그와 마찬가지로 여래는 노여움도 없고 기쁨도 없습니다. 공양을 받을 가치있는 분, 올바로 깨달은 분인 모든 여래는 사랑과 미움, 좋고 나쁨으로부터 완전히 벗어나 있습니다. 그리고 그들은 자신들이 지은 행위에 의해, 자기의 죄에 의해 퇴장된 것입니다.

대왕이여, 마치 대지에서 걸린 사람이 넘어지는 것처럼 그와 같은 최상의 승자(붓다)의 가르침에 걸린 사람은 설법의 자리에서 퇴장시켜지는 것입니다. 마치 대해에 있는 죽은 시체를 밀어내는 것처럼 그와 같이 최상의 승자의 가르침에 걸린 사람은 설법의 자리에서 퇴장시켜지는 것입니다. 대왕이여, 그러나 여래가 그들을 퇴장시킨 것은 그들의 실리를 원하시고, 이익을 원하시고, 행복을 원하시고, 정화를 원하셨기 때문입니다. 즉 '이렇게 해서 이들은 생로병사의 고통으로부터 벗어날 것이다'라고 생각하여 퇴장시킨 것입니다."

"잘 알았습니다. 존자 나가세나여. 당신이 논하신 바는 진실로 그대로라고 나는 인정합니다."

밀린다왕문경 역주

밀린다왕문경 역주

1) 요나카인 : 그리스인. 인도에서는 그리스인을 산스크리트로 Yavana, 팔리어로 Yona 또는 Yonaka라 한다. 뒷날에는 그리스 인 외의 이방인이라도 서쪽에서 온 사람을 Yavana 또는 Yona 라 한 것 같다.

2) 캇사파 : 산스크리트로 Kāśyapa, 한문으로는 가섭(迦葉). 석가모 니 이전에 나온 과거 스물네 부처님 중 마지막, 또는 여섯 부 처님 중 마지막 분으로, 석가모니 바로 앞에 나온 부처님.

3) 천계서(天啓書) : 베다나 우파니샤드 성전은 사람의 저술이 아 니고 신선이 신비스러운 영감으로 얻은 계시라 하여 그렇게 불린다.

4) 교의서(教義書) : 옛날 현자가 지은 베다 요강(要綱) 즉, 성인이 전한 책을 말한다.

5) 상캬 : 이 파의 창시자는 카필라(Kapila)라 하며, 우파니샤드 사 상을 받아 두 개의 실재적(實在的) 원리, 곧 정신적 원리와 물 질적 원리로서의 근본적 질료인(質料因)을 세워 전자가 후자 의 제약을 벗어나 본래의 순수한 정신성을 발휘할 것을 종교 의 궁극 목적으로 한다.

6) 요가 : 이 파의 학설은 옛날부터 인도 전반에서 행해 온 정좌 명상(靜坐瞑想)을 조직화 한 것으로, 상캬파의 학설과 거의 같 다. 다만 이 파의 최고신은 하나의 영혼에 지나지 않는다. 좌

선(坐禪)에 의하여 마음이 통일된 무상삼매(無想三昧)에 듦을 목적으로 한다.

7) 니야야 : 이 파는 생존의 괴로움은 그릇된 지식에 기인한다 하여 바른 지식을 얻는 방법 따위를 설한다. 논리학을 설하며 창시자는 고타마(Gautama)이다.

8) 바이세시카 : 이 파의 창시자는 카나아다(Kaṇāda)로서 여러 철학파가 일반적으로 베다성전의 권위를 인정하는 데 반대하여 모든 지식은 경험으로부터 생긴다고 한다. 생존의 괴로움에서 벗어나기 위하여 여섯 가지 원리를 연구 실수(實修)함으로써, 아무 활동도 하지 않는 순수 실체(實體)인 아트만을 드러내는 것을 목적으로 한다.

9) 무간지옥(無間地獄) : 팔열지옥(八熱地獄)의 하나. 산스크리트 avici의 번역. 남섬부주 아래 이만 유순 되는 곳에 있는 혹독한 지옥이다. 이 지옥은 괴로움을 받는 것이 끊임없으므로 이같이 이름한다. 오역죄(五逆罪)의 하나를 범하거나 인과를 무시하고 삼보정재(三寶淨財)인 절이나 탑을 무너뜨리거나 성중(聖衆)을 비방하고 공연히 시주물을 축내는 사람은 이 지옥에 빠진다고 한다.

10) 삼십삼천계(三十三天界) : 삼십삼천(三十三天)은 리그베다에서 신계(神界) 전체를 총칭하는 이름으로, 천(天)·공(空)·지(地) 삼계(三界)에 각각 신이 열하나 있다. 이 이름이 불교에 채용되어 욕계(欲界)의 여섯 천 중의 두번째 천으로 인드라(帝釋天)가 이 천의 주인이다.

11) 십력(十力) : 여래만이 갖춘 열 가지의 지력(智力). ① 이치에 맞는 것과 이치에 어긋나는 것을 판별하는 힘 ② 하나하나의 업의 원인과 그 과보의 관계를 참다이 아는 힘 ③ 선정을 아

는 힘 ④ 중생의 능력이나 성질의 우열을 아는 힘 ⑤ 중생의
갖가지 바람을 아는 힘 ⑥ 중생의 본질이나 사물의 원리를 아
는 힘 ⑦ 중생이 갖가지 장소로 향할 것을 아는 힘 ⑧ 자신과
타인의 과거세의 일을 기억하는 힘 ⑨ 중생이 여기에서 죽어
저곳에 난다는 것을 아는 힘 ⑩ 번뇌를 끊은 경지와 그곳에
도달하기 위한 수단을 여실히 아는 힘.

12) 멸진정(滅盡定) : 심(心)과 심소(心所, 마음의 작용)를 모두 단
절한 정으로서, 무상정(無想定)과 더불어 이무심정(二無心定)
의 하나로 불리운다. 무소유처(無所有處)의 번뇌를 떠난 성자
가 그 정의 경지를 무여열반(無餘涅槃)의 고요함에 견주어 무
심(無心)의 적정경(寂靜境)을 즐기기 위해 들어가는 정이니,
이 정을 닦음으로써 무색계(無色界)의 네번째 천인 유정천(有
頂天)에 태어난다고 한다.

13) 카리륵 : 아시아의 열대지방에서 자라는 낙엽교목으로서 탄닌
을 많이 포함한 염료, 잉크 따위의 원료로 쓰인다.

14) 아마륵 : 인도, 말레이지아 등의 열대지방의 식물로 신맛을 내
는 콩과 같은 열매를 맺는다. 열매는 아마륵과라 하여 식용이
나 약용으로 쓰인다.

15) 구족계(具足戒) : 산스크리트 upasaṃpanna. 비구·비구니가 지
켜야 할 계법(戒法)으로 비구는 250계, 비구니는 348계이다.
이 계를 받으려면 사미계(또는 사미니계)를 받은 지 3년이 지
난 이로 몸이 튼튼하고 모든 죄과가 없으며 나이는 만 20세
이상, 70세 미만인 사람이어야 한다.

16) 요자나 : 인도에서 거리를 재는 단위. 약 10킬로미터 내지 15
킬로미터 정도. 제왕이 하루에 행군하는 거리라고도 한다.

17) 출가수행의 과위 : 출가자의 수행 과위(果位). 사문사과(沙門四

果), 또는 사사문과(四沙門果)라고 한다. 부파불교의 수행도에 의하면 범부(凡夫)의 지위로부터 나아가 성자의 지위에 오르는 데 네 가지 단계가 있다. ① 예류과(預流果) 또는 수다원과(須陀洹果)로 성자의 흐름에 오른 지위 ② 일래과(一來果) 또는 사다함과(斯陀含果)로 단 한 번 이 세상 미망의 생존으로 돌아오는 지위 ③ 불환과(不還果) 또는 아나함과(阿那含果)로 다시는 이 세상으로 돌아오지 않는 지위 ④ 응공(應供) 또는 아라한과(阿羅漢果)로 성자의 깨침을 얻은 지위가 그것이다. 예류과부터 단계적으로 수행하는 것이지만, 때에 따라서는 단계적인 순서를 밟지 않고 어떤 지위든 성취할 수 있다고도 한다.

18) 두타의 지분 : 두타(頭陀)란 산스크리트로 dhūta로 사악을 털어버린다는 뜻이다. 승단의 수행자가 의식주에 대한 탐욕을 버리고 과욕(寡慾), 지족(知足)의 간소한 생활에 견디며 심신을 수련하는 열세 가지 두타 실천법을 십삼 두타지(頭陀支)라 한다. 열세 가지 지분(支分)은 ① 누더기 옷을 입음 ② 세 개의 정해진 옷 외에는 소유하지 않음 ③ 탁발 걸식함 ④ 걸식할 때 빈부를 가리지 않음 ⑤ 한 자리에서 식사하며 끝날 때까지 자리에서 일어서지 않음 ⑥ 걸식으로 얻은 음식만을 먹음 ⑦ 과도하게 먹지 않음 ⑧ 숲 속 고요한 곳에서 생활함 ⑨ 나무 아래에서 삶 ⑩ 집 밖에 삶 ⑪ 묘지에서 삶 ⑫ 아무 데나 지정된 장소에 만족함 ⑬ 앉은 채로 있고 눕지 않음이다.

19) 파티목카 : 계본(戒本)이라고도 하며, 비구, 비구니가 개인적으로나 승단 자체로서 지켜야 할 금기조항을 쓴 것. 거기에 금지한 유래나 어겼을 때의 죄의 경중 등을 자세히 기록하고 있다. 매달 포살일(布薩日)에 비구, 비구니는 파티목카를 외우

며 금지조항을 어기지 않았는가 반성하는 행사를 갖는다.

20) 전륜성왕(轉輪聖王) : 인도에서는 우주 전체를 통일하고 정법(正法)으로 세상을 다스리는 이상적 제왕으로 윤보(輪寶), 상보(象寶), 마보(馬寶), 주보(珠寶), 여보(女寶), 거사보(居士寶), 주병신보(主兵臣寶)의 일곱 가지 보배와, 장수하며 번민이 없고 용모가 뛰어나고 보배가 곳간에 그득한 네 가지 덕을 갖추고 있다. 몸에 여래의 삼십이상을 갖추고 하늘에서 윤보를 얻어 즉위하며, 왕이 나아가는 곳마다 윤보가 앞에서 굴러 땅을 고르고 사방을 위엄으로 정복하지 않는 것이 없다고 한다.

21) 마니주(摩尼珠) : 전륜성왕이 가지고 있는 일곱 가지 보배 중의 하나로 모든 질병을 고치며 물 속에 넣으면 물을 맑게 하며 마음먹은 대로 빛깔을 나타낸다.

22) 1심(尋) : 노끈이나 물의 깊이 등을 재는 길이의 단위로 우리 나라에서는 6척(尺)을, 중국에서는 8척을 1심으로 간주한다.

23) 범천(梵天) : 산스크리트 brahma-deva. 색계(色界) 초선천(初禪天). 범(梵)은 맑고 깨끗하다는 뜻으로 이 하늘은 욕계(欲界)의 음욕을 여의어서 항상 깨끗하고 고요하므로 범천이라 한다.

24) 양도논법(兩刀論法) : 대전제(大前提)에 2개의 가설(假說)을 세우고, 소전제(小前提)에서 이것을 선언적(選言的)으로 승인하거나 부인하는 형식을 취하는 삼단 논법. 딜레마(dilemma).

25) 식차마나(式叉摩那) : 미성년 여자 출가자를 말한다. 즉, 사미니가 성년이 되어 비구니가 되기 직전 2년 간 일정한 계율을 받아 주로 육법(六法)을 배우고 비구니 생활을 감당할 수 있는지를 시험하는 시기.

26) 다섯 가지 정진해야 할 덕목 : ① 믿음이 있어 여래의 깨달음

을 믿는다. ② 질병 없이 방열평등(放熱平等)한 소화기를 이루고, 차가움에 기울지 않고, 뜨거움에 잃음이 없이 정말 중용을 얻어 정진에 감내한다. ③ 거짓과 속임이 없이 지혜있는 동료 수행자 앞에서 자기 자신을 있는 그대로 드러낸다. ④ 악법을 끊고 선법을 성취하기 위하여 전념 정진하며, 항상 모든 선법 속에 산다. ⑤ 지혜를 갖추고 생멸(生滅) 양관을 향한 지혜를 성취한다.

27) 세 가지 밝은 지혜와 여섯 가지 신통력 : 아라한이 갖고 있는 불가사의한 힘. ① 신족통(神足通) : 자유로이 원하는 곳에 나타날 수 있는 능력 ② 천안통(天眼通) : 세간의 모든 것을 꿰뚫어보는 능력 ③ 천이통(天耳通) : 세간의 모든 소리를 듣는 능력 ④ 타심통(他心通) : 다른 이의 마음을 간파하는 능력 ⑤ 숙명통(宿命通) : 자신과 다른 사람의 과거생의 모습을 아는 능력 ⑥ 누진통(漏盡通) : 번뇌를 모두 끊고 다시 미혹하는 생존으로 돌아가지 않음을 깨닫는 능력. 이 여섯 가지 신통력 가운데 특히 천안통, 숙명통, 누진통을 세 가지 밝은 지혜라 한다.

28) 음마장상(陰馬藏相) : 음장상(陰藏相), 마음장상(馬陰藏相)이라고도 한다. 부처님의 삼십이상 중의 하나로 음부가 말의 그것과 같이 내부로 감추어져 있는 것.

29) 베다의 여섯 가지 보조학과 : 바라문교에서 인정한 베다성전 연구를 위한 여섯 개의 보조학과, 즉 제사학, 음운학, 운율학, 천문학, 어원학, 문법학 등.

30) 도인 : 산스크리트의 śramana를 음역하여 사문(沙門)이라 한다. 부처님 시대에 베다성전을 신봉하는 정통 바라문교에 대하여 그 밖의 일반 수행자를 사마나라고 불렀다. 부처님은 자

기 교단의 비구들을 부를 때 이 호칭을 써서 사문, 바라문들
이라 했는데, 사문(samana)이란 모든 악을 가만히 멈춘 자라
는 뜻이다.

역자소개 : 동 봉 (東峰)

1953년 강원도 횡성에서 태어나 1975년 해인사에서 고암스님을 은사로 득도. 현재, 곤지암 「우리절」 주지. 불교방송 「자비의 전화」 진행 중.

저서 및 역서로 《사바세계에로 온 부처님의 편지》《코스모스와 만다라》《禪의 진수》《평상심이 도라 이르지 말라》《마음을 비우고 차나 한 잔 들게나》《마음을 비우게 자네가 부처야》 등 30여 종이 있음.

불
교
경
전

밀린다왕문경①

1997년 3월 20일 초판 1쇄 발행
2022년 5월 20일 초판 7쇄 발행

역 자 ─ 동   봉
발행인 ─ 윤 재 승
ⓒ발행처 ─ 민 족 사

등록 제1-149호, 1980. 5. 9.
서울 종로구 삼봉로 81 두산위브파빌리온 1131호
전화 (02) 732-2403~4, 팩스 (02) 739-7565

E-mail / minjoksabook@naver.com
홈페이지 / www.minjoksa.org

값 18,500원

ISBN 978-89-7009-182-2 04220

• 경전은 부처님의 말씀입니다.
• 경전을 소중히 합시다.